Roman Schliesser
# Adabei

**ROMAN SCHLIESSER**

# Adabei

## Die große Zeit der Stars

Herausgegeben von
Michael Horowitz

AMALTHEA

*Bildnachweis:*
Kristian Bissuti, Michael Horowitz, Gerhard Kunze, Gino Molin,
Kurier-Archiv

Besuchen Sie uns im Internet unter
www.amalthea.at

© 2016 by Amalthea Signum Verlag, Wien
Umschlaggestaltung: Elisabeth Pirker/OFFBEAT
Umschlagmotive: Erich Sokol (vorne), Michael Horowitz (hinten)
Lektorat: Martin Bruny
Herstellung und Satz: VerlagsService Dietmar Schmitz GmbH, Heimstetten
Gesetzt aus der 11,65/14,4 pt Minion Pro
Printed in the EU
ISBN 978-3-99050-056-9

# Inhalt

# Sir Adabei
## von Michael Horowitz

A ls ob die österreichische Bundesregierung zu Beginn der
1950er-Jahre keine wichtigeren Probleme zu lösen hätte, will
man ein *Gesetz zum Schutze der Jugend vor Schmutz und Schund*
einführen. Der zuständige Minister erhält einen Brief:

*Im Buchstaben U, Herr Minister HUrdes, erblicken wir Schriftstel-
ler das Symbol für SchmUtz und SchUnd, beinhalten doch alle
Wörter mit Unsittlicher BedeUtUng diesen schon in seiner Form
anstößigen Vokal. Das U führt vom geistigen Unrat über die
WollUst direkt zUm LUstmord. Wir fordern Sie, Herr Minister
HUrdes, auf, sofort energische Maßnahmen gegen das Überhand-
nehmen dieses Buchstabens in die Wege zu leiten.*

*Hans Weigel*

Der Schriftsteller Weigel, vom Ministerbüro befragt, kontert
sofort: Das kann nur das G'frast Qualtinger gewesen sein. Wenige
Tage später montiert Helmut Qualtinger, unterstützt von Freun-
den wie dem Schauspieler Kurt Sowinetz und dem damaligen
Journalisten Johannes Mario Simmel, »anstößige Us« von
Geschäftsbeschriftungen der Wiener Innenstadt. Zurück blieben
Firmenschilder wie »Modeha s Bra n« oder »Bl menha s a f der
Frey ng«. Die abmontierten »Us« deponieren dann Qualtinger &
Kumpanen beim erstaunten Portier des Unterrichtsministeri-
ums. Einer der legendären »practical jokes« von »Quasi«, dem
Enfant terrible der Wiener Nachkriegs-Kulturszene.

Es ist die Zeit des Aufbruchs in Wien, die künstlerische Avant-
garde fühlt sich – zwischen Wiederaufbau und Wirtschaftswun-

der – unverstanden. Es ist die Zeit, in der es unter dem weitma-
schigen Begriff »Schmutz und Schund« Proteste und Prozesse,
Schreib- und Aufführungsverbote gibt. Und es ist die Zeit der
legendären Künstlerlokale wie Gerhard Bronners Marietta Bar –
mit dem Werbespruch »Ein Nachtlokal, in das man mit seiner
eigenen Frau gehen kann« –, des Art Club und des Strohkoffer.
Stammgäste sind Poeten wie H. C. Artmann, Klaviervirtuosen
wie Friedrich Gulda, Maler wie Fritz Stowasser, der sich erst
Jahre später Friedensreich Hundertwasser nennt. Im Strohkoffer,
dem legendären Kellerlokal in einer Seitengasse der Kärntner
Straße, veranstaltet er seine erste Ausstellung. Auf den großflä-
chigen Werken mit den stimmungsvollen Titeln wie »Europäer,
der sich seinen Schnurrbart hält« oder »Wenn ich eine Negerfrau
hätte, würde ich sie malen« bleibt er sitzen. Die eine oder andere
Postkarte kann Stowasser verkaufen. Um drei Schilling – »dafür
habe ich mir dann eine Burenwurst gekauft«.

Und unter all den lebenshungrigen Künstlern ist auch ein junger
Journalist. Vom ersten Tag an ist er Stammgast im Strohkoffer:
Roman Schliesser. 1931 wird er in Wien als Sohn eines kommu-
nistischen Hilfsarbeiters geboren. Und wächst in einer der Hoch-
burgen des Roten Wien – in Floridsdorf – auf. Im Gemeindebau.
Nach Kriegsende verschlägt es die Familie Schliesser nach
Ost-Berlin, wo der junge Roman mit dem Thema *Die Mehr-
wert-Theorie von Karl Marx* sein Abitur ablegt. Nach einem jour-
nalistischen Lehrjahr als Sportreporter der *Berliner Zeitung* ent-
schließt er sich 1952 nach Wien zurückzukehren. Er packt seine
sieben Sachen – es sind wirklich nur sieben: eine Hose, ein Sakko,
eine Erika-Reiseschreibmaschine und vier Hemden.
    In dieser Zeit landet Roman Schliesser im klirrend kalten
Wien, damals gab es noch »Zapfen« bis minus 25 Grad. Oscar
Pollak, der legendäre Chefredakteur der *Arbeiter Zeitung*, sieht
am Eingang zum *Vorwärts*-Verlag einen vor Kälte zitternden
jungen Mann stehen. Und erkennt den freien Mitarbeiter seiner

Redaktion: »Schliesser, Sie Armer, wieso haben Sie keinen Mantel an? Jetzt gehen Sie sofort zur Kassa, lassen Sie sich 200 Schilling auszahlen und kaufen Sie sich einen Mantel …«

Der junge Reporter Schliesser berichtet von Banküberfällen, Verkehrsunfällen und anderen Highlights des Lokalressorts. Sehr bald begreift er, »was a G'schicht ist«. Was nur für einen knappen Einspalter gut genug ist – oder ein Mord mit vielen grausigen Details, der zum Seiten-Aufmacher wird und womöglich sogar auf der Seite 1 landet. In der Lokalredaktion, der besten Grundschule jedes Journalisten, ist Roman, der rasende Reporter der *Arbeiter Zeitung*, sehr bald sehr erfolgreich.

Die Konkurrenz wird auf ihn aufmerksam. Und wirbt sich während der nächsten Jahre Schliesser gegenseitig ab. Er landet in der *Weltpresse* und später in der Lokalredaktion des *Bild-Telegraf*, für den der Begriff Boulevardzeitung ein Hilfsausdruck ist. Reißerische Asphaltpresse passt eher. Unter dem Chefredakteur Gerd Bacher, dem späteren ORF-General, können sich die Journalisten am heiß umkämpften Wiener Zeitungsmarkt austoben. Auch Roman Schliesser.

Aus dem Wien dieser Zeit begibt sich ein junger Mann auf eine Pressereise nach Skandinavien. An den beliebten Presse-Einladungen, bei denen Journalisten in schöne Länder fahren, um dann schöne, werbewirksame Texte darüber zu verfassen, nehmen auch die Reporter des *Bild-Telegraf* gerne teil. Es war die Zeit, als es für Zeitungsleute noch keine rigiden Compliance-Bestimmungen gab. Boss Bacher belohnt den fleißigen, aufstrebenden Schliesser mit einer Pressereise nach Dänemark. Kollegen und Freunde bitten ihn, aus dem freizügigen Kopenhagen Porno-Publikationen mitzubringen. Der scheue junge Roman wird in Kopenhagen fündig, kramt seine erotische Bestell-Liste heraus. Als ihn die Verkäuferin nach seinen Wünschen fragt, meint er leicht stotternd – statt die Porno-Heftln für die Freunde zu verlangen – »one *Herald Tribune*, please …«

9

1957 erhält der Shootingstar des Lokaljournalismus – er wurde gerade von Gerd Bacher, der schon immer pathetische Begriffe liebte, zum »Weltweiten Chefreporter« ernannt – ein sechsmonatiges Arbeitsstipendium in die USA. Sofort überfällt ihn die Liebe zum amerikanischen »way of life«, die ein Leben lang anhält. Auch der völlig andere Journalismus als zu Hause in Wien wird zur Grundlage seines weiteren Berufslebens. »Check/ re-check/double-check«, das viel zitierte Credo der Zeitungslegende Hugo Portisch, wird auch für Roman Schliesser immer wichtiger. Bald erscheint in der New Yorker *Elmira Stargazette* eine tägliche Schliesser-Kolumne, die immer wieder für Gesprächsstoff sorgt.

Nach Wien zurückgekehrt, wird Schliesser Leiter der Lokalredaktion des *Bild-Telegraf*. Er ist stolz, 18 Mitarbeiter führen zu dürfen. 1958, nach Ende des »Wiener Zeitungskriegs«, wird er als Lokalchef zur neu gegründeten Tageszeitung *Express* geholt. Drei Jahre später ist es so weit: Zum ersten Mal erscheint die *Adabei*-Kolumne. Angelehnt an den Wiener Feuilletonisten Vinzenz Chiavacci und die in Wiener Dialekt geschriebenen Geschichterln des *Herrn von Adabei*. Statt von Verkehrsunfällen, Banküberfällen und Lustmorden berichtet Roman Schliesser jetzt täglich aus den Zentren des nächtlichen Jet-Set-Trubels. Klatsch und Tratsch. High Society und Vorstadt-Promis. Intimitäten von Weltstars – aber auch Geständnisse von eitlen Selbstdarstellern: Täglich 60 Zeilen lang auf Seite 4.

1966 wechselt das schon eingespielte Duo *Adabei* & Schliesser vom *Express* zur *Kronen Zeitung*. Fast 40 Jahre lang erscheint – weltweit einzigartig – die tägliche Kolumne. »Sieben Tag' in der Woche – das ist Zwangsarbeit«, meinte Schliesser einmal, als er selbst interviewt wurde, »verschärft durch weiches Lager, permanent drohende Fettleibigkeit und morgendlichen Kater. Das ist Katzenbuckelei und Neid, Honig und Schleimscheißerei. Man sollte meinen, ein ganz normaler Mensch rennt niemals sehenden Auges in dieses, sein eigenes Unglück …«

Von Beginn an sind seine pointierten Betrachtungen geachtet – aber auch gefürchtet. Und manche sind jahrelang böse auf ihn – wie Curd Jürgens. Weil Schliesser bereits am fünften Tag der *Adabei*-Kolumne für Schlagzeilen im deutschsprachigen Raum sorgte. Er berichtete exklusiv über die »Watschen Affäre«: »Curd Jürgens ohrfeigte seine Frau Simone im Strip-Lokal«. Viele Jahre danach änderte Jürgens seine Meinung über Schliesser und bedankte sich in seinem Memoirenbuch für (spätere) Diskretion mit der Widmung: »Für Roman, den fairen Kommentator vieler Ereignisse, mit Dank für alles, was er wusste und *nicht* geschrieben hat.« Wann immer Schliesser von jemandem, vor dem er Respekt hatte, gebeten wurde, etwas nicht zu schreiben, hat er diesen Wunsch akzeptiert. Dadurch wurde der Gesellschaftsreporter für viele seiner prominenten Kundschaft zu *Sir Adabei*.

Nicht für alle. Denn bei manchen war Roman Schliesser weniger einfühlsam und dezent. Manchmal auch ungerecht. Wann immer jemand der Menschen, denen *Adabei* treu über Jahre zu wahrer Prominenz verholfen hat, der Konkurrenz eine Geschichte gesteckt hatte, gab es nur mehr biblischen Hass. Und die Härte, durch Ignoranz zu strafen. Keiner litt mehr darunter als der mit 21 Jahren jüngste Schneidermeister Österreichs. Der sympathische burgenländische *Prominentenschneider Peppino*, bei dem sich Autohändler und Scheidungsanwälte, Fußballgötter wie Beckenbauer, Krankl und Prohaska, aber auch Weltstars wie Luciano Pavarotti oder Arnold Schwarzenegger ihre Fracks für den Opernball schneidern ließen. Während der Proben in der Wiener Vorstadt gab es Stotzinger Knoblauchwurst und das eine oder andere Achterl Blaufränkisch.

Gerne erinnere ich mich an meine Jugend als fotografischer *Adabei*-Begleiter. Wie Dieter Hildebrandt als Fotograf in *Kir Royal* mit Franz Xaver Kroetz Nacht für Nacht von Party zu Party gezogen ist, habe ich Roman Schliesser begleitet. Ich erinnere mich an rauschende Feste, lockere Weltstars, schöne Frauen – aber auch viel VIP-Schwachsinn und jede Menge eitler Selbstdarsteller. Aber vor allem erinnere ich mich an meinen Freund Roman, von dem ich viele journalistische Grundregeln lernen durfte. Auch, wie man mit Menschen umgeht. Er selbst nannte sich gerne »Menschenreporter«.

Ende der 1960er-Jahre, ich bin gerade selig dem Gymnasium entkommen, brüllt jemand in mein Telefon: »Junger Mensch, ich gehe nach New York. Kommen Sie mit – wir fliegen morgen früh!« Auf mein Gestammel »Das geht nicht, ich habe übermorgen einen Fototermin in Tulln mit dem Landeshauptmann von Niederösterreich« antwortet der Herr Redakteur mit einer nicht enden wollenden Schimpftirade »… aus Ihnen wird nie was!«

Drei Tage später überrasche ich ihn im Hotel Wellington auf der Seventh Avenue. In der folgenden Woche produzieren wir in New York gemeinsam für die *Kronen Zeitung* sechs »Doppler« – die damalige Königsklasse: Doppelseitige Reportagen, die »der Alte«, Hans Dichand, erfunden hatte.

In diesem Buch habe ich viele *Adabei*-Erinnerungen zusammengestellt. Wie Schliessers Bericht vom Frank-Sinatra-Konzert in der Wiener Stadthalle, als der Entertainer seine Gage in Höhe von einer Million Schilling, die man zuvor mit einer Funkstreife aus einer geschlossenen Bankfiliale holen musste, »steuerschonend« in einem Handkoffer verschwinden ließ und Richtung Flughafen abrauschte. Oder die geheime Hietzinger Liebelei des Weltstars Yul Brynner. Oder den fast perfekt eingefädelten Coup des Starpianisten Friedrich Gulda, den eigenen Tod bekannt zu geben. Bei dem sich allerdings ein kleiner Fehler einschlich: Nach den Schlagzeilen in allen Gazetten rief ihn seine Schwester an, der *tote* Fritzi hob ab …

Erinnerungen an Roman Schliesser. An *Sir Adabei*. Den König der Klatschreporter. Über den bereits Dissertationen geschrieben wurden, der längst als wichtige Stimme des Boulevards in die Geschichte des Journalismus eingegangen ist. Seine vielleicht wichtigste Eigenschaft – Schliesser war unbestechlich. »Die subtilste Form der Bestechung ist Sympathie«, sein Credo.

Heute braucht man solche Dinosaurier der Gesellschaftsberichterstattung nicht mehr. Die Barhocker von früher sind vor den Bildschirmen gelandet. Statt zu champagnisieren trinkt man Prosecco. Parvenus haben längst die letzten Paradiesvögel ersetzt. Promis inszenieren und verkaufen sich selbst. Stars laden ständig Selfies bei Instagram hoch. Privatsphäre pur. Ohne Scham und Genierer. Rund um die Uhr. Heute hat Justin Bieber 73 Millionen, und das *Fack-ju-Göhte*-Jugendidol Elyas M'Barak mehr als drei Millionen, Conchita Wurst eine Million – und sogar Andreas Gabalier eine halbe Million »Freunde« auf Facebook. Und als Leo DiCaprio endlich den Oscar erhielt, knackte er einen Rekord: Als sein Name fiel, gab es 440 000 Tweets. Pro Minute.

In diesem Buch lebt die *Adabei*-Legende weiter. Mit Schmäh von gestern. In der großen Zeit der Weltstars – von Sean Connery bis Liz Taylor, von Sophia Loren und Zsa Zsa Gabor bis Richard Burton – der sturzbetrunken fast aus der Opernball-Loge flog. Damals, als sich Gunter Sachs in den Kopf setzte, die *Sexgöttin* mit dem Schmollmund, der wallenden blonden Mähne und dem atemberaubenden Hüftschwung erobern zu müssen. Nachdem der Industriellensohn aus Schweinfurt aus einem Helikopter Tausende blutrote Rosen und einen Heiratsantrag auf Büttenpapier regnen ließ, war es bald so weit: Die Bardot heiratete Sachs. Die Ehe hielt nur drei Jahre. Der Mythos Côte d'Azur hatte gerade eine neue Glanzzeit erlebt. Eine ideale Kulisse für pralles Leben, für das Hochgefühl bestimmter Stunden. Man gab sich dem Soufflé des Müßiggangs hin, Curd Jürgens schlürfte hemmungslos Selosse-Substance-Champagner.

Und oft war Roman Schliesser, der Sohn eines Hilfsarbeiters aus Floridsdorf, dabei. An der Côte und in Kitz, in New York und Hollywood, in der Wiener Eden- und Splendid-Bar. Wenn er pünktlich um neun Uhr früh in der Redaktion begann, diszipliniert die besten Promi-Pointen der letzten Nacht in seine Schreibmaschine hineinzuhämmern, hatte er noch Fausto Molas *I Did It My Way …* im Ohr.

Seine letzte journalistische Arbeit ist eine mehrmonatige Serie, die 2011 im *freizeit*-Magazin des *Kurier* erscheint. Ein letztes Mal resümiert Schliesser über sein schillerndes Leben im Zenit der High Society. Über seine Erlebnisse am Jahrmarkt der Eitelkeiten. Und auch über so manchen Schicki-Micki-Schwachsinn. Schließlich hatte Roman Schliesser am Ende seines Lebens, 80-jährig, Ruhe gefunden. Hatte endlich ein Zuhause. Und eine Frau. Auf einer Kreuzfahrt im März 2011 von Schanghai über Wladiwostok nach Osaka legt Roman wieder einmal die Arbeitskleidung seines Lebens, den Smoking, an. Um beim Auslaufen des Schiffes aus dem bunt erleuchteten Hafen von Schanghai Bonni – die Liebe seines Lebens nach einer Freundschaft, die 1973 begann – zu fragen: »Willst du meine Frau werden …?«

Jahrzehntelang gab es immer wieder Geständnisse und Intimitäten, die Prominente nur »dem Roman« erzählten. Seine prominenten Freunde haben ihn nahe wie sonst niemanden an sich herangelassen. Man schätzte ihn als ironischen Betrachter der sogenannten High Society – aber vor allem als fairen Partner. Am Jahrmarkt der Eitelkeiten. Die Knef, Falco, Senta Berger, Schwarzenegger und Herr von Karajan, der zuckerlsüße Peter Alexander und das ewige Enfant terrible der Kulturszene – Helmut Qualtinger. Mit den meisten wie mit Erika Pluhar, Marisa Mell und Maria Perschy war Schliesser ein Leben lang befreundet.

Oder Klaus Maria Brandauer, der nach dem Tod von *Sir Adabei* am 7. Oktober 2015 meinte: »Roman hat immer mit viel Herz geschrieben – obwohl manche, über die er schrieb, diese Herzenstiefe gar nicht hatten …«

# Curd Jürgens
## Den Jahren mehr Leben geben

Eine Ohrfeige war wohl der Grundstein für meine Freundschaft mit Weltstar Curd Jürgens, die am 4. März 1961 begann und ein halbes Leben lang dauerte. Kein besonders schöner Auftakt, so eine Watschn. Dazu passend der Schauplatz: das Eve, damals ein Strip-Etablissement, das ursprünglich »Daddy« Blatzheim, der deutsche Stiefvater von Romy Schneider, besaß. Doch nackte Kurven gehörten zu Curds Nachtleben wie das Eis im Whisky. Seine damalige Frau Simone war als Französin einer Ménage-à-trois auch nicht abgeneigt.

Das ging ihr dann allerdings doch zu weit: Nadja Nadlova, die deutsche Strip-Walküre, stramme 1,81 Meter strotzender Weiblichkeit, hatte sich ihren überlangen Zigarettenspitz ins flinsige Höschen geschoben und dann unter Curds Nase durchgezogen – sehr zu Simones Missfallen. Kurze französische Schimpfkanonade gegen Curd und der »normannische Schrank« – als Ohrfeigenmacho verschrien – klatschte seine Pranke auf Simones Wange: Patsch. Ein Klescher für den Klatschkolumnisten.

Zwei Tage später traf ich Curd und Simone auf dem Fußballplatz in Wien-Meidling wieder. Kein Wort über meine *Adabei*-Kolumne von der Eve-Nacht. Ganz im Stil von Curd: »Egal, was da berichtet wird – Hauptsache, mein Name ist richtig geschrieben.«

Spätestens seit *Des Teufels General* war Jürgens, den Willi Forst zum Film holte, ein Weltstar. In seinem Debütfilm *Königswalzer* hatte er zwei kleine Szenen als junger Kaiser Franz Joseph, und die Kritik maulte ganz kurz: »… als Kaiser reichlich hochdeutsch redend.« Als er 1937 mit Zarah Leander *Zu neuen Ufern* tanzte, verpatzte er zwei Mal die Tanzszene. Curd grinsend: »Da hatte ich die Regieanweisung – erotisch – intensiv missverstanden.«

Mit Willi Forst als Regisseur drehte er *Operette* an der Seite von Paul Hörbiger und Maria Holst, *Frauen sind keine Engel* mit Forst und Axel Ambesser. Dazwischen spielte er den Benvolio in *Romeo und Julia* an der Burg, den Oberst Wallenstein in *Ein Bruderzwist in Habsburg* und *Wallenstein* und 1941 zum ersten Mal den Selim Bassa in Mozarts *Entführung aus dem Serail* (Dirigent: Karl Böhm) an der Wiener Staatsoper.

Dann kam am 14. September 1944 der Gestellungsbefehl der Deutschen Wehrmacht. Wiens Statthalter Baldur von Schirach hob die U.K.-Stellung (unabkömmlich) von Jürgens und anderen Schauspielern auf, Schanzenbau war angesagt. Curd sagte mit anderen Schauspielern – darunter Judith Holzmeister, die 1947 seine zweite Frau wurde, in Richtung Weimar, wo bereits die Amis waren, französisch Adieu: »Ich bin abgehauen, bevor ich noch Soldat war …«

Als die Burg 1947 mit *Stella* zu einem Gastspiel nach Zürich musste, besorgte ihm Burg-Chef Ernst Haeusserman innerhalb einer Woche die österreichische Staatsbürgerschaft.

Er drehte insgesamt 160 Filme. *Und immer lockt das Weib* mit Brigitte Bardot, die ihm den Namen »armoire normande« (der »normannische Schrank«) verpasste. »Irgendein Depp, der nicht französisch konnte, hat das fälschlicherweise zum ›Kleiderschrank‹ erhoben, und seither bin ich den ›normannischen Kleiderschrank‹ nicht mehr losgeworden«, grollte Curd deshalb. Er selbst war ja zweisprachig aufgewachsen. Vater Kurt – wohlgemerkt mit »t« – war Hamburger dänischer Herkunft, Curds Mama Marie-Albertine, geborene Noir, aus Évian-les-Bains, erzog ihn französisch, sie hatte noch zur Zarenzeit in St. Petersburg gelebt.

Er stand mit allen großen Stars der Zeit vor der Kamera. Für *Duell im Atlantik* mit Robert Mitchum – »nach dem Motto: No acting required« –, mit Orson Welles in *Fähre nach Hongkong*, mit Ingrid Bergman für *Die Herberge zur 6. Glückseligkeit*. *Schöner Gigolo, armer Gigolo* drehte er mit David Bowie, Marlene Dietrich (als Baroness von Semering), Maria Schell, Kim Novak, Erika Pluhar; mit Jean Gabin *Blüten, Gauner und die Nacht von Nizza*; Hollywoods Paradefilm *Jakobowsky und der Oberst* mit Danny Kaye; mit Robert Taylor die Rettung der Lipizzaner *Das Wunder der weißen Pferde*; *Bitter war der Sieg* mit Richard Burton. »Der war immer besoffen, aber sattelfest beim Text«, kommentierte Curd, der selbst während der Arbeit keinen Schluck trank. Dorothy Dandridge war nicht nur in ihrem Film *Die schwarze Sklavin* seine Liebessklavin. Die PR-Agenten hatten alle Hände voll, das unter Verschluss zu halten. Im prüden Amerika der 1950er-Jahre hätte ein Star wie Jürgens das nicht überstanden.

Sein Rolls-Royce war mit Butler Marc bereits nach Paris unterwegs, als der frischverliebte Curd Jürgens (56), braungebrannt und strahlend – »ich fühle mich zehn Jahre jünger« – abgezählte 70 Wiener Freunde am 18. Juni 1972 ins Wiener Belvedere-Stöckl zum Abschiedsschmaus lud. Händchen haltend demonstrierte er, was in der Wiener Gesellschaft sowieso schon zwei Wochen lang Tagesgespräch war: seine Romanze mit der rassigen Elisabeth Bittencourt (23), der Tochter des brasilianischen Botschafters in Wien. Von Verlobung war aber an diesem Abend keine Rede.

Ursprünglich wollte Curd nur ein Diner für 30 Freunde geben. Daraus wurden 70 – darunter als einziger Journalist *Adabei*. Mehr hätten im Belvedere-Stöckl einfach nicht platziert werden können. Society-Tiger Erwein Gecmen-Waldek tüftelte noch in letzter Sekunde an der Tischordnung herum, ehe – nach einem Drink im Park und Fotografenrummel – sautierte Steinpilze, Spanferkel mit Serviettenknödeln, Rotkraut und Specklinsen sowie zum Nachtisch Milchrahmstrudel »Vienna« aufgetragen wurden. Baron Gecmen-Waldek, der für die Society das ist, was Wernher von Braun für den Mondflug: »Ein ganz ordinäres Essen für ein Diner, aber das war Absicht.« Kostete immerhin trotzdem seine 57 000 Schilling. Knirschte ein Feinschmecker: »Wenn's das Ferkel eine halbe Stunde länger im Rohr gelassen hätten, hätt's dasselbe Geld gekostet.«

Gastgeber Jürgens thronte an einem Ende der Tafel – neben sich die Mutter Elisabeths. Parallel dazu ebenfalls am Kopfende die schöne Brasilianerin, die sich in ihrer Rolle noch recht ungewohnt vorkam. Schließlich war die ganze Romanze erst ihre drei Wochen alt. Zwar hatte Curd Jürgens schon drei Jahre davor Elisabeth Bittencourt bei einem Cocktail, den ihr Vater gab, kennengelernt, doch damals war er mit Simone eingeladen gewesen. »Als ich jetzt nach Wien kam, war ich von Simone bereits getrennt«, erzählte Curd Freunden. »Ich habe Betty dann bei einem Cocktail, den Baron Pantz in Enzesfeld gab, wiedergetroffen und wir haben uns auf Anhieb blendend unterhalten. Sie schickte mir zwei Bücher, die sie über Brasilien geschrieben hat, daraufhin habe ich sie zum Essen eingeladen. Mir war am Telefon ganz komisch zumute, schließlich könnte ich ihr Großvater sein. Dass ich mich in meinem Leben noch einmal so verlieben kann, hätte ich mir nie gedacht.«

Das bekam dann auch Simone Jürgens in Paris zu hören. Curd und Simone telefonierten täglich. Von Scheidung wurde anfangs nicht gesprochen, aber Curd Jürgens hat Simone seine Pariser Wohnung geschenkt. »Sie kann natürlich jederzeit unsere Häuser in Gstaad, Vence oder auf den Bahamas benützen – dann werde ich mich dort nicht zeigen.«

Solche Details belasteten den Filmstar zu der Zeit offenbar nicht. Er gab sich eher wie ein Flitterwöchner. Einmal war man mit dem Privat-Jet des Viennaline-Brillen- und Plastikindustriellen Willy Anger nur zum Abendessen im Maxim's schnell nach Paris geflogen, am darauffolgenden Tag turtelten Curd und Elisabeth Bittencourt zwei Tage lang in Venedig.

Nicht alle der Jürgens-Freunde und -Gäste genossen das Fest ganz zwanglos, denn es waren auch langjährige Freunde von Simone darunter. Als »Hausfrau« hatte der fürsorgliche Baron Gecmen-Waldek nicht Elisabeth Bittencourt, sondern Prinzessin Marie Christine Bourbon-Parma nominiert. Ihr zu Ehren war die Tafel mit bourbonischen Lilien geschmückt. Allerdings gab's im Blumengesteck auch Glockenblumen, und einer spöttelte: »Weil's beim Curd geklingelt hat!«

Die Schmaus-Society war bunt gewürfelt: Neben Botschafter A. Regis Bittencourt und Gattin, den Eltern Bettys, Oscar-Preisträger und Kafka-Verfilmer Maximilian Schell, der lange mit der schönen Heidi Pappas flirtete, die Prinzessinnen Stephanie Windischgraetz und Netty Reuss, die Modeschöpfer Fred Adlmüller und Herbert Schill, die Schlossherren und Barone Hubert Pantz und Richard Drasche, Generalkonsul Dimitri Z. Pappas, Chanteuse Greta Keller, die Maler Leherb – mit Taube Cynthia und Ehefrau Lotte Profohs – und Wolfgang Hutter, Bundesfilmpreisträgerin Dagmar Hirtz, Opernstar James King, Graf Albert Eltz, auch Doktor Doktor, Gritine und Dr. Georg Mautner-Markhof, Industrieller Dr. Herbert Kloiber, Burgdame Susi Nicoletti und Prof. Ernst Haeusserman, »Aggressionen«-Psychiater Prof. Dr. Friedrich Hacker, »Opernführer« Dr. Marcel Prawy usw.

Wie es weitergehen sollte, stand in den Sternen. Doch war sich Curd Jürgens über eines klar: »Betty ist weder eine offizielle Geliebte auf Dauer, noch eine Nebenfrau …«

Die schöne Brasilianerin verduftete im Sog der 007-Dreharbeiten, heiratete in Kanada einen Diplomaten. Natürlich flog ich zum James-Bond-Dreh nach London.

»Du kommst zurecht – exklusiv für dich –, ich bin von Simone seit heute frisch geschieden.«

Zum Abschied schickte Curd Jürgens 100 rote Rosen. »Aber, ich bitte«, wischte er jede Frage beiseite, »so was gehört sich doch. Schließlich haben Simone und ich einander einmal geliebt …« 19 Jahre waren sie verheiratet, in den letzten vier davon wurde um die Scheidung gefeilscht. Sein Zürcher Anwalt Dr. Henryk Kaeslin hatte ihn im Londoner Intercontinental telefonisch informiert.

»Für mich war's eine fabelhafte Woche. Der James-Bond-Dreh und nun, Gott sei Dank, diese Scheidung.«

Dabei hatte ihn diese Woche, oder, besser gesagt, die Scheidung von Simone Bicheron, 1,7 Millionen Schweizer Franken gekostet. Für ihn aber war der Weg freilich damit frei, Margie Schmitz, seine Liebe seit 18 Monaten, endlich auf den Bahamas zu heiraten.

Der junge Curd Jürgens ließ kaum etwas anbrennen. Als Noch-Ehefrau hatte Simone in einem französischen Interview eine intime Pikanterie aufgetischt, die Curd unendlich peinlich war: Curd habe Nadja Tiller, später »Miss Austria« und Adlmüller-Mannequin, verführt, als sie gerade erst 16 Jahre alt war.

Noch ein Backfisch war Romy Schneider, als sie sich unsterblich in Jürgens verliebte. Das enthüllten Liebesbriefe Romys nach ihrem Tod. Die kurze Liaison begann an der Côte d'Azur, Curd war 42, hatte gerade seine dritte Ehe beendet, Romy nach *Sissi – die Schicksalsjahre einer Kaiserin* knappe 19 Jahre alt. Sie glaubte noch an die große Liebe, schmachtete in ihren zehn Liebesbriefen, dass er mit dem »Trinken und Rauchen« aufhören solle, zu keinen »anderen Frauen mehr gehen darf«. Zu viel verlangt, die fordernde Liebe endete nach zwei Wochen.

Seine »Jacht auf Radln« nannte Curd das Wohnmobil – 7 Meter lang, 2,45 Meter breit, insgesamt 18,35 Quadratmeter – mit dem er mit Marlene Knaus, später Niki Laudas Frau, weltweit unterwegs war. »Der Generationenunterschied …«, urteilte Jürgens später. »Marlene war für mich eine süße, verrückte, unberechenbare, hinreißende Person, ein fantasievolles Zauberwesen …«

Ja, und dann waren da noch Elisabeth »Betty« Bittencourt,

Tochter des brasilianischen Botschafters in Wien, die im Schloss-
club Enzesfeld Curd den Bungalow verschönte, und Katja Mer-
lin, für die Curd seine Memoiren »… und kein bißchen weise«
begann: »Ich habe sie alle, alle geliebt, so wie die ›Erste‹ – scheu
und inbrünstig wie Bach, gläubig und dämonisch wie Mozart,
wollüstig und lasziv wie Klimt, zärtlich und ironisch wie Picasso,
eifersüchtig und besitzergreifend wie Verdi, träumerisch, romantisch wie Rilke, dramatisch und verzweifelnd wie Beethoven,
schreiend weinend wie Michelangelo …«

Auch Françoise Dorléac, die ältere Schwester von Catherine
Deneuve. Ich hatte sie noch im Winter 1966, als sie bei minus
34 Grad mit Michael Caine in Helsinki *Das Milliarden-Dollar-
Gehirn* filmte, interviewt. Es wurde ihr letzter Film. Sie verlor am
26. Juni 1967 in Villeneuve-Loubet bei Nizza, auf der Fahrt zu
Curd, den sie erst seit wenigen Wochen liebte, mit nur 25 Jahren
ihr Leben. Curd war am Boden zerstört, gestand er mir Jahre
später.


»Wir genießen es ungeheuer, in der Sonne zu liegen«, rollte Curd
mit tiefem Bass nach vier Salzburger *Jedermann*-Jahren in seinem neuen Traumdomizil bei St. Paul de Vence an der Côte
d'Azur. »Regnet es in Salzburg?«

Nach dem Motto »Never a dull moment« hatte Curd das große
Hamburger Model Margie Schmitz, Mutter einer Tochter, in sei-
nen Bann gezogen. Drei Monate auf Great Harbour Cay auf den
Bahamas, dann nach St. Paul de Vence, seinem elften Haus, vier
Wochen danach zu den Dreharbeiten des James-Bond-Thrillers
*Der Spion, der mich liebte* mit Roger Moore und Barbara Bach,
später die Ehefrau von Beatles-Drummer Ringo Starr. Gleich
anschließend: *Jedermann* in Salzburg.

Zur Royal Premiere des 007-Thrillers war Margie zwar eingeladen, durfte aber beim Empfang durch die Queen nicht neben
Curd stehen, weil sie kein Ehepaar waren. So streng waren dort
bei Hof die Bräuche. Worauf Curd kurz entschlossen die Hoch-

zeit mit Margie auf Nassau für den 21. März 1978 organisierte. Margie: »Natürlich hab ich ›Yes, I do‹ gesagt.«

Nur wenige der illustren Gäste ahnten, dass da dreifach gefeiert wurde. Okay – Curd hat seine Margie auf den Bahamas geheiratet. Bekannt. Auch, dass er seine Rosenfarm bei Vence samt seiner Ex-Ehefrau Simone abgelegt hat und nun in St. Paul residierte, war bekannt. Aber Margie war außerdem seit Kurzem Österreicherin.

»Es war wirklich feierlich«, schilderte mir Curd schon nachmittags am Swimmingpool. »Der österreichische Generalkonsul in New York wölbte die Brust heraus, wirkte sehr ernst und würdig und sagte dann: ›Gnädige Frau, küss die Hand, Sie sind Österreicherin.‹«

So darf's vielleicht nicht wundernehmen, dass eine der ersten High-Society-Partys der Sommersaison 1978 an der Côte d'Azur, zum Auftakt der Filmfestspiele von Cannes, recht österreichische Züge trug.

Im Gegensatz zu Curd liebte Franz Antel das Filmfestival in Cannes. »Ich bin mir zwar vorgekommen wie ein Armutschkerl«, gestand mir Österreichs Filmregisseur Nr. 1, »ein Rolls-Royce neben dem andern. Im Hafen die größten Luxusjachten – eine davon gehörte Sam Spiegel, dem gebürtigen Wiener Hollywood-Produzenten. Ich habe Sam seit 1935 gekannt, als er gerade in den Sieveringer Filmateliers *Öl ins Feuer* produzierte und eine Dame namens Hedi Kiesler verehrte, die hat später nach einer winzigen Nacktszene als Hedy Lamarr große Hollywood-Karriere gemacht. Die Hedy hat damals in der Alserbachstraße 33 gewohnt. Ich war noch ein ganz kleiner Regieassistent und habe dem Spiegel ein gewisses Fräulein Elfi Zischek vorgestellt, die spätere Maria Holst. Das hat mir der Sam Spiegel bis heute nicht vergessen. Auf der Rosenfarm vom Curd hat er mich sofort erkannt und mich nach 46 Jahren mit meinem Namen begrüßt.«

Antel schickte mir also einen Wagen nach Cannes. »Wir sollen fünf Baguettes, Thunfisch mit Ei, Schinken und Käse, Salade niçoise, Oliven, Paradeiser mitbringen. Er hat mir 100 Francs mitgegeben, aber die kosten fast das Doppelte.«

Typisch: Gute alte Antel-Tradition, bei dem immer die Buffets zu knapp wurden. Also legte ich 100 Francs drauf und wir futterten unsere Sandwiches auf seiner Bungalow-Terrasse, ehe wir zu Curd hinauffuhren.

Dort wartete schon ein üppiges Buffet: Zuckermelonen mit Parma-Schinken, Ente à l'Orange, Wildpastete mit Pistazien, englisch gebratene Hochrippe, rosa Lammkotelett, kleine heiße Scampi-Spießchen und asiatische Spitzfindigkeiten aus der Küche von Virginia und Elias Buenaobra, Curds philippinischem Ehepaar, das die Villa das ganze Jahr über betreute. »Buenaobra heißt ›schöne Arbeit‹. Und die beiden werden ihrem Namen gerecht.«

Sie geigten *Nur nicht aus Liebe weinen* und *Kalinka, Kalinka*, und man konnte jede Wette halten, dass »Ka Linker« dabei war. Dafür schritt die Begum im orange schillernden Abendkleid durchs musikalische Spalier, eskortiert von Gunter Sachs, dem Playboy-Industriellen, dem Multimillionär, mit seiner edlen Mirja. Samt Tennisstar Jean-Noël Grinda und seiner traumhaft schönen schwedischen Frau Annelie. Großer Auftritt für 007-James Bond Roger Moore und seine italienische Frau Luisa, in einem Traumkleid von Sybil Gibbs mit perlenbestickter Mephisto-Mütze – »Die trag ich nur, um zu verstecken, dass ich keine Frisur habe!« Luxemburgs Ministerpräsident Gaston Thorn mit seiner blitzgescheiten Frau Lillian und Sohn Alain hatten schon vor dem Fest im Fünf-Schlafzimmer-Gästehaus der Vieille Bastide Quartier bezogen. Dazu tummelten sich weiter die Jürgens-Freunde Lilli Palmer und Ehemann Carlos Thompson, Fürst Philip Schaumburg-Lippe mit Fürstin Bita, Curds alter Freund Hubertus Wald, millionenschwer und schon bei der Hochzeit auf den Bahamas dabei, Fürstin Manni Wittgenstein aus Salzburg, Modeschöpfer Herbert Schill, Regisseur Franz Antel mit Gattin Sibylla, die ja als Curds Ex-Sekretärin faktisch am Ausbau des Hauses mitgewerkt hatte, und Frankreichs berühmtester Bildhauer César.

Weiters war der schönste Damenflor aus Salzburg angejettet: Heidi Pappas mit ihrem Schwager, Generalkonsul Dimitri Pappas, grandioser Gastgeber zu Festspielzeiten, Liz Polsterer, die Gattin des Wiener Jet-Millionärs und Ricky Gagern.

Prinz Johannes Thurn und Taxis, Deutschlands reichster Junggeselle – »ein Viertel Portugiese, ein Viertel Spanier, ein Viertel Österreicher, der Rest ist deutsch« – tanzte mit einer roten Nelke im Knopfloch an. »Hier«, so intonierte er nasal, »kann man die ja gerade noch wie ein englischer Lord tragen. Einmal, in Rom, bin ich mit einer roten Nelke auf dem Piazza Navona umherspaziert – ich liebe die Kirchen dort –, auf einmal gerate ich in eine Menge von 5000 Menschen. Jeder trägt, wie ich, eine rote Nelke im Knopfloch. Man hebt mich auf die Schulter und sagt: ›Genosse, woher kommst du? Feuere die Genossen an!‹ Das war Togliatti, der damalige KP-Chef Italiens, und ich habe dort eine Rede gehalten – vor den Kommunisten! Wo ich doch italienisch viel schlechter spreche, als portugiesisch – ich tu mir so hart mit den Relativsätzen …«

Dann packte noch Salzburgs Parade-Juwelier Haasmann im 200 Quadratmeter großen Wohnzimmer, in dem Curds irischer Wolfshund Rasputin regierte, die kleinen Flitterwochen-Gaben für Margie aus. »Weißen Schmuck hasse ich, ich mag keine Brillanten«, offenbarte sich Curd als Karat-Experte. Die Klunker hatte Curd mit Haasmann selbst in Brasilien ausgesucht: Einen Smaragdring – »Kolumbianischer Stein. Ein Wunder an Klarheit und Schönheit!« – neun Karat Smaragd, mit zehn Karat Brillanten gefasst, so an die 1,5 Millionen Schilling, Ohr-Schmücker, noch einmal eine Million Schilling: zehn Karat Smaragd mit neun Karat Brillanten.

Bescheiden – denn an diesem Abend glitzerte am Hals der

Begum ein Perlenkollier, das seine fünf Millionen Schilling wert war.

Fünf Tage nach der Housewarming-Party stand ich als Autostopper an der Autobahnabfahrt Cannes-Nizza. Die anderen Autostopper ließen böse die Daumen sinken. Ich hatte kaum sieben Minuten mit ihnen auf ein Auto gelauert, da rollte der Rolls-Royce, ein kaffeebraunes Silver-Cloud-III-Cabriolet mit Züricher Kennzeichen, an den Autobahnrand, und die elegante Dame mit dem weißhaarigen Kleiderschrank an ihrer Seite ließ mich einsteigen. Da mussten ja die anderen Burschen, die schon ewig warteten, frustriert sein!

Dabei hatte nur mein Rendezvous mit Curd und Margie Jürgens, die aus ihrem Haus bei St. Paul de Vence kamen, bei der Autobahnabfahrt Cannes/Nizza präzise geklappt. Wir fuhren offen und mit flotten 180 in Richtung Sainte-Maxime/Saint-Tropez, denn dort in den Bergen, 15 Kilometer landeinwärts, hatte Sven Boltenstern, der Wiener Schmuckdesigner, zum Lunch geladen, bei dem auch Mijou Kovacs dabei war, Curds Josefstadt-Partnerin in dem Freud-Stück »Berggasse 19«, die ihre Ferien an der Côte verbrachte.

Sinnigerweise heißt der Ort Callas. »Als ich zum ersten Mal hier in der Gegend rumkutschierte«, erzählte Curd, »da hockte auf dem Ortsschild eine Katze und schaute genauso arrogant wie die Primadonna Callas aus.«

Bei einer so musikalischen Gegend – der Nachbarort heißt nämlich Clavier – darf es nicht wundernehmen, dass sich dort eine schöne Pianistin um Sven Boltenstern kümmerte: Elizabeth Sombart, die er in Paris kennenlernte – ihr Vater saß in Straßburg im Europarat. Im Salon stand ein Riesenflügel und Sven hatte sein Cello aus Wien mitgebracht – so spielten beide zusammen.

Bei Salade niçoise und Schweinskoteletts in einer herrlichen Kapernsauce – Elizabeth ist eine exzellente Köchin – ging's ziemlich polyglott zu. Denn sowohl Mijou als auch Curd lernten Französisch als Muttersprache. Sven lebte Jahre in Paris, Deutsch und Englisch wechselte – und zwischendurch kam das Ungarische auf, denn Mijous Vater ist Ungar. »Also die ungarischen Männer«, bekräftigte Curd, »schätze ich. Zuckmayer – ich lese am 11. August im Salzburger Landestheater aus seinen Werken und spiele Szenen aus *Des Teufels General* – schrieb über seine Emigration: ›Wenn nur ein Ungar bei Beginn eines Films in Hollywood dabei war, dann waren es zum Schluss zehn. Wenn ein Film mit zehn Deutschen begann, dann gab's zuletzt nur noch einen.‹ Über die Ungarinnen möchte ich lieber schweigen – nur eines steht fest: ›Never a dull moment‹ – niemals ein fader Augenblick.«

Curd musste es ja wissen, nach seinen wilden Ehejahren, Eifersuchtsszenen und Watschenaffären mit der Ungarin Eva Bartok.

Dass das Leben auch ohne Ungarinnen und Ohrfeigen Überraschungen parat haben kann, erlebten wir auf der Rückfahrt. Als Margie wegen einer Autoroute-Kassa das Tempo drosselte, begann der Rolls plötzlich laut zu klopfen. Wir rollten durch die Kontrolle direkt auf den Parkplatz. Zu spät. Aus der Kühlerhaube quoll der Dampf – kein Wasser und kein Glycerin mehr. Wahrscheinlich ein kleines schlampiges Abschiedsgeschenk des deutschen Chauffeurs, den Curd einmal kurz für zwei Monate ausprobiert hatte, dann aber doch wieder ziehen ließ: »Der hat mir versichert, der Wagen sei im Service total durchgecheckt worden, und der Kühler sei nachgefüllt«, knurrte er. »Wenn das ein Kolbenreiber war, dann wird's ein teurer Spaß. Dabei liebe ich dieses Auto – 21 Jahre fahre ich damit ohne Probleme, es ist einfach ein Stück von meinem Leben.«

Mit einem Rolls eine solche Panne zu haben, ist ärger als jeder Unfall. Wenn ein Rolls-Royce dampft, dann ist das Volksbelustigung für normale Autofahrer – gerade, dass wir nicht fotografiert wurden. Das harmloseste Angebot kam von einem Ex-Wiener: »Kann ich Ihnen helfen, Herr Jürgens? Ich kenne Sie von früher und sollte in Cap d'Antibes einmal gegen Sie Schach spielen …«

Dafür bestätigte sich, was alle Welt behauptet, als der Abschlepper der Ecurie Automobile St. Maxime vorfuhr: »Ein Rolls wird nie abgeschleppt«, sagten die, »also braucht er auch keinen Abschlepphaken.«

Zu viert, eingepfercht im Führerstand des Citroën-Abschlepplasters, den Rolls huckepack geladen, kehrten wir nach Cannes zurück – immerhin mit Stil. Der Chauffeur hatte Curd sofort erkannt und wusste, wie man mit Filmstars umgeht. Er war früher einmal der Chauffeur von Michelle Morgan, als sie mit Mel Ferrer in Cannes filmte.

Nicht nur mit seinen Filmrollen holte sich Jürgens seine Millionen. Er scheute auch nicht davor zurück, sich selbst in der Werbung zu vermarkten. »David Niven gab mir den Tipp«, versicherte mir Curd. »Die machen mit deinem Gesicht und deinem Namen Werbung für sich, aber auch noch für dich, und zahlen mächtig dafür. Take it, cash it in …«

Curds erste große Werbung war für goldenes Essbesteck und trug ihm prompt üble Häme ein. Man warf ihm die Geschmacklosigkeit eines Neureichen vor. Zehn Jahre später war Curds Ruf als internationaler Filmstar und werbewirksamer Prominenter so aufpoliert, dass die persische Fluglinie Iran Air noch zu Schah-Zeiten in so angesehenen Magazinen wie *Time* und *Life* Curd-Jürgens-Fotos inserierte. Mit dem Text: »Wir bringen Sie hin, wohin Sie wollen, pünktlich, entspannt und erfrischt, als ob sie Curt Jurgens wären. Tatsächlich versuchen wir ja, jedermann gleich zu behandeln. Mittelloser Student oder internationaler Schauspieler, sie sind alle gleich für uns. Als Herr Jurgens mit uns flog, behandelten wir ihn ganz einfach wie einen Reisenden, der sich so komfortabel wie nur möglich fühlen soll …« Einziger Schönheitsfehler für Curd: Iran Air verhunzte ihn als »Curt Jurgens«.

Mit Iran Air ist Jürgens nie geflogen. Kaffee aber hat er immer getrunken. Als größter Großverdiener gab er sich auch nie mit

Kleinigkeiten ab. So kassierte er innerhalb von zwei Jahren zwei Millionen D-Mark für etwas, was auch Normalsterbliche meist tun – Kaffee trinken. Als Kaffee-Werbetrinker flimmerte Curd leger mit Rollkragenpullover 15 Sekunden lang über deutsche Bildschirme und eröffnete vornehmlich den Hausfrauen: »Meine Damen (und Herren), ich habe noch nie in meinem Leben Werbung gemacht. Für … Kaffee mach ich's …« Die Lüge zahlte sich aus – cash in!

Auf die Reaktion brauchte er nicht zu warten. Prompt erschien in einer Münchner Faschingsbeilage ein Inserat: »Curd Jürgens jetzt im Film – Der bekannte Werbeträger, Brillenträger, Hosenträger, Gepäckträger, Besteckkastenträger und Unterhosenträger Curd Jürgens wird jetzt aufgrund seiner Karriere als Werbe-Mannequin auch vom Film umworben. Es ist vorgesehen, ihm eine kleine Rolle in einem Werbefilm der deutschen Markenartikel-Industrie zu geben. Der Film steht unter dem Motto: Selbst der allergrößte Dreck geht mit Jürgens spielend weg …«

»Meine Kleene«, fragte Curd, denn er liebte es, privat zu berlinern, »warst du schon mal in Japan? Nee? Na denn spiel ich doch wieder den Bassa Selim in der *Entführung aus dem Serail*, den hab ich vor 35 Jahren an der Wiener Staatsoper gespielt.«

Nicht zu übersehen – im Getümmel der kleinen Japaner – die hünenhafte Figur des normannischen Kleiderschranks Curd Jürgens. Nun zählte ja auch seine auffallend attraktive Frau Margie keineswegs zu den Kleinen, und so war's kein Wunder, dass es den Japanern die Köpfe verriss, wo immer Curd und Margie auftauchten. Aber noch unglaublicher war die Popularität, die Curd, der Selim Bassa des Wiener Operngastspiels, genoss: »Wenn einer in einem James-Bond-Film gespielt hat, dann kennt ihn ganz Japan«, strahlte ein Jürgens-Fan.

Ich traf Curd und Margie im Oktober 1980 in der alten Kaiserstadt Kyoto, wo Margie vom Inuimon-Kaiserpalast über den Goldenen Pavillon und die diversen Tempel – Nijō, Ryōan-ji,

Kiyomizu-dera und Saniyu Sangendo – die ganze Sightseeing-Skala abklapperte: »Ich wollte ihr das alte Japan zeigen, wie ich es in Erinnerung habe. Schließlich bin ich zum vierten Mal hier«, sagte Curd.

Auf dem Rückweg vom berühmten Zen-Steingarten des Ryōan-ji-Tempels, wo sich eine halbe Mädchenschulklasse darum drängte, mit Margie fotografiert zu werden, kamen wir an einem kleinen Teehaus vorbei. Dort gerieten die Serviererinnen vollends aus dem Häuschen: »Curd Jurgens-san ...«, ließ sich aus ihrem erregten Geschnatter heraushören. Schließlich fragte eine unseren Fahrer: »Curd Jürgens-san?«, worauf der Mann japanischen Humor zeigte: »Hej – ja«, sagte er, »das ist Paul Newman ...«

Ganz stilvoll japanisch stiegen Curd und Margie, deren luxuriöse Penthouse-Suite im Okura-Hotel in Tokio täglich 200 000 Yen kostete, im Tawaraya-Ryokan, dem berühmten japanischen Hotel von Kyoto, ab. Seit über 300 Jahren ist es in Familienbesitz – und hier logierte Weltprominenz: Alfred Hitchcock, William Faulkner, Jean-Paul Sartre, Arthur Koestler, Leonard Bernstein, Kanadas Premier Pierre Trudeau, Arthur Miller mit seiner Wiener Frau Inge Morath und auch Alain Delon haben dort schon auf dem tatamibelegten Fußboden zwischen Reispapierwänden geschlafen.

Abends ließ Curd für Margie »die Puppen tanzen« – er arrangierte eine Geisha-Party. Allerdings: Mit der schöngeistigen Konversation haperte es – die Kimono-Mädchen mit den hochgesteckten Frisuren und schneeweiß gepuderten Gesichtern sprachen kein Wort englisch. Geschweige denn deutsch.

Das stärkste Abenteuer aber war das Frühstück am Morgen nach der Geisha-Party: »Ich bin aus dem Lachen nicht mehr rausgekommen«, schnaubte Curd. »Margie wollte nämlich unbedingt das japanische Frühstück probieren. ›Dabei esse ich doch nie Fisch‹, lachte sie. Prompt gab's rohen Fisch mit dem obligat gekochten Reis, kleine eingelegte Pilze mit geriebenem Rettich, aufgebrühten Chinakohl, scharfe Gurkerl, geölte Melanzani, getrockneten Seetang, grüne Zwiebel, gelbe Rüben, eine Suppe mit Tofu-Bohnenkuchen und eine mit geschnittenem Bambus. Dieses Frühstück werde ich mein Leben lang nicht vergessen.«

Als ich im Jahr 2011 auf meiner »Ocean Princess«-Kreuzfahrt – Schanghai, Beijing, Wladiwostok, Hiroshima, Osaka – vier Tage vor dem verheerenden 9,0-Erdbeben in Kyoto Station machte, buchte ich mit meiner Frau Bonni ebenfalls das noble Tawaraya Ryokan. Die Gästebücher von anno dazumal haben die Ryokan-Erben wohl entsorgt. Das Autogramm von Curd Jürgens war nicht mehr aufzutreiben, somit auch nicht meine bescheidene Signatur darunter.

Ein Bett ließ sich Curd Jürgens vor der Wiener *Reigen*-Premiere im Nobelhotel Sacher reservieren, das er genau einen Monat vorher grollend und mit dem Götz-Zitat auf den Lippen verlassen hatte. »Ich denke nicht daran, nicht mehr im Sacher zu wohnen«, versicherte mir Curd bei einem gemeinsamen Mittagessen. Als Sacher-Dauergast hatte Curd unter den modischen Restriktionen des neuen Sacher-Chefs Peter Gürtler gelitten. Man hatte ihm den Zutritt zum Marmor-Speisesaal verwehrt – weil er keine Krawatte trug, sondern absolut modisch einen hochgeschlossen seidenen Rollkragen-Pulli mit seinem großen griechischen Mykonos-Kreuz. Dann wurde ihm als Hausgast auch noch der Einlass in die Blaue Bar verweigert. Zwar trug er Krawatte, aber eine bestickte tunesische Weste – ohne Ärmel …

»Ich war jahrelang Gast im Sacher. Nicht mehr hinzugehen, wäre Kapitulation. Schließlich ist ein Hotel für seine Gäste da, und nicht umgekehrt. Wer ist Herr Gürtler, der Hotelerbe?«

Was Curd am meisten ärgerte: »Dass die sich so richtig verzopft geben. Was soll denn das ganze Getue um Krawatte und Ärmel. Die spinnen wohl. Schließlich darf man doch nicht übersehen, dass das Haus nicht so stinkfein war, wie es heute gerne tut. Das war doch einmal das Bordell der Erzherzöge, wo man auf einem Sprung nach der Oper im Separee die kleinen Ballettratten vernaschen konnte. Da hat keiner nach Krawatte gefragt, wenn unter die Röcke gegriffen wurde.«

Selbst die legendäre Frau Sacher, so meint er, müsse doch eigentlich im Grab rotieren, wenn sie wüsste, wie spießig man sich heute in ihren Mauern gibt. »Die Frau Sacher wäre wohl die Erste gewesen, die man mit der heutigen Moral des Hotels, aus dem Sacher geschmissen hätte«, war der Star überzeugt. »Man stelle sich das vor: Sie hat doch schon Zigarren geraucht, als eine wirkliche Dame noch nicht daran denken durfte, eine Zigarette zu rauchen. Alles Blödsinn, sich auf den Ruf des Hauses zu berufen, wenn die Begründerin des Hauses als lebensbewusste Dame wusste, was in ihren Separees passierte, Zigarren schmauchte und keineswegs prüde war. Ich lasse mir das Sacher jedenfalls nicht vermiesen. Schließlich habe ich dort fast 20 Jahre lang in alle Leute meine Trinkgelder investiert.«

Curds Feste waren legendär – nicht zuletzt Jedermanns letzte Tafelrunde anno 1973. Von solchen gesellschaftlichen Highlights kann Salzburg heute nur noch träumen. Im Kavalierstrakt vom Schloss Kleßheim agierte der Gastgeber, schwarze Hose, schwarzes Seidenhemd mit schwarzem Halstuch, dazu ein silbernes Kreuz, ganz nach seinem Motto: »Das Leben ist gefährlich, aber es übt kolossal …«

Die illustre Tafelrunde reichte von Joan Kennedy, der Ehefrau des US-Senators Edward »Ted« Kennedy, bis zu Maestro Herbert von Karajan und seiner Eliette. Dazu Jedermanns »Teufel« Martin Benrath, »Glaube« Agnes Fink, die Burgdamen Susi Nicoletti, Inge Konradi, Aglaja Schmid, von der Josefstadt Susanne von Almassy, Vilma Degischer, Prinz Tassilo von Fürstenberg, »Salzbaron« Ady Vogel, damals Schlossherr zu Fuschl, mit Winnie Markus, »Schätzchen« Uschi Glas, Johanna Matz und Prinz Alfi Auersperg, dessen damalige Prinzessin Hannelore – danach

Ehefrau von »Haselnuss«-Barden Heino –, die für Joan Kennedy auf Schloss Blühnbach ein Dinner gegeben hatte, O. E. Hasse, extra aus Berlin angeflogen, und Landesverteidiger Karl »Lü« Lütgendorf …

Nach einer letzten »Bloody Mary« flog Curd nach sechs *Jedermann*-Vorstellungen ohne Regen nach Köln. Fernsehfilm – Regie Michael Pfleghar. »Der Film heißt *Double* und ich spiele das Double für James Bond. Wann immer es brenzlig wird, schreit der Regisseur ›Das Double muss her!‹ Dann beziehe ich die Prügel, Kristallluster – aus Zucker natürlich – zerbersten auf meinem Schädel. Wenn ich dann weichgeprügelt bin, beugt sich eine Schöne über mich. Aber der Regisseur schreit ›Halt! Weg mit dem Double – James Bond muss küssen‹ – endlich eine komische Rolle für mich …«

»… und kein bißchen weise«, titelte er seine Autobiografie. In seinem Spitalbett im 12. Stock der Wiener Rudolfstiftung, mit Blick über die Dächer Wiens, klang sein Knurren brüchiger als sonst, leicht resignierend: »Das Schlimmste daran ist, dass es so verdammt langweilig ist. Faaad!«

Der alte stolze Löwe haute nicht mehr mit aller Wucht auf den Tisch. Aber Curd Jürgens, Patient von Primar Prof. Dr. Anton Neumayr, Vorstand der 1. Medizinischen Abteilung der Wiener Rudolfstiftung, hatte sich seinen Sarkasmus bewahrt.

Er trug ein weißes Hemd, aus dem er die Beine ragen ließ, ohne sie zuzudecken. An der Aorta, ein kleiner Mullbausch. Dünne Plastikschläuche, die zum »Tropf« führten: »Ach, hochprozentige Glukose-Infusionen. Mein wirkliches Problem ist, dass ich leider keinen Appetit habe«, seufzte Jürgens. »Ich muss mich jetzt wieder zwingen, selbst Appetit zu entwickeln. Mein Blutdruck ist, für einen, der schon wochenlang im Bett liegt, eigentlich normal – 120 bis 130 zu 8 …«

»Das sind die Sünden eines ganzen Lebens, die Belastungen, vom Rauchen angefangen, die in der Erkrankung der Gefäße resultieren«, beurteilte Prof. Dr. Anton Neumayr seinen Patienten Curd Jürgens. »Das hat sich nicht nur auf die Herzkranzgefäße ausgewirkt. Wir haben die drei Arterien, die Professor de Bakey operiert hat, natürlich sofort überprüft, und die Operation darf auch heute noch als Erfolg gewertet werden. Sie arbeiten regelmäßig, wie überhaupt als Erfolg gewertet werden darf, dass die Rhythmusstörungen behoben sind. Herr Jürgens schläft auch wieder normal – aber man kann nicht zehn oder 20 Jahre Belastung einfach zurückdrehen …«

Man hatte Curd Jürgens in den Wochen davor drei Herzinfarkte angedichtet. »Seine Nieren haben sie zur Wäsche gegeben und ein Bein hat man ihm angeblich auch amputiert«, räsonierte Curds Ehefrau Margie, die in den letzten Wochen Tag und Nacht mit ihm das Krankenzimmer teilte.

Das Zimmer, hell, freundlich, mit großen Scheiben. Lilien-, Rotdorn- und Freesien-Sträuße, ein Blumenparadies. Es sah bisher nur wenige Besucher – die »echten, dicken Freunde«: Prof. Dr. Friedrich Hacker, der »Terror«-Spezialist und Psychiater, der eigentlich in Los Angeles lebte, war Stammgast. Curd Jürgens: »Der Hacker kommt manchmal zwei Mal am Tag – rührend.« Modezar Prof. Fred Adlmüller telefonierte zwei Mal täglich, wenn er nicht persönlich aufkreuzte. Als ich Curd – als einziger Journalist, den er empfing – besuchte und brav in einen lindengrünen Kittel schlüpfte, saß Josefstadt-Direktor Hofrat Prof. Ernst Haeusserman an seinem Bett. Er hatte Curd an die Burg geholt, mit ihm *Jedermann* in Salzburg inszeniert und war einer der echten Freunde. Selbst hier jedoch siezten die beiden einander – das nennt man echte Herren.

»Um sechs ist Wecken, denn da bekomme ich die erste Infusion«, schilderte Curd Jürgens. »Aber dann döse ich nochmal bis halb acht, bis das Frühstück kommt – oder auch nicht. Die ernähren mich ja sowieso über den Tropf. Morgens fühle ich mich ja immer sehr frisch und stark, aber nachmittags schlappst du dann wieder ab. Das Ganze geht eben viel langsamer und zäher, als wir alle gedacht haben. Eine Frage der Zeit. Da brauchst du furchtbare Geduld und Spucke ...«

Margie Jürgens war für Curd der direkte Draht zum Leben. Sie gab ihm den Optimismus, den er brauchte, zwang ihn zum Essen, fütterte ihn: »Kleine Häppchen. Ein paar Waldbeeren, Feigen liebt er. Am besten wär's, er würde zehn Mal am Tag etwas zu sich nehmen.«

Curd warf dazwischen: »Rührend war ja der Udo Proksch vom Demel. Der hat Bouillon geschickt und Schinkenfleckerl.« Immerhin hat Curd die Bouillon genossen.

Margie las ihm die Nachrichten-Magazine, den *Spiegel*, *Newsweek* vor. Schräg zum Bett stand ein Fernseher: »Mein Gott«, feixte Curd Jürgens, »ist dieses Fernsehprogramm fad! Das kann ich ja jetzt wohl beurteilen?«

»Siehst du die *Zeit im Bild*, die Politik?«

»Das nennst du Politik?«

Das klang ja fast wie der alte Jürgens. Dann schlich sich wieder ein elegischer Zug ein: »Voriges Jahr um die Zeit, da fuhren wir mit dem Rolls-Royce mit dampfendem Kühler...«

Das Herz des großen Mannes hörte am 18. Juni 1982 um 1 Uhr zu schlagen auf. Weltstar Curd Jürgens starb im Alter von 66 Jahren auf Zimmer 1202 der Wiener Rudolfstiftung. Seine Frau Margie war, wie stets in seinen letzten sechs Wochen, an seinem Bett: »Er hat so schön ausgeschaut, wie er dalag«, schluchzte Margie, »aber er war eben tot.« Die offizielle Todesursache: chronisches Herzversagen.

Curd Gustav Andreas Gottlieb Franz Jürgens wurde in einem Ehrengrab der Stadt Wien – 32C Nr. 54 – auf dem Wiener Zentralfriedhof bestattet. Eine Ehrenformation der österreichischen Luftwaffe flog über sein Grab. Ein letzter Salut für »des Teufels General«.

Für Freunde floss der Champagner wie zu Curds Zeiten. Das hatte Margie Jürgens auch nach dessen Tod beibehalten. Aber die Freunde wurden rarer, vorbei das intensive, aufregende Luxusleben mit Curd Jürgens, dem Vollblutmenschen und Jetsetter – als dieser Begriff noch Exklusivität besaß. Margie Jürgens igelte sich mehr und mehr in Zürich ein, wo sie nach qualvollen Monaten im Jahr 2003 ihrem Krebsleiden erlag. Im Alter von nur 62.

An ihrem Sterbebett ihre Tochter Miriam (in London mit ihrem schottischen Ehemann Alan Duncan in der Werbung tätig). Mutter Margie hatte für Miriam vier Jahre davor eine glanzvolle Hochzeit auf dem Jürgens-Prachtsitz oberhalb von St. Paul de Vence mit prominenten Freunden ausgerichtet.

Doch Margie ahnte wohl schon, dass es ihr letztes großes Fest sein könnte. St. Paul de Vence wechselte danach den Besitzer ebenso wie der schlichte Bungalow auf Great Harbour Cay auf den Bahamas und das Chalet in Gstaad. St. Paul de Vence kam in amerikanische Hand – John Kluge, US-Tycoon deutscher Geburt, der mit acht Jahren nach dem Tod seines Vaters mit seiner Mutter von Chemnitz nach Detroit (Michigan) emigriert war, hatte den Traumsitz in Augenschein genommen und auf der Stelle davon Besitz ergriffen. Ohne Wimpernzucken oder Feilschen zahlte er den Preis, den Margie forderte. Kluge schenkte das Anwesen seiner Tochter – eine kleine Morgengabe, wenn man auf drei Milliarden Dollar Vermögen sitzt.

»Es kommen zwar immer wieder Freunde im Sommer«, schilderte mir Margie Jürgens bei ihrem letzten Wien-Aufenthalt, als sie im Theatermuseum am Lobkowitzplatz die »Curd Jürgens«-Ausstellung eröffnete, in der Blauen Bar im Sacher, »aber oft bin ich wochenlang allein mit dem philippinischen Ehepaar, das St. Paul das ganze Jahr über betreut.«

Eines war Margie nach dem Tod von Curd klar geworden: »Einen Mann wie Curd gibt es kein zweites Mal. Und letzten Endes ist er der Maßstab geblieben, an dem ich alle anderen Herren messe.«

Ihr Glück mit ihm dauerte nur vier Jahre.

Margies letzter Wunsch: »Ich möchte verbrannt werden. Und streut meine Asche in ein Gewässer.«

Es war der Zürichsee.

# Hildegard Knef
## Für sie soll's rote Rosen regnen

S ie schien am Ende zu sein. Damals, als sie 1962 für *Lulu* nach Wien kam. Nackt war sie schon einen Augenblick lang im *Film ohne Titel* durchs Bild gehuscht. Aber als Willi Forst, der Wiener Kultregisseur, sie mit 25 zur nackten »Sünderin« stilisierte, war das anno dazumal den deutschen Kinogehern zu viel – eine Göre, mit 14 alleingelassen, vom Halbbruder verführt und zur bezahlten Geliebten abgestempelt, den Strich vor Augen. Das schockte eine ganze Generation und die Filmverleiher. Für die war Hildegard Knef plötzlich indiskutabel als Starbesetzung.

Die Knef wich zu *Schnee am Kilimandscharo* und *Silk Stockings* mit Bombenerfolg an den New Yorker Broadway aus. Dass Produzent Otto Dürer sie dann zu *Lulu* – mit Nadja Tiller in der Titelrolle, Mario Adorf und O. E. Hasse, Regie Rolf Thiele – nach Wien holte, war für sie ein kleines Comeback beim deutschen Film: »Ich bin eben ein ›Survivor‹, eine, die sich kurz vor dem Absturz doch wieder festkrallt«, lautete ihr Lebensmotto.

Als Puzzlespiel mit drei oder vier weiblichen Körpern hatte Regisseur Rolf Thiele seine *Lulu* angelegt. »Von einer nehme ich die dünnen Beine, von einer den mageren Rücken, dann ein Profil nicht älter als 14, 15 Jahre. Nadja Tiller, meine ›Lulu‹ war ja auch ein dünnes, hochaufgeschossenes Ding, ehe sie zum Weib wurde. Daran soll auch Curd Jürgens beteiligt gewesen sein. Jürgens-Ex Simone behauptete, Curd habe Nadja mit 16 entjungfert.

Mit *Lulu* wurde Hildegard Knef jedenfalls beim deutschen Filmverleih wieder salonfähig. Produzent Karl Spiehs holte sie für Regisseur Alfred Weidenmann für die Verfilmung des Erfolgsromans *Die Festung*, den der Deutsche Henry Jaeger in mehrjähriger Haft geschrieben hatte, nach Wels. »Meine Rolle spielt hauptsächlich im Bett und im Nachthemd. Zu guter Letzt werd ich auch noch erwürgt.« Ihr letzter Film hatte außerdem *Wartezimmer zum Jenseits* geheißen.

Ihr Partner Martin Held stapfte unrasiert und verlottert durch die Szenen, dabei parkte vor dem Atelier sein eleganter, britischer, graphitgrauer Jaguar E. Kalauerte die Berlinerin Knef zum Berliner Held: »Übrigens, weil du'n Jaguar fährst, hat sich der Weidenmann jleich en englisches Sakko jekooft.« Was für den Wiener der Schmäh, ist an der Spree eben der Kalauer.

Die Knef – »Wien bleibt Wien, da biste machtlos« – liebte solche Sprüche. Eine ihrer Lieblingsgeschichten: »Filmgala in Karlsruhe, ick muss durch Menschenmassen zum Kino, die schreien ›Hildchen, Hildchen‹. Auf eenmal springt ein Mann im Regenmantel vor, reißt auf, ist drunter pudelnackt und ruft: ›Bitte mal anfass‹, ich hab heut Geburtstag!‹ …«

Mit Weidenmann sollte sie dann *Schüsse im Dreivierteltakt*, einen Zirkusfilm, drehen. »Zirkusfilm – das sollte ich schon einmal«, erzählte mir die Knef. »Ich steh im Münchner Vier Jahreszeiten im Lift, da geht im dritten Stock die Tür auf, rein kommt Richard Eichberg, ein Produzent. ›Hildchen‹, schreit er, ›ick hab'n solchen Stoff for dir. Zirkusfilm. Trikot ha' ick schon!«

Ursprünglich wollten die Knef und ihr David »Tonic« Cameron ja in Wien beim *Lulu*-Dreh heiraten. Klappte mit den Papieren nicht. Als Heidelinde Weis – als Edeltraud verführt sie einen 13-jährigen Knaben mit abstehenden Ohren, wird schwanger und ehelicht einen Mann mit Holzbein – nach Wels kam, traf sie ihre Trauzeugin wieder: Die britische Staatsbürgerin Hildegard Frieda Albertine Palastanga, weitaus bekannter als Hildegard Knef.

Als Karl Spiehs sie abermals nach Wien holte, für seinen *Großen Liebesreigen*, da brachte sie auch gleich ihren Hit *Eins und eins, das macht zwei* (Musik: Charlie Niessen) als Kennmelodie mit. Denn neben den Filmen hatte sie mit Chansons begonnen, schrieb selbst Texte, sang mit ihrer rauen, rauchigen Stimme, von der Ella Fitzgerald sagte: »Sie ist die größte Sängerin ohne Stimme!« Rauchen wie ein Schlot spielte da wohl mit. Aber mit 42 war sie die erfolgreichste Sängerin deutscher Sprache. Ihre Chansons belegten die Hitparaden-Plätze: *Ich brauch Tapetenwechsel, sprach die Birke, Für mich soll's rote Rosen regnen, Von nun an ging's bergab.* Für Marlene Dietrich, Freundin und Vorbild, sang sie *Sag mir, wo die Blumen sind* und *Was, dir geht's gut, da muss doch was zu machen sein.*

Beim *Liebesreigen* logierten Hilde und Tonio im Bristol im vierten Stock, chinesischer Salon, dazu gehörten auch zwei schwarze Ebenholz-Elefanten mit hängenden Köpfen und Rüsseln. Hildes erste Handlung: Sie sperrte die beiden in eine Glasvitrine. Mit dem Kommentar: »Marsch, in den Stall! Elefanten mit hängenden Köpfen bringen Unglück.« Denn sie war abergläubisch, die Knef. Konsultierte vor jedem Film, jedem Tapetenwechsel ihren US-Leibastrologen Carroll Righter. Und in ihrem Haus, dem Birkenhof in Kempfenhausen am Starnberger See, ging die alte Landsdorfer, die bäuerliche Kartenlegerin der Knef, ein und aus. Als ich dort die drei Meter hohe Hecke schneiden durfte – Hilde im O-Ton: »Gewellt wie der Donauwalzer« –, drängte die Knef mich, mir doch endlich auch die Karten legen zu lassen. Die alte Landsdorferin schlug auf, studierte dann meine Handfläche und kam zu dem umwerfenden Urteil: »Ja, nacha, san ehna ja a völliger Normäulerotiker …«

Als Berlinerin liebte die Knef Wien: Das Alte Haus in Grinzing, den Weißen Rauchfangkehrer, den Tafelspitz im Sacher mit Regisseur Willi Forst und seiner Frau Melanie. Mit denen waren sie und Tonio dann auch bei Modezar Fred Adlmüller und Herbert Schill eingeladen. Da Adlmüller damals in der Mahlerstraße wohnte, wollten Hilde und David durch den Hintereingang zurück ins Bristol. Hilde kam zuerst. Mit Kopftuch und dunkler Brille. »Hier dürfen Sie nicht herein, mein Fräulein«, plankte der Nachtportier ab. Im gleichen Moment kam David. »Oh«, sagte der Portier, »mit Ihnen selbstverständlich, Herr Hubschmied!«

Neben ihren Texten, Chansons und Romanen fand Hilde aber auch noch Zeit, wenn's um speziellen Spaß ging. Ich hatte ihr ein Wiener Erdbeben geschildert. Größtes Malheur: Ausgerechnet das große »E« für die Schlagzeile »Erdbeben« war in der Setzerei nicht zu finden. Einfach verschwunden!

Da schrieb die Knef zurück: »Min libr Frund, sintmaln Din gross ›E‹ abhandngkommn ist, schrib ich Dir disn Brif ohn jds ›E‹ …«

Sie hielt es durch – ohne E – bis zum Schluss: »Alls Lib, Din Hild Knf!«

Als sie mit David Cameron 1973 in die alte Mühle bei Altmünster am Traunsee übersiedelte, hatte sie ihren Bestseller *Der geschenkte Gaul* schon geschrieben. Ihre Liebes- und Lebensbeichte schaffte vier Millionen Auflage.

Und der *Gaul* schaffte Geld heran. Ehemann David Cameron baute und baute an der alten Mühle, vier mächtige Stockwerke hoch, das Geburtsdatum eingemeißelt: 1449. Hilde vergrub sich in ihrem Zimmer, schrieb für Verleger Fritz Molden neue Texte: *Ich brauch Tapetenwechsel*, werkte an dem Buch ihrer Leiden – 60 Operationen. Daneben führte David Regie bei *Schwester Georg* mit Inge Meysel und Grit Boettcher, weil auch Ljuba Welitsch, ganz Opernstar, mitspielte. Damals ging Tonio zum ersten Mal in 15 Jahren Ehe fremd, auch bei seiner Salzburger *My Fair Lady* landete er im Bett. Anonyme Anrufer vernaderten ihn bei seiner Frau.

13 Jahre lang lebten Hildegard Knef und ihr Mann David »Tonio« Cameron-Palastanga, sieben Jahre jünger als sie, zusammen. Zuletzt zweieinhalb Jahre in ihrer großen ausgebauten Mühle mit Blick auf den Traunstein. Die Scheidung ging dann ruck-zuck. »Montag reichte ich die Scheidung ein. Donnerstag erfuhr ich dann den Termin: Freitag, 15 Uhr, Saal 226 im Kreisgericht Wels.«

Es sollte eine einvernehmliche Trennung geben. »Wir waren schon auf der Autobahn, auf dem Weg zum Scheidungstermin, als plötzlich der Wagen von Hilde stoppte«, schilderte Cameron später. »Unser gemeinsamer Rechtsanwalt sprang heraus.«

»Wir haben keinen Scheidungsgrund«, keuchte der Anwalt. »Zum Beispiel schwere Beschimpfung. Haben Sie die Knef jemals ›du blöde Ziege‹ beschimpft. Oder ›dumme Kuh‹ …«

»Das wäre mir zu billig und banal«, lehnte Cameron, ganz Gentleman, ab. »Aber vielleicht auf Englisch – ›you bitch‹ – was so viel wie ›du Hündin‹, aber doppelsinnig, bedeutet.«

Als der Richter dann nach dem Scheidungsgrund fragte, trug der Anwalt prompt vor: »Er hat Frau Knef ›you bitch‹ beschimpft.«

»You bitch?«, staunte der Rat.

»Das heißt ›du Hündin‹ – schlimmer als ›du, du dumme Ziege‹!«

Worauf die Ehe – schuldlos für Hilde – prompt geschieden wurde.

Der Knef war die Scheidung vorerst einmal 8,5 Millionen Schilling wert: »Ich schick doch meinen Mann nicht mit dem leeren Einkaufsnetz weg. »Sie hatten keine Gütertrennung, das gemeinsame Vermögen – »Tonio« arbeitete für sie als Plattenproduzent, Manager und Übersetzer – wurde auf rund 1,7 Millionen D-Mark geschätzt. Allein in die Mühle hatten sie 12,5 Millionen Schilling investiert. Gesamtvermögen: Rund 25 Millionen Schilling.

Um »Tonio« auszuzahlen, entschloss sich die Knef schließlich zum Verkauf der Mühle: »Ich muss raus aus der Mühle, die wie ein toter Elefant auf mir liegt.« Zurück nach Berlin, sang sie doch auf ihrer Langspielplatte *Ich seh die Welt durch deine Augen* neben *Berlin, dein Gesicht hat Sommersprossen* und natürlich *Ick hab noch eenen Koffer in Berlin.*

Drei Monate nach der Scheidung – laut Urteil »entsprechend Desinteresse beider Ehepartner eine einvernehmliche Lösung« –

war ich bei Hilde in Berlin zur Premiere ihre neuen Films *Jeder stirbt für sich alleine*, den Filmproduzent Karl Spiehs – »schon wieder een Wiener« – nach dem Buch von Hans Fallada drehen ließ. In der Luxussuite 1138/49 im 11. Stock des Luxushotels Kempinski beim Ku'damm wurden Austern und französischer Chablis serviert. Mitten im Gewühl der Premieren-Party mit Promis von Carl Raddatz, ihrem Filmpartner, Alfred Vohrer, ihrem Wiener Regisseur, Produzent Spiehs und Pali Meller-Markovicz, Klassikchef der Deutschen Grammophon, und natürlich Baron von Schell – drückte ich mich mit Hilde in ein stilles Eck: »Ja, verdammt noch mal«, kam das Geständnis, »ick hab mich verknallt, und ich liebe ihn, jawoll. Es ist verrückt. Ick hätte nie jedacht, dass es für mich so was noch mal geben wird.«

Was es da überraschenderweise für Hildegard Knef doch noch einmal gab – war ein neuer Mann. Paul Rudolf Freiherr Schell von Bauschlott, 14 Jahre jünger als die Knef. Der Baron ungarischer Abstammung ist ein Bruder von Catherina Schell, der schönen Ungarin, die Co-Star von Peter Sellers im *Pink Panther*-Film war. Die Familie Schell wurde 1714 zu Baronen, Paul Rudolfs Mutter war eine gebürtige Gräfin Teleki von Szék. Sein Onkel war zwischen den Weltkriegen ungarischer Ministerpräsident. Als die Familie 1949 aus Ungarn flüchtete, ließ sie große Ländereien zurück. Im Sog der Knef in Berlin hatte Baron Schell prompt seine Signation weg: »Der geschenkte Paul«.

Paul, Werbeagent in der Film- und Showbranche, arbeitete für Burt Lancaster und Richard Widmark in München. »Hilde ist die wichtigste Liebe in meinem Leben«, betonte er, nachdem er bereits sechs Wochen davor zu ihr nach Berlin gezogen war. Mit Knef-Tochter Tinta verstand er sich prächtig. Der Altersunterschied spielte für ihn keine Rolle – sie 50, er 36 – »Hilde ist nicht viel älter als ich. Man ist so jung, wie man denkt.« Und die Knef: »Tonio war ja auch acht Jahre jünger. Ick hab da schließlich Übung.«

»Wenn ich so schau, bin ich von Wienern umzingelt«, realisierte die Knef, als sie neben ihren Filmen auch noch Chansons textete und sang, dann auch noch zwei Bücher schrieb. Singende Bestsellerautorin oder schreibende Chansonette, je nach Belieben nahm sie mit kompakter Wiener Assistenz ihre neueste Langspielplatte auf. Schlichter Titel: Knef.

»Der Chef meiner neuen Plattenfirma, Ossi Drechsler – ein Wiener. Mein Leib- und Magenkomponist Hans Hammerschmied, natürlich auch ein Wiener. Ganz abgesehen davon, dass *Der geschenkte Gaul* bei Fritz Molden, auch in Wien, herauskam. Das Buch war noch gar nicht erschienen, da war es schon rund 550 000 D-Mark wert.« *Jasmin*, das Magazin für das Leben zu zweit, ließ sich den Vorabdruck der Knef-Memoiren mehr als 250 000 Mark kosten. Der Molden-Verlag soll mehr als zwei Millionen Schilling Garantie noch vor dem Erscheinungsdatum August 1970 gezahlt haben.

In ihrer grandiosen Karriere verdiente die Knef als die einzige deutsche Diva rund 35 Millionen D-Mark, Manager und Trittbrettfahrer betrogen sie um Millionen. In Berlin hatte Hilde zum Schluss den Gerichtsvollzieher am Hals. Die Folgen einer geplatzten Chanson-Tournee – geschätzte 250 000 Mark Schulden. Es läppert sich halt zusammen, wenn in der Showbranche etwas schiefläuft. Sie hatte ihren Tourneemanager Martin Biallas auf 250 000 Mark geklagt und den Prozess verloren.

Bialas drehte den Spieß um, worauf auch noch Reiseunternehmen und Hotel Geld einklagten: Das Sonesta-Hotel Amsterdam forderte 2185 Dollar – »allein das Telefon machte 400 aus …«

100 000 D-Mark wollte das Reisebüro Senator: »Frau Knef reiste mit Mann, Tochter und Orchester mit Jets, Bahn und Bus. Auch ein halbes Kilo Kaviar und Champagner sind offen.«

Manager Biallas forderte schließlich auch noch 80 000 Mark: »Ich habe Geld vorgeschossen. Sogar 3000 Mark an Paul von Schell als Haushaltsgeld. Dazu kommen meine Prozesskosten: 10 200 Mark.«

Auch beim Pariser Haute-Couture-Salon Pierre Balmain blieben 38 000 Francs für die Tourneegarderobe offen. Madame Knef trugen ja nur Balmain. Aber die Couturiers winkten ab: »Es ist uns eine Ehre …«

Zwar wurde die Ehe mit Tonio einvernehmlich geschieden, aber den Entschluss zur Trennung hatte sie innerhalb einer Nacht getroffen: »Er hatte mir Drogenabhängigkeit vorgeworfen, wollte mich amtsärztlich untersuchen lassen. Wollte das Besuchsrecht bei Tinta gerichtlich regeln lassen, obwohl er unsere Tochter jederzeit sehen konnte. Das kann wohl keine Liebe sein, also machte ich Schluss.« Sie bestand sogar darauf, dass er im Kempinski Hausverbot bekam. Hildegard Knef: »Ich bin ohne Bitternis. Ich war die Knef und ich bin es – solange man nicht meine Nummer aufruft …«

Ihre Nummer wurde am 1. Februar 2002 um 11.02 Uhr aufgerufen. Noch am Krankenbett hing ihr Lebensmotto: »Nicht wer wenig hat, ist arm, sondern wer zu viel wünscht.«

# Klaus Maria Brandauer
## *Der Hamlet, der die Windeln wechselt*

Es bedurfte wohl eines Papstes, um zu erleben, wie Jedermann und der Teufel sich in die Haare gerieten. »Ich hab jedenfalls schon vorhergesagt: ›Ich küss ihm die Hand, ich bin Katholik‹«, betont heute noch Klaus Maria Brandauer, damals der Jedermann von Salzburg, als 1983 der Salzburger *Jedermann* auf dem Kapitol von Rom gastierte – inklusive Empfang bei Papst Johannes Paul II. in Castel Gandolfo, dem Sommersitz des Heiligen Vaters. 45 Minuten Papstaudienz, die von besonderer Herzlichkeit, Emotionen und Spontanität geprägt waren.

Selbst der Teufel ging vor dem Heiligen Vater in die Knie, auch wenn er vorher noch ganz anders geklungen hatte. Für Susi Nicoletti war es »mein schönstes Geschenk«, sie feierte an diesem Tag ihren Geburtstag. Johannes Paul II. ließ sich jeden Schauspieler einzeln vorstellen, fragte speziell nach Klaus Maria Brandauer. Buhlschaft Marthe Keller machte ebenso wie Susi Nicoletti einen tiefen Knicks.

Mit den Worten: »Jetzt machen wir eine Fotografie«, scharte Johannes die *Jedermann*-Mimen von Marianne Nentwich (Werke), bis Karlheinz Hackl (Jedermanns Guter Gesell) vom Domplatz um sich. Zwischendurch kam ein Sekretär des Vatikans und überreichte zwei kleine Etuis, ein rotes mit schwarzem Rosenkranz für den Jedermann, ein weißes mit weißem Rosenkranz für die Buhlschaft.

Was selbst der Heilige Vater nicht ahnen konnte: Die Buhlschaft trug unter ihrem schwarzen Rock keine üblichen Dessous. »Statt Höschen und BH zog ich meinen schwarzen Badeanzug an.« Sie hatte Angst, die Drücker vom Büstenhalter könnten versagen, das Gummiband vom Slip reißen: »Mir liefen die Tränen über die Wangen. Ich habe ihm auch die Hand küssen wollen«, verriet mir Marthe Keller nach der Audienz, »aber ich habe meine eigene Hand erwischt vor lauter Aufregung. Dieser Mann hat mich total geschafft, was für ein Mensch.« Das fand auch Burgmime Heinrich Schweiger: »Diesen Papst kannst du«, schüttelte er den Kopf, »am Burgtheater nicht besetzen, so schlicht und ergreifend wie er ist.«

Nur Teufel Helmut Lohner fand die Sprache wieder, auch wenn er mit Klaus Maria ums Niederknien stritt: »Bei dem Geschiebe im Castel Gandolfo wären wir viel schneller durch die Massen gekommen, wenn ich mein Teufels-Kostüm angehabt hätte.«

Für einen G'spritzten habe ich Brandauer eine Filmrolle vermittelt. Es wurde Champagner.

Im Frühjahr 1983 hatte mich Robert Duvall, der grandiose Consigliere der Mafia-Filme *Der Pate I* und *Der Pate II* und in Coppolas *Apocalypse Now* der knochenharte Colonel, inzwischen Oscar-Preisträger, beim Filmfestival in Manila gelöchert: »Können Sie mir sagen, wo ich diesen Brandauer finden kann? Ich bin ganz versessen auf diesen Burschen, seit ich seinen *Mephisto*-Film gesehen habe. Was für ein Schauspieler. Ich will ihn unbedingt für meinen Papst-Film. Duvall als Papst, Brandauer sein Gegenspieler.«

Karin Brandauer, damals beim 40. Geburtstag von Klaus Maria: »Das tollste Drehbuch, das ich seit Jahren gelesen habe – nach 20 Drehbüchern, die uns nach seinem James Bond-Film *Sag niemals nie* angeboten wurden.«

Es war aber kein Papst-Film, den Brandauer dann mit Duvall drehte, sondern *Das Feuerschiff* unter der Regie des polnischen Starregisseurs Jerzy Skolimowski.

Auch Brandauer schaffte nach seinem *Mephisto*, mit dem er den Oscar einheimste, als 007-Bösewicht in *Sag niemals nie*, zwei weiteren István-Szabó-Filmen, *Oberst Redl* und *Hanussen*, und natürlich mit dem Oscar-nominierten *Jenseits von Afrika* als Filmpartner von Meryl Streep und Robert Redford, Hollywood-Gagenstatus. Zwar legte er sich danach auch ein Apartment in New York zu, aber weitaus mehr Geld ging für seine ambitionierten Eigenproduktionen wie *Georg Elser – einer aus Deutschland* über den gescheiterten Hitler-Attentäter, und den Thomas-Mann-Stoff *Mario und der Zauberer* drauf.

Die Burg hat Brandauer trotz seiner internationalen Filmkarriere nie aufgegeben. Seit 2008 ist er Ehrenmitglied des Burgtheaters. Zwischen *Oberst Redl* und *Jenseits von Afrika* war er Hamlet.

Zur Premiere im Jahr 1986 war ich noch extra aus New York angeflogen, schon im schwarzen Anzug, vom Airport direkt zum Ring. »Pass auf«, warnte ich meinen Fotografen Peter Lehner, »ich hab den Jetlag. Wenn ich einschlafen sollte, gib mir einen Stesser.«

Brandauers Hamlet war so faszinierend, dass ich keine Probleme hatte. Erst bei Klausjürgen Wussow als Horatio fielen mir die Augen zu. Prompt bekam ich einen Rempler, kippte zur anderen Seite und Peter Lehner, der dort saß, wurde wach.

Ein Jahr später … Mit Kleingeld hätte das keiner geschafft. Es bedurfte schon eines Klaus Maria Brandauer, dem ORF die bislang massivste Konzentration an Weltprominenz zu bescheren. Selbst ein Johnny Carson, damals Amerikas Talkmaster Nr. 1, hätte sich da alle zehn Finger abgeschleckt: »James Bond« Sean Connery als lockerer Plauderer, als feministischen Schuss aus Rom die umstrittene *Nachtportier*-Regisseurin Liliana Cavani, freundlich wie sein Film Robert Wise, dem Salzburg *The Sound of Music* verdankt, die Hollywood-Wienerin Luise Rainer (zwei Mal mit Oscars bedacht), Oscar-Preisträger Robert Duvall (*Comeback der Liebe*) und schließlich, um die Sache politisch abzurunden, Jewgeni Jewtuschenko, der dichtende Perestroika-Russe.

Nicht ohne Pikanterie, dass hinterher in der Salzburger ORF-Kantine, die den Charme eines U-Bahnabteils ausstrahlte, des Kremls Erzfeind 007 mit dem sibirischen Verseschmied zusammenhockte und beim Wein und über Film palaverte. Damals heckten sie *Das Russlandhaus* mit Brandauer und Connery in den Hauptrollen, Drehbuch: Jewtuschenko, aus. Sollte es Massenszenen geben, versprach Jewtuschenko: »Da holen wir uns Soldaten und Pferde von der Armee.« Ganz koscher war der Geheimagent Ihrer Majestät der Queen dem literarischen Bannerträger des Kreml dann doch nicht. Denn morgens, kurz vor vier, knurrte er über den James-Bond-Star: »He fucks his roles ...«

Besser hätte wohl gepasst: »He fucks his holes.« Denn Connery, ganz strahlende Lässigkeit, witzig, gescheit, charmant, hat diesen gesunden Schuss Selbstironie, der so sympathisch macht. »Ich war rund um die Welt«, verriet mir Sean, »für die Promotion von *Never Say Never Again*. Jetzt bin ich wieder arbeitslos.«

Als Klaus Maria dazwischenbohrte: »Was machst du eigentlich mit dem ganzen Geld, das du verdienst?«, grinste Connery trocken: »Zwei Mal Pleite ...«

Micheline und Sean Connery sowie Jewtuschenko speisten Anfang August 1989 bei Fürstin Manni Sayn-Wittgenstein-Sayn, die in ihr Haus zu Käsesuppe, faschierten Laberln mit Spinat und Marillenfleck eingeladen hatte. Sie machte im Dirndl übrigens solche Figur, dass Jewtuschenko sein Auge wiederholt über ihr prächtiges Dekolletee schweifen ließ. »Er hat so was wie ›impressive lucky glasa‹ gemurmelt ... irgendwas über ihren Busen wohl ...«

Er sei nicht ganz arbeitslos, strahlte Sean ganz nebenbei: »Wenn ich daheim in Marbella bin, dann spiele ich vier, fünf Tage in der Woche Golf. Ich habe Handikap 7!« Was, wie alle Golfwelt weiß, so gut wie 007 ist. Er nutzte auch die Salzburg-Visite, und damit blieb Zell am See ein kleiner Golfkrieg nicht erspart. Die Zeller am See hatten es sich 300 000 Schilling kosten lassen, Sean mit seinem Handicap 7 zur Eröffnung des 18-Loch-Golfplatzes einzufliegen. Aber der große Reklamerummel ging glatt in die Lederhosen. Das Handicap der Zeller: Von ihrem 18-Loch-Platz waren erst 9 Holes in Betrieb. Connery flog mit seiner Michelle umgehend ab. Die Freundschaft mit Brandauer hat das keineswegs beeinträchtigt.

Ursprünglich sollte Brandauer bei der *Jagd auf Roter Oktober*, dem atomgetriebenen Sowjet-U-Boot, die Rolle des Kapitäns übernehmen. »Man würde dich nach *Jenseits von Afrika* zum ewigen Russen abstempeln. So wie andere deutsche Schauspieler ständig SS-Offiziere spielen.« Daraufhin überließ Brandauer die großartige Paraderolle Sean Connery, der damit den Umstieg von 007-James-Bond schaffte. *Jagd auf Roter Oktober* spielte Millionen ein.

Nachgerade paradox, dass Brandauer dann *Streets of Gold* drehte: »Ich spiele einen abgetakelten russischen Boxtrainer, der einen Iren für die Weltmeisterschaft gegen einen Russen scharf macht.«

Vor *Streets of Gold* hatte er hart trainiert, Schnurspringen und Liegestütze. »In den drei Wochen Boxtraining für die Rolle habe ich fünf Kilo abgenommen«, amüsierte sich Brandauer. »Schließlich hatte ich den Trainer, der sonst ›Rambo‹ Sylvester Stallone und Robert De Niro für seine Rolle in *Wie ein wilder Stier* fitgemacht hat.«

Für *Georg Elser – Einer aus Deutschland* gingen an die 100 Millionen Schilling drauf. Der Film über den Hitler-Attentäter, einen Uhrmacher, dessen Anschlag 1939 nur scheiterte, weil Hitler sieben Minuten eher von einer Münchner Bürgerbräu-Rede wegfuhr, war Brandauers erste Regiearbeit. »Elser – ein Mann ohne politische Information, kein Intellektueller. Der Hitler für böse hielt, einen Krieg verhindern wollte. Alle Welt kennt den Attentäter Oberst Graf Stauffenberg – keiner den Uhrmacher Elser. Es gab 42 Attentate auf Hitler – Elsers war das 28.«

Das arge Wort »Klischee-Tante« blieb im Äther hängen, als Regisseur und Hauptdarsteller Brandauer, noch vor der Wiener Premiere seines Films, von der Ö3-Wecker-Plauderin Nora Frey am 21. Oktober 1989 für *Freizeichen* interviewt wurde. Brandauer war auf eigene Kosten mit einer Privatmaschine von München nach Wien geflogen, um den Interview-Termin zu halten.

Aber Nora hatte bereits die falsche Musik ausgewählt, nämlich die aus Brandauers Film *Jenseits von Afrika*, und dann noch die dreiste Frage auf den Mikro-Lippen: »Wie küsst Meryl Streep?«

Brandauer nach der *Elser*-Premiere: »So ein Schwachsinn ist mir doch noch selten untergekommen. Ich habe es satt, mich mit Tanten konfrontiert zu sehen, die nicht wissen, worum es überhaupt geht, die mich als Showelement ausnützen wollen. Sie spielte die *Jenseits von Afrika*-Musik, obwohl ein dreifacher Oscar-Preisträger, nämlich Georges Delerue, die Musik für meinen Film komponiert hat. Die Frage nach den Küssen mit Meryl Streep gab mir den Rest, da wurde ich sauer. Und dann hatte die Dame den Film nicht einmal gesehen.«

Zwar rauchte er wieder, obwohl er es sich mehrmals abgewöhnen wollte, doch keineswegs die Glimmstengel »Men« der Austria Tabak. Die verursachten Klaus Maria als *Oberst Redl* schon vor der Premiere bei der Viennale 1985 Hustenreiz und Augenbrennen. Brandauer hatte nämlich nichts mit den »Men«-Plakaten, die für seinen Film warben, zu tun.

»Die Leut glauben, dass ich da eine Unsumme Geld kassiert habe. Schmarrn!«, schwörte der Filmstar, der wegen der Wiener Galapremiere extra die Dreharbeiten für *Jenseits von Afrika* mit Meryl Streep und Robert Redford unterbrach. »Ich habe dem Plakat zugestimmt, weil der Constantin-Filmverleih mithilfe der Austria Tabak die Werbung für unseren Film intensivieren konnte. Das ist aber auch schon alles …«

Für das Plakat wurde ein Standfoto aus *Oberst Redl* ausgesucht, das Brandauer mit Zigarette zeigt – aber ehe er Oberst wurde. Das Plakat hatte einen Schönheitsfehler, der alte Militärs auf die Palme brachte: »Was heißt da Oberst Redl«, reklamierten alte Offiziere, »der tragt doch die Uniform von einem Major ...«

Zwischen zwei *Hamlet*-Vorstellungen jettete Klaus Maria an zwei spielfreien Tagen nach Hollywood und kassierte dort für *Jenseits von Afrika* den Golden Globe, ein sicheres Signal für einen Oscar-Anwärter. Als Brandauer drei Jahre vorher für *Mephisto* den Oscar in Händen hielt, galt die Trophäe ausschließlich dem Film, weil ausländische Werke nur im Ganzen bewertet werden. Aber damals lernte er Meryl Streep kennen, die ihn sofort vereinnahmte: »Wir müssen miteinander drehen!« Das fand auch Starregisseur Sydney Pollack (*Tootsie*), der dann mit den beiden Stars und Robert Redford *Jenseits vom Afrika* fertigte.

Natürlich waren die Erwartungen für den Oscar hochgeschraubt. *Jenseits von Afrika* schlug nicht nur Kassenrekorde, sondern glänzte auch mit den meisten Oscar-Nominierungen. Dazu war ich natürlich in Hollywood zur Stelle. Im noblen Beverly Wilshire Hotel – viel später die Spielwiese für Julia Roberts und Richard Gere bei *Pretty Woman* – stießen wir mit Schampus auf den Abend an.

Karin Brandauer hatte in der Hektik des Abflugs einen dunkelblauen Anzug erwischt, also musste sich Klaus noch schnell einen Smoking samt Fliege und Bauchbinde zulegen. Während er den Smoking probierte, witzelte er noch: »Wenn ich's ned wer', spring i auf und sag ganz leise, aber eiskalt: Schiebung.«

Er bekam den Oscar nicht, verkniff sich auch die »Schiebung«. Hollywoods triefende Nostalgie schlug zu. *Jenseits von Afrika* war der eindeutige Sieger der Nacht, wurde bester Film und mit weiteren sechs Oscars – darunter der Regie-Preis für Sidney Pollack – ausgezeichnet. Nur die Darsteller blieben auf der Strecke. Der Oscar für den besten Darsteller einer Nebenrolle ging an den Hollywood-Veteranen Don Ameche (79), der für *Cocoon* noch einmal seinen Charme sprühen ließ. Meryl Streep blieb gegen Grand Old Lady Geraldine Page (*A Trip to Bountiful – Reise ins Glück*) auf der Strecke. Bob Hope, die alte Spottdrossel der Tinseltown, nur unwesentlich älter als Don Ameche, vor den TV-Kameras: »Don hat's mit Breakdance zum Oscar geschafft, ich hab's mit der Schauspielerei probiert – no chance. Zuerst ist es dem alten George Burns mit über 90 gelungen. Jetzt Don und Buddy Rogers, der war schon zu Stummfilmzeiten mit Mary Pickford verheiratet. Ich hoffe, der Trend hält an!«

Hollywood-Veteran Buddy Rogers drückte seinen Ehren-Oscar an die Brust und schnaubte: »Man sagt, alte Schauspieler sterben nicht, sie kriegen nur keine Rollen mehr …«

Hollywood hat Klaus Maria Brandauer trotzdem nicht vergessen, so drehte er mit Starregisseur Francis Ford Coppola in Argentinien *Tetro*. Heute hat Brandauer auch in Berlin eine Wohnung, wo er nach dem Tod seiner ersten Frau Karin immer wieder mit seiner zweiten Frau, Natalie Krenn, einer Theaterwissenschaftlerin, logiert. Man hat Brandauer oft nachgesagt, er sei schwierig – bei den Proben für die *Dreigroschenoper* warf er ein ganzes TV-Team hinaus. Er mag halt keine dummen Fragen.

»Arg verschüttet«, so beurteilte Brandauer sein Mittelschul-Französisch, als ihm ein Angebot, das er nicht abschlagen konnte, aus Paris ins Haus flatterte. Das französische Fernsehen wollte ihn für die Titelrolle einer neunteiligen TV-Serie nach Romain Rollands Roman *Jean Christophe*.

Innerhalb weniger Wochen büffelte Klaus Maria daraufhin mit einer Französischlehrerin seine Rollentexte so perfekt, dass er seiner Frau Karin verkünden konnte: »Die sind hier alle so verblüfft über mein Französisch, dass ich nicht einmal synchronisiert werde. Wir drehen gerade in Genf, in Paris streiken die Studioarbeiter. Hier sterbe ich gerade – arm und verlassen an einer Herzschwäche.«

»Ein bisschen Bauchweh hatte Klaus schon vorher«, gestand mir Karin Brandauer. »Er befürchtete, dass er nur mit Sätzen aus dem Drehbuch antworten könnte, wenn ihn jemand privat auf Französisch anspricht. Aber dann war er mit seinem Regisseur und Kollegen privat essen und palaverte munter drauf los.«

Karin, als TV-Regisseurin international etabliert, war nicht von der französischen Partie, weil sie für einen eigenen Film nach Kairo musste. »Die Karin«, betont Brandauer, »hat ihre eigene Karriere gemacht. Ohne meine Hilfe. Nur ich hätte ohne sie, ohne Rückhalt in meiner Familie, nie die Disziplin für meine Ambitionen aufgebracht.«

Die Franzosen holten ihn auch für ihre Superproduktion *Die französische Revolution* als Danton vor die Kamera. »Ein Monsterprojekt«, so Brandauer, nachdem er viereinhalb Monate in Paris, Versailles, Bordeaux und Strasbourg gefilmt hatte. »Das ganze Projekt – zwei Filme, *Les années lumière* und *Les années terribles*, die Zeit bis zur Verhaftung Ludwig XVI. und dann die Jahre bis zur Exekution von Danton und Robespierre – verschlingt 52 Millionen Dollar. Aber die Franzosen ließen sich bei ihrer Geschichte nicht lumpen. Sogar die Armee stellte für Massenszenen Tausende Soldaten als Statisten.«

Produzent Alexandre Mnouchkine hatte ursprünglich den französischen Star Robert Hossein, den Ex-Ehemann von Marina Vlady, als Danton im Sinn. Aber dann sah er am Salzburger Domplatz Brandauer als Jedermann, und da wusste er, wer sein Danton sein wird. Mitten in einer internationalen Starbesetzung: Jane Seymour als Marie-Antoinette, Claudia Cardinale als Madame de Polignac, Peter Ustinov als Mirabeau und der polnische Schauspieler Andrzej Seweryn als Robespierre.

Der größte Clou von Cannes im Mai 1981 kam nie zustande. »Zu spät, zu spät«, seufzte Brandauer, der als Mephisto von den Plakattafeln der Croisette Unheimlichkeit verstrahlte. »Diese Maske dauerte schon im Studio täglich zwei Stunden. Und ich hatte weder die Schminke mit noch die Gummihaut für die Glatze noch meine Maskenbildnerin.«

Sonst wäre Brandauer glatt in der Originalmaske des Mephisto den roten Teppich des Palais des Festivals hinaufmarschiert. Wetten, dass diese Fotos um die ganze Welt gegangen wären. Einen Smoking hatte er ja mit, aber dann platzte der Hosenboden. Den stopfte seine Karin erst noch schnell, ehe sie ihm Schuhe für den Galabend kaufen ging. »Wir sind ja mit einer viersitzigen, einmotorigen Cessna in drei Stunden direkt von Graz nach Cannes geflogen. Am Abend hab ich noch in Forchtenstein Grillparzers *Der Traum, ein Leben* geprobt. Da hab ich einen Ringkampf in 18 Metern Höhe mit dem Michl Janisch g'habt. Nicht einstudiert – nur ein Schnapsl. Und dann wird g'rauft. Aber Cannes wollte ich nicht auslassen.«

*Mephisto* war zwar mit István Szabó als Regisseur als ungarischer Beitrag nominiert, wurde aber – Kompliment an den Hauptdarsteller – in deutscher Sprache gezeigt.

Mit offener Hemdbrust und 20 Minuten Verspätung stürmte Brandauer bei seiner zweiten Cannes-Visite im Palais des Festivals in die *Oberst Redl*-Pressekonferenz, die schon voll im Gange war. Brandauer kam geradewegs aus Afrika und war – via Rom – elf Stunden unterwegs gewesen.

»Es ist wirklich eine Knochenschinderei«, ächzte Klaus, als wir noch vor der großen *Redl*-Gala im bummvollen In-Restaurant auf der Croisette ein paar Tagliatelle bestellten. »Wir hatten außerhalb von Nairobi gestern noch Nachtaufnahmen für *Jenseits von Afrika*. Die Dreharbeiten dauern jetzt ja schon fünf Monate. Wir filmten eine Riesenparade mit Hunderten Statisten mit Fahnen und Fackeln, die immer wieder die gleiche Strecke abmarschierten. Regisseur Sydney Pollack wusste natürlich, dass ich nach Cannes zum Festival wollte. Robert Redford und Meryl Streep waren fabelhaft, Punkt sieben auf dem Set, damit ich ja zeitgerecht abgedreht sein würde. Ich trug schon normale Straßenschuhe, weil wir nur noch Großaufnahmen schossen. Es dauerte trotzdem bis 2 Uhr früh, 2.30 Uhr ging die Alitalia nach Rom, wo Karin schon wartete. Das alles, damit ich mich bei der

Gala verbeugen konnte. *Oberst Redl* lief schließlich in Konkurrenz.«

Beim Stichwort Burgtheater haderte Brandauer mit der in der Ära Peymann fast obligaten Unterschätzung der Schauspieler. »Je näher ich dem Burgtheater komme, desto weniger weiß ich, wie ich heiße.« Als Burgchef hatte sich Claus Peymann ja nicht gerade beliebt gemacht. Vor allem mied er die Kantine: »Da wienert es mir zu sehr!« Im Bochumer Burgjargon raunzte er: »Hier glaubt jeder, sich meiner Person als Parkbank bedienen zu können, die er bepinkeln kann. Man müsste das Burgtheater abreißen lassen.«

Inzwischen probte man dort *Wer hat Angst vor Virginia Woolf?* Besetzung: Klaus Maria Brandauer, seine Salzburger Buhlschaft Elisabeth Trissenaar, Andrea Clausen und Markus Boysen, der Sohn von Rolf Boysen, unter der Regie von Trissenaar-Ehemann Hans Neuenfels. Noch arbeiteten sie mit dem Buch in der Hand, aber es kriselte: »Text lernen, das ist die entwürdigendste Arbeit in unserem Beruf«, schüttelte sich Brandauer, »weil man leider nicht so schnell wie ein Gymnasiast über Nacht für die Prüfung um 9 Uhr lernt, und es mittags schon wieder vergessen hat.«

Nicht unproblematisch, diese *Angst vor Virginia Woolf* auf der Burgbühne: »Der Albee hat das wie ein Boulevardstück geschrieben. Auch wenn es eine ganz aufregende Geschichte zwischen zwei Ehepaaren ist. Das ist großes Drama wie bei Ibsen oder Strindberg, dabei geht's zu wie an den Kammerspielen.«

Das Rundherum nach der Premiere war mindestens ebenso bühnenreif wie die glanzvolle erste Vorstellung. Da flogen zwar keine Fetzen mehr wie auf der Bühne, aber die stummen Giftpfeile. Dieser »Virginia« ging ja einiger Knatsch voraus. Krach in den Kulissen, Gerüchte von Menstruationshöschen oder derlei Geplapper, verlegte Premiere. Zu guter Letzt – Theater wie man's an der Burg sehen wollte.

Zur Party im Plaza brachte Brandauer neben seiner Karin auch noch Starregisseur István Szabó mit. Aber die *Virginia*-Protagonisten waren nicht mit ihrem Regisseur Hans Neuenfels unter einen Hut zu bringen. Geschweige denn auf ein gemeinsames Foto. Man sah's schon auf der Bühne. Als Elisabeth Trissenaar beim Schlussapplaus Brandauers Hand nahm, da zuckte der zusammen, als hätte man Luzifer mit Weihwasser berieselt.

Kein einziges Foto mit Regisseur Neuenfels. »Mit dem bestimmt nicht«, plankte Boysen ab. Nicht zuletzt ging's um das alte lausige Burg-Problem seit der Peymann-Ära. Welche Sprache spricht man an der Burg? Das Deutsch von Brandauer, Heltau, Pluhar, Werner, Jesserer, Lindner und Aslan? Oder das von Regisseur Neuenfels propagierte germanische Stakkato. Preisfrage: Wie betont man in Wien: Papa? Mathematik?

Da, zum Glück, merkt man, was in Wien noch zählt. Dank Brandauer. Da half auch nicht, dass mir Neuenfels-Gattin Trissenaar versicherte: »Ich bin ja auch in Wien geboren. Ich könnte genauso Wienerisch reden.« Aber dann sagt sie halt doch: »Ich bin gewesen.«

Und das einzige Österreichische im ganzen Text, das vorkommt, ist der Satz »Meine Badewanne aus Österreich.« Und der ist original von Autor Edward Albee.

Während seiner zehn Jahre als Salzburgs Jedermann etablierte er auch noch die *Poesie im Ausseerland*. Zugpferd zum Auftakt war Moskaus Glasnost-Poet Jewgeni Jewtuschenko, dessen neuer Gedichtband *Mutter und die Neutronenbombe* gerade auf Deutsch erschienen war. Klaus Maria inszenierte mit ihm seine persönliche Art von Perestroika: »Wer Jewtuschenko gehört hat, wenn er eigene Gedichte liest, der versteht plötzlich russische Poesie. Er ist ein Gigant der Sprache, da kann ich mit den deutschen Übersetzungen kaum mithalten.«

Der baumlange Russe mit dem wirren Haarschopf entpuppte sich modisch grell wie ein Papagei, während Brandauer in seinen alten Krachledernen der Altausseer Haute Couture entsprach.

Zur Lesung war Jewgeni noch im bronzefarbigen Hemd gekommen, doch dann stieg er auf ein grelles, pinkfarbenes Sakko, rot-gelb-schwarze Socken und eine surreale blaue Krawatte mit zartrosa weiblichen Aktposen um: »Ich war gerade in Thailand, da ist die Mode so bunt«, erklärte er der obligaten Ausseer Freundesrunde mit *Jedermann*-Mutter Elisabeth Orth, der Dichterin Barbara Frischmuth, *Jedermann*-Regisseur Gernot Friedel, Fritz Muliar (Dicker Vetter, in Salzburg auch noch als Totengräber im Einsatz), Zukunftsforscher Prof. Robert Jungk, Dr. Hannes Androsch mit Gattin Brigitte und Ballett-Pensionist Ernst »Heuli« Heuberger hinterher im Gasthaus Loser, wo zur Feier des Tages eine Rekord-Forelle aus dem See – 7,40 Kilo schwer – nebst Hallstätter Reinanken mit Krensauce, gebratenen Schweinsripperln mit Eierschwammerln und Serviettenknödeln aufgetischt wurde.

Als sich Burg-Pensionist Prof. Fritz Muliar von Jewtuschenko ein Autogramm in dessen Gedichtband holte, schrieb der Moskauer Abgeordnete zum Obersten Sowjet mit leichter Feder auf Englisch: »Wenn ich einmal tot bin, dann möchte ich mir wünschen, dass Sie mein Totengräber werden.«

Worauf »Totengräber« Muliar prompt versprach: »Wird gemacht …«

Seine ersten Altausseer Kulturtage hatte Brandauer aus eigener Tasche finanziert. Sie wurden ein voller Erfolg. Neben Jewtuschenko hatten Walter Schmidingers *Valentin-Abend*, Helmut Lohners *Nestroy-Lesung*, Fritz Muliar mit *Von Schwarz-Gelb bis Rot-Weiß-Rot*, Elisabeth Trissenaar als Fräulein Else und Brandauers Gedenkabend zum 80. Geburtstag von Friedrich Torberg dafür gesorgt. »Wir haben sogar einen Reingewinn gemacht, über 350 000 Schilling.«

»Nach der Torberg-Lesung, so um 5 Uhr früh, bin ich in den See g'hupft. Der hat grad 19 Grad Wassertemperatur«, beutelte es

Klausi, »aber nur auf den ersten zehn Zentimetern, zehn Zentimeter tiefer 15 Grad und der Rest unter elf Grad. Da heißt's flach schwimmen.«

Nicht nur *Das Rußland-Haus* brachte Klaus Maria Brandauer nach Moskau. »Dieses Friedensforum war eine tolle Sache«, bestätigte mir Karin Brandauer. »Wir waren ja schon früher in Moskau, als Klaus mit Jewgeni Jewtuschenko filmte, aber diesmal spürte man richtig, dass mit Michail Gorbatschow eine neue Ära angebrochen ist. Die Leute stehen vor den Kinos Schlange, man zeigt Filme, die's vor drei Monaten noch nicht gegeben hätte.«

Bis fünf Uhr früh feierten Brandauer und seine Gattin Karin in der Datscha von Dichterfürst Jewtuschenko und anschließend im Hotel Kosmos mit Dramatiker Friedrich Dürrenmatt, ehe sie den Heimflug nach Wien antraten.

Beeindruckend vor allem der Auftrieb der internationalen Stars, die Gorbatschow nach Moskau eingeladen hatte. »Wir waren auf Partys mit Gregory Peck, Norman Mailer, Marcello Mastroianni, den Cinecittà-Regiebrüdern Taviani, Hanna Schygulla, Maximilian Schell mit seiner russischen Frau Natalia Andreichenko und seiner Schwester Maria Schell, dann sahen wir noch den kanadischen Ex-Premier Trudeau, Hannes Androsch und Ex-Außenminister Peter Jankowitsch.«

Tags darauf flog Brandauer bereits nach Berlin, wo er als Präsident der Berlinale-Jury erwartet wurde.

Ohne Party ging es nie ab. Brandauer war der erste Jedermann, der seine Tischgesellschaft zur Eröffnung der Salzburger Festspiele in die Residenz – schaumgebremst durch den Glykol-Weinskandal – mitbrachte. Im großen Stil hielt er Hof, umhalste Susi Nicoletti, umarmte seine alten Kumpane, *Jedermann*-Regisseur Gernot Friedel, Teufel Helmut Lohner, *Carmen*-Sänger Heinz Zednik …

Da blieb – von der Audienz beim Papst bis zum kleinen Busen von Marthe Keller (»Das weiß doch jeder Piccolo in Salzburg, dass die nix im Körbchen hat«) – rein gar nichts verschont. Natürlich auch nicht der »Ruster Kardinal«. Und während Teufel Lohner prostete: »Trinkt burgenländische Weine, der nächste Winter kommt bestimmt!«, propagierte Heinz Zednik den neuen burgenländischen Champagner: »Veuve Glykol!«

Zwischendurch griff Brandauer zum Bierglas, stülpte sein Kinn hinein und grinste mit Schaum-Spitzbart: »Kennt einer noch den ollen Ulbricht?«

Da stöhnte Gernot Friedel auf: »So müsste man einmal den *Jedermann* inszenieren dürfen.«

»Schon unterwegs, das Bier für König Lear«, winkte in der Kantine des Burgtheaters, wo ich seit der Ära Peymann nicht mehr war, der Mann an der Budl, Heinzi Geissbüchler mit dem T-Shirt »Meine Bühne ist die Kantine«, ab. Einen Stock höher, in seiner Garderobe, hatte Klaus Maria Brandauer, der grandiose König Lear, nach viereinhalb Stunden harter Bühnenpräsenz gerade den ersten Schluck genommen, als wir ihn umarmten.

»Was ist, gratuliere ich dir zuerst zum Ferdinand und dann zum Lear – oder umgekehrt?«, fragte ich. Die Antwort kommt eindeutig und prompt: »Zum Ferdinand!«

Mai 2014: Der jüngste Brandauer, Ferdinand, ist gerade drei Wochen alt und beherrscht das Denken des stolzen Vaters: »Ich will auch gleich heim zu ihm und Natalie«, betont er, »damit wir ihn gemeinsam baden.« Seit sieben Jahren ist er mit Natalie verheiratet. »Sie kommt zwar nicht aus Bad Aussee wie ich«, lacht Brandauer, »aber aus Pürgg, das ist am äußersten Rand vom Ausseerland, und die Pürgger halten sich für was Besonderes, weil's eine Kapelle aus dem 8. Jahrhundert haben, mit berühmten Fresken. Natalie hat Theaterwissenschaften studiert und mir einen Brief geschrieben. Sie würde gerne die Theorie in der Praxis umsetzen. Ich hab damals gerade in Aussee ein paar Szenen gedreht und seh am Rand der Absperrung zwei fesche Mädln steh'n. In einer Drehpause bin ich hin, und da sagt die eine auch schon: ›Ich hab Ihnen einen Brief geschrieben, Herr Brandauer …‹ So hat sie bei uns begonnen. Dann am Theater bei *Hamlet* als zweite Regie-Assistenz mitgearbeitet. Daraus wurde Liebe am Arbeitsplatz.«

Ferdinand war gerade zwei Wochen alt, als Christian Brandauer, 51, aus der Ehe mit Karin, mit seinen beiden Kindern Tochter Leni und Sohn Adrian, den Familienzuwachs in Augenschein nahm. »Ich hab dem Christian das Baby in die Hand gedrückt und gesagt: ›Das ist dein Bruder!‹ Und zu Leni und Adrian: ›Und das ist euer Onkel!‹«

»Natalie, die Ferdinand natürlich stillt, und ich haben einen täglichen Wettstreit. Bei wem er früher einschläft. Als Christian ein Baby war, hab ich ihn mit einem kleinen Pfeiferl eingeschläfert. Wahrscheinlich ist er deshalb Musiker und Komponist geworden. Den Ferdinand schläfer ich in meinen Armen ein«, sagt Papa Brandauer und formt die Arme wie ein Körbchen und wiegt sie hin und her.

»Und wechselst du auch die Windeln vom Ferdinand?«

»Aber ganz bestimmt. Das geht ruckzuck, und schon ist er ein sauberer Bub!«

# Herbert von Karajan
## Hochkultur, Jachten und Boliden

Wenn einer wirklich stinksauer auf Herrn von Karajan war, dann war das Bergfex Luis Trenker. Als Luis im Dezember 1974 in Wien eine Kletterwand einweihte, vermied er es, auch nur in die Nähe der Staatsoper zu kommen, obwohl dort ein alter Freund von ihm gerade mächtig herumdirigierte: Maestro Herbert von Karajan. Beim Tafelspitz im Belvedere-Stöckl, damals noch von Günther Schmid geschupft, der im Winter der Skilehrer des Maestros war, räsonierte Luis: »Mit dem Herren von Karajan bin ich schon in die 40er-Jahr in Cervinia Ski gfoan. Da hat er imma g'jammert, dass earm der Furtwängler ned dirigieren lasst. ›Machen S' Ina nix draus, hab i earm gsagt, Sie wird'n no in der ganzen Welt dirigieren‹«, schilderte Trenker in seinem kernigen Tirolerisch. »Im 45er-Joahr, da war er dann in Thumersbach bei Zell am See, in an ganz kloan Häusl. Nachher is er no nach Kitz zu mir auf B'such 'kommen. Gejammert hat er: ›Herr Trenker, I bin so in Sorge, wann d' Russn komma.‹ I hab eahm g'sagt: ›Aba Ihna tuat do ka Mensch was.‹ ›Wenn i wenigst an Steireranzug hätt‹, hat er gejammert, ›so an mit Hirschknöpf, nacha sechat ma glei, dass i a Österreicher bin.‹ Da hat er an blauen Janker anghabt, wo auf dem Revers no der runde Abdruck vom NSDAP-Abzeichen war.«

Trenkers Frau wusste den Ausweg: »›Ja, da hängt eh a neich's Steirergwandl, das dem Luis z'kloa is, im Kasten!‹ Na glei hat er's anzogen in mei'm Schlafzimmer. Nimmer ausseg'stiegen isser. Des Gwandl ham wir nie mehr g'sehn.«

In Wien traf Luis den Stardirigenten zum letzten Mal: »Mein Cousin, der Doktor Hans Demetz, war 30 Jahr lang der Opernarzt, der hat mir Karten besorgt. An dem Abend hams *Othello* gebn. Da ham's grad den neuen Schnürboden kriagt und mei Vetter Hans hat mi hinter de Bühne g'schleppt. Mir war'n Würschtl mit Saft und a Bier eh liaba g'wesn. Und auf oa Mal stürzt da de Desdemona, a italienische Sängerin, auf mi zua und ruaft ›Signor Trenker!‹ De hot mi kennt. Mitten in der Begrüßung siech i halblinks Seine Majestät stehn, den Karajan. ›Jessas, der Herr von Karajan‹, sog i. ›Joa, wie geht's denn nocha oleweil?‹ Der mocht a eisige Miene und sogt knapp: ›Wie kommen Sie denn hier rauf?‹ – ›No‹, sog i, ›singen tu i heut ned. Mei Vetter zeigt ma den Schnürbodn.‹ Da sagt der glott: ›Was da alles passieren kann. Hier kann doch nicht jeder frei auf der Bühne herumlaufen! Sie müssen sofort gehen.‹ – ›Jetzt mochn S' owa an Punkt‹, hob i g'sogt und hob mi umdraht. Do hob i mi wirklich g'ärgert. ›Du Tepp du‹, hob i ma denkt, ›di möcht i genau so nie wiada sehn, wie den Steireranzug, den i da g'schenkt hab, wie'st dir vor Angst in d' Hosen g'macht hast …«

Dem Trachtenanzug hielt Herbert von Karajan allerdings weiterhin die Treue, wenngleich in nobler Form als grünem Salzburger Trachtensmoking. Den konnte er sich wohl leisten, obwohl er 1967 als der billigste Karajan auftrat. Und da der Maestro sonst immens teuer ist, gab es auch nur einen, der sich Karajan so billig leisten konnte: Herbert von – höchstpersönlich.

»Gestern erst haben wir Kasse gemacht«, tönte er bei den Osterfestspielen von Salzburg. »Es steht pari, das heißt, nein, in Ziffern 300 Schilling sind übriggeblieben. Die habe ich mir als Gage behalten«, schmunzelte der Stardirigent, Regisseur und Initiator der »privaten« Karajan-Osterfestspiele von Salzburg nach dem großen Kassensturz. Immerhin hatte er selbst bei nur 300 Schilling Gewinn allen Grund, vergnügt zu sein. Die Osterfestspiele, die zum ersten Mal in Szene gingen – mit einer umjubelten *Walküre* –, haben über den Daumen gepeilt rund zwölf Millionen Schilling verschlungen, und Karajan hatte eigentlich von vornherein mit einem Defizit von mindestens 1 Million

Schilling gerechnet, die er notfalls aus eigener Tasche berappt hätte.

Derlei Groschenrechnung plauderte der Maestro bei Drinks und Appetithäppchen vor rund 50 Musikkritikern aus, die er schriftlich – »Herbert von Karajan gibt sich die Ehre, zu einem Presseempfang anlässlich der Eröffnung der Osterfestspiele Salzburg 1967 im Hotel Goldener Hirsch einzuladen« – zu sich gebeten hatte. Gattin Eliette hatte er mitgebracht.

Dass der weltberühmte Dirigent, Privatpilot, Skiläufer und Liebhaber superschneller Sportwagen, der in Salzburg mit einem silbergrauen Rolls-Royce mit Schweizer Kennzeichen GR 14479 beim Festspielhaus vorfuhr, nach anderthalbjähriger Planung und fünf Monaten harter Probenarbeit immerhin 300 Schilling verdient hatte, verdankte er berühmten Freunden, die für ihn als Mäzene einsprangen. Zu den 450 Förderern aus Aristokratie und Hochfinanz zählten unter anderem auch Harald Krupp von Bohlen, Baronin und Baron Élie Rothschild, Irmgard von Opel, Peter von Siemens und die VW-Werke.

Um Karajans Ostermusikfestival zu erleben, hatten millionenschwere Festspielgäste arge Reisestrapazen auf sich genommen. Baronin Élie de Rothschild, ihre Tochter Milly und ihre Schwägerin Cécile de Rothschild waren aus Paris angeflogen, aber in Nürnberg statt in München gelandet, weil dort ein US-Army-Lockhead C 141-Starlifter, der größte Transport-Jet der Welt, von der Rollbahn auf die Wiese gerutscht war und den Flugverkehr blockiert hatte. Per Auto mussten sie nach Salzburg weiter und kamen, da keine Zeit zum Umziehen blieb, in sportlicher Aufmachung zum Beethoven-Konzert.

Dazu Giftzunge Erwein Gecmen-Waldek: »So ein paar Troubles beim Fliegen – was ist das schon? Wir waren 1966 in Prag beim Karajan-Konzert. Mit Heini Thyssens Privat-Düsenmaschine. 20 Minuten Flug, und schon waren da lauter Kommunisten …«

Nicht minder der Auftrieb zu dem kleinen Empfang, den der griechische Generalkonsul Dimitri Pappas zu Ehren seines

Freundes Karajan im holzgetäfelten Stadtsaal des kleinen Fest-spielhauses gab. »Pappas Feste sind das Beste« – der Slogan galt auch für diese »kleine« Reception. Wo sonst in Österreich tum-melten sich Prinzessin Soraya, die Rothschilds, Harald Krupp von Bohlen mit Gattin, Prinzen wie Tassilo Fürstenberg, Grafen und Barone neben Hochfinanz und Künstlern wie Gottfried Reinhardt, Nadja und Walter Tiller. Außerdem notiert: Magda Schneider, Romys Mama, mit Gastronomen-Gatten H. H. Blatz-heim, Illustrierten-Senator Dr. Hans Burda mit Gattin Anne, Autor Hans Weigel, Burgchef Prof. Ernst Haeusserman sowie Bühnenbildner Günther Schneider-Siemssen, den André »Franzi« Heller später als »Karajan'sche Basteltante« brüskierte.

Sein Porsche 911 S Coupé hatte die Farbe Blutorange, dafür ver-zichtete er auf jeden Schnickschnack, mit dem er seine anderen Autos aufmotzte. Der Wagen hatte den obligaten 2,4-Liter-Motor und »nur« 190 PS. Dabei hatte er seine heißen Eisen sonst stets auffrisieren lassen. Als er vor Jahren einen Porsche Spyder RS fuhr, hatte der einen Carrera-Motor unter der Haube.

In seiner Garage in Anif standen schon die Marken Jaguar, Ferrari und Ford GT40. Gattin Eliette war damals langsamer als der Maestro unterwegs. Sie bevorzugte für Stadtfahrten einen schlichten Käfer, doch wenn die ganze Familie unterwegs war, nahmen die Karajans standesgemäß den Rolls-Royce oder einen VW-Bus. Der war allerdings mit einem Porsche-Motor auffri-siert und hatte eine Viertelmillion Schilling gekostet.

Wie zu erkennen ist, war Karajan bei seinen Autos auf höchste Qualität, vor allem Porsche und Rolls-Royce fixiert. Mit einer Vorliebe für spezielle Nummerntafeln. So signalisierte sein Rolls-Kennzeichen W 151, das er plötzlich abgab, das Aus als Wiener Staatsopern-Chef.

Maestro Herbert von Karajan wollte seine Rückkehr an die Wiener Staatsoper platzen lassen. Es bedurfte eines wahren Canossaganges von Unterrichtsminister Dr. Fred Sinowatz (erst später Bundeskanzler), dass der Stardirigent seinen Vertrag mit der Oper einhielt und, wie vereinbart, mit den Proben für *Troubadour*, *Figaro* und *La Bohème* begann.

Auslösendes Moment für die neuerliche Verärgerung und Beleidigung des Maestros: ein ordinäres Spottgedicht von Dr. Fritz Herrmann, rotlackierte graue Kultureminenz, der bis dahin als direkter Berater des Ministers galt, später offiziell nur noch schlicht als »Vertragsbediensteter« bezeichnet wurde.

Dazu verlauteten die Bundestheater offiziell: »Vor wenigen Tagen wurde von einem Vertragsbediensteten des Bundesministeriums für Unterricht und Kunst ein Spottgedicht auf eine ganze Reihe von Persönlichkeiten, darunter auch über Herbert von Karajan, veröffentlicht. Der Bundesminister für Unterricht und Kunst hat in Gegenwart von Rechtsanwalt Dr. Peter Stern, dem Rechtsvertreter Herbert von Karajans, die Feststellung getroffen, dass er dieses Vorkommnis, von welchem er sich selbstverständlich in jeder Art und Weise distanziert, auf das tiefste bedauert und dafür Sorge tragen wird, dass derartige unqualifizierte Beleidigungen hintangehalten und nicht geduldet werden.«

Die Affäre selbst war durch *Adabei* ins Rollen gebracht worden. Ich veröffentlichte das höchst fragwürdige *Trara, trara, die Hochkultur*-Opus aus der Feder Dr. Herrmanns, dessen 37 Strophen im *Neuen Forum* abgedruckt worden waren. Ebenso wie Herbert von Karajan erfuhr auch Unterrichtsminister Dr. Fred Sinowatz erst durch meinen Nachdruck von der ordinären und beleidigenden Strophe:

*Es scheißt der Herr von Karajan*
*bei jedem falschen Ton sich an*
*und wascht sein Arsch im Goldlawur*
*anal sein g'hört zur Hochkultur.*

Herrmann, Jahrgang 1922, tobte sich ellenlang, genau 37 Strophen eben, gegen alles, was man in Österreich unter Kultur verstand, aus. Schon einmal hatte ihm der damalige Burgchef Gerhard Klingenberg aus einem Couplet für Nestroys *Der Zerrissene* die zwei schärfsten Strophen gestrichen. Jetzt fetzte er gegen den eigenen Minister, Fernsehen, Burg und Oper, Alpbach und Salzburg, samt Karajan. Mit *Trara, trara* startete Herrmann zu selbst komponierter Musik:

*Ein jeder Mensch hat sei Kultur,*
*dem Volk steht nur die niedre zua,*
*doch d'bessern Leut zieht's von Natur*
*trara, trara, zur Hochkultur.*

Über das Fernsehen und seinen Minister reimte er dann weiter:

*Aus dem Zweier rinnt der Podium-Schlatz,*
*Kultur ... Nivoh ... Volk ...*
*Sinowatz ...*

Während sich der Unterrichtsminister bereits am nächsten Tag von diesem Herrmann-Erguss distanzierte, wandte sich Maestro Herbert von Karajan sofort an seinen Anwalt, Dr. Peter Stern. In einer ersten Reaktion, so wollen Wiener Freunde wissen, wollte Karajan wegen Ehrenbeleidigung klagen und seine Rückkehr an die Wiener Staatsoper sofort wieder abblasen.

Herbert von Karajans Verhältnis zu Wien und zur Staatsoper war seit 1964 gestört. Da kam es nach langen Schwierigkeiten zwischen dem Maestro und den Opern-Gewerkschaftern bei *La Bohème* zum Bruch. Karajan wollte als Maestro suggeritore, also als Souffleur, einen italienischen Spezialisten, der aber keine Arbeitsgenehmigung erhielt. Opern-Betriebsrats-Obmann Otto Vajda sagte Nein. Und Karajan ging.

Als der damalige Unterrichtsminister Dr. Theodor Piffl-Perčević sich selbst einschaltete, ließ ihn Herbert von Karajan eine halbe Stunde lang warten und empfing ihn dann – im Bett.

Piffl-Perčević, als Minister umstritten, aber als Herr auf Manieren bedacht, empörte sich: »Unter solchen Umständen kann ich nicht sprechen.« Herbert von Karajan: »Dann eben nicht!«

Die Anekdoten über Karajans Wien-Zusammenstöße lassen sich fortsetzen. Anfang der 1970er-Jahre versuchte Prof. Rudolf Gamsjäger den Maestro wieder für die Wiener Staatsoper zu gewinnen, verhandelte aber gleichzeitig mit Stardirigent Leonard Bernstein. Und beide wollten den *Tristan* dirigieren. Gamsjäger musste schließlich gestehen, dass er Bernstein bereits den *Tristan* zugesagt hatte. Karajan, völlig beleidigt: »So nicht!«

Seither mied er die Wiener Staatsoper, hielt Hof in Salzburg und lockte mit seinen Opern und Konzerten die Crème de la Crème internationaler Festival-Elite an.

Nach unendlich behutsamen Verhandlungen, die Staatsopernchef Dr. Egon Seefehlner, der schon zu Karajans Direktionszeit in Wien sein Vize und Generalsekretär der Staatsoper war, und Bundestheaterchef Robert Jungbluth führten, war es dann doch gelungen, Herbert von Karajan vertraglich wieder an die Staatsoper zu binden. Für Mai war in Wien ein wahres Karajan-Festival geplant: *Troubadour*, eine neue Inszenierung von *Figaro*, die drei Millionen Schilling kosten sollte, drei Tage später *La Bohème* mit dem Maestro himself am Pult.

Und mitten hinein platzte das Gedicht Dr. Herrmanns. Nachdem von Karajan seinen Rechtsanwalt eingeschaltet hatte, liefen zwischen Wien und Salzburg die Telefone heiß. Unterrichtsminister Dr. Sinowatz fuhr noch Sonntag in die Bundestheaterverwaltung, wo er mit Bundestheaterchef Robert Jungbluth, Staatsopernchef Dr. Egon Seefehlner und Karajan-Anwalt Dr. Peter Stern 45 Minuten lang verhandelte. Dann war die offizielle Erklärung formuliert, mit der des Maestros Rückkehr an die Wiener Staatsoper gerettet wurde.

Den persönlichen Triumph mit *Walküre* zum Auftakt der Oster-Festspiele hatte Karajan unter größtem persönlichen

Einsatz erkämpft. Bis zu zwölf Stunden am Tag hatte er geprobt. Seine Musiker und sein Publikum staunten über die phänomenale Leistung: Fünf Stunden lang stand er am Dirigentenpult und dirigierte aus dem Gedächtnis, ohne Partitur lesen zu müssen.

Freunde des Künstlers wussten seit Langem: »Karajan studiert seit Jahren seine Partituren nach Tonbändern ein, um nicht Noten lesen zu müssen.« Dunkle Brillen trug er nicht aus Eitelkeit. Ein Augenleiden machte ihm zu schaffen. Das war so schlimm, dass er vor einem Konzert in Barcelona, kaum aus dem Flugzeug gestiegen, noch den berühmten spanischen Augenspezialisten Professor Joaquín Barraquer eine Stunde lang konsultierte.

Außerdem litt der Maestro an einer der schlimmsten Krankheiten, die einem Dirigenten zu schaffen machen kann: an einem Bandscheibenvorfall, der sein Gehör beeinträchtigte. Schlimm für einen Mann wie Karajan, dem man das absolute Gehör nachrühmte. Fünf Tage später, und Karajan wäre nach seiner rettenden Bandscheibenoperation paralysiert gewesen: »Ich bin nach dieser Operation wie neu herausgekommen. Um mit Goethe zu sprechen: Die alte Haut ist herunter.« Am dritten Tag nach der Operation fing er bereits wieder mit Gymnastik an. Vom vierten Tag an konnte er sich bewegen, litt aber unentwegt an Schmerzen: Zum Schmerz der Operationswunden kamen Schmerzen, die durch sieben Nierensteine hervorgerufen wurden. »Der letzte Stein hat ausgehalten, bis ich aus dem Spital entlassen wurde. Wenn mir jemand sagt, dass ein Schmerz den anderen aufhebt, dann kann ich ihm das Gegenteil beweisen. Da hilft nur viel Arbeit und natürlich Yoga.«

Sein Rückenmarkleiden hat er allerdings nicht total überstanden. Es erwischte ihn, nicht minder schlimm, am Ohr. Mit einem Tubenkatarrh musste er sich in ärztliche Behandlung begeben, der geschwollene Gehörgang wurde von Salzburgs Ohrenspezialisten Dr. Ignaz Schlechtl mit Tropfen und sehr viel Wärme behandelt. Natürlich kam der Maestro außerhalb der Ordinationszeiten, streng inkognito.

Doch gab es in Sachen Gesundheit auch positive Signale: Ein hohes C lässt Herbert von Karajans Herz höherschlagen. Nachdem er seinen Körper mit elektronischen Messgeräten pflastern ließ, um Blutdruck, Herzschlag, Gehirnwellen und die elektrische Intensität der Haut zu messen, war das Ergebnis eher verblüffend. Denn man fand heraus, dass Karajan als Versuchskaninchen eher auf das große »Orchesterschweigen« vor und während eines Konzertes mit verstärktem Herzschlag reagierte als auf laute und lebhafte Musikpassagen. Allerdings wurden die Herzschläge des damals 63-jährigen Stardirigenten schneller, als bei einer Probe für Wagners *Siegfried* bei den Salzburger Festspielen zum ersten Mal ein hohes C erklang. Die Mediziner prüften Karajan nicht nur während der Probenarbeit. Man wiederholte den Test, während der Dirigent nach einer Probe in seiner Garderobe entspannt auf einer Couch lag. Karajan: »Wir spielten ein Playback vom Band. Und obwohl ich wusste, dass alles schon im Kasten ist, war ich beim Wiederabhören genauso erregt wie bei der Probe selbst. Besonders während der Pausen, wenn ich auf neue Einsätze zu warten hatte. Und dann natürlich beim hohen C!«

Noch mit 71 legte sich Herbert von Karajan seine sechste Jacht zu. Die hieß natürlich wie die Vorgängerinnen *Helisara* – Herbert, Eliette, Tochter Isabel, Tochter Arabel. Das 23 Meter lange Boot aus Aluminium war fünf Meter breit und stach mit 300 Quadratmeter Segel in See. Geschwindigkeit: 20 Knoten. Bei Flaute half ein 100-PS-Motor, außerdem war das Schiff, das auf einer holländischen Werft gebaut wurde, technisch hervorragend ausgerüstet: Echolot, Radiofunk und Telefon.

Billig war die Seekutsche, mit der man alle Regatten auf dem Mittelmeer mitfahren konnte, mit rund zehn Millionen Schilling fürwahr nicht. Mindestens ebenso teuer dürfte die

Haltung der Jacht gekommen sein. Sie brauchte 16 Mann Besatzung. Aber seine Boote waren ein Leben lang Karajans persönliches Anliegen. Seinen fliegenden Traum von einem Lear-Jet hat sich der Stardirigent, der sich von der Cessna bis zum eigenen Hansa-Jet vom Typ Executive Service hinaufhantelte, nicht erfüllt.

Doch noch mehr als den Privatjets und seinen Jachten galt sein Interesse den Autos. Schon 1954 war er einer der ersten Besitzer des berühmten »Flügeltürer«-Mercedes 300 SL, damals mit der Benzindirekteinspritzung der Gipfel des Sportwagenbaus. Aber Karajan hatte ja neben dem Studium an der Musikhochschule auch Vorlesungen für Thermodynamik und Verbrennungsmotoren an der Technik belegt. Vorher schon hatte er einen BMW 328, Sieger 1936 des Eifelrennens der Sportwagen, besessen. Ihm gehörten neben zwei Ferraris, einem blauen 275 GT und einem 250 GT Lusso, ein Daimler V 8 250, ein Jaguar XK 150, ein Lancia Stratos, der Mini Cooper, der die Rallye Monte Carlo gewonnen hatte, sowie der ultraflache Ford GT 40 Mk 3, der drei Mal hintereinander die 24 Stunden von Le Mans gewonnen hatte.

Aber eigentlich blieb der Maestro auf Porsche abonniert. Und bei Porsche wusste man das sehr wohl zu schätzen. Er war schon fast 80 Jahre alt, als man Spezielles offerierte: den Porsche 959. Der beschleunigte in 3,7 Sekunden von 0 auf 100 km/h, 450 PS, Chassis aus Fiberglas. Davon wurden offiziell nur 280 Exemplare gebaut, inoffiziell vielleicht 293, regulärer Kaufpreis: 230 000 Euro.

Der geeichte Porsche-Fan bekam das Prachtstück geschenkt. Mit verblüffenden Konsequenzen, sowohl für ihn als auch für mich. Ein Münchner Freund, informierter Motorjournalist, steckte mir die Story, die ich auch prompt schrieb: Bei seiner ersten Probefahrt verlor Herbert von Karajan wegen zu hohen Tempos die Herrschaft über den 959 und raste in der Kurve in ein Kukuruzfeld weiter.

Gleich in der Woche drauf landete eine Berichtigung auf meinem Schreibtisch: Herr von Karajan sei nie in einem Feld gelandet, weil er überhaupt nie in einem Porsche 959 gesessen sei, nie auf sein Gaspedal getreten ist.

Natürlich musste ich laut Pressegesetz diese Berichtigung bringen. Sie hatte für Herrn von Karajan nur einen wirklichen Schönheitsfehler: Neben seiner formalen Berichtigung hatte ich ein Foto platziert: Maestro von Karajan am Volant des besagten Porsche 959. Ich habe von ihm nie wieder gehört.

# Arnold Schwarzenegger
## Starker Muskel mit Schwächen

Er war schon immer ein Macho. Österreichs stärkster Export-Muskel, die »Steirische Eiche« Arnold Schwarzenegger, Filmstar und Governator aus Thal bei Graz. Als ich ihn im November 1975 zum ersten Mal in Wien traf, kam er gerade aus Südafrika, wo er zum sechsten Mal den Titel eines »Mister Olympia« gewonnen hatte, war bereits fünffacher »Mister Universum« und »Mr. World«. Seine Siege verdankte er einem wohlgeformten Körper: 145 Zentimeter Brustumfang – »den wird die Sophia Loren nie kriegen« – 55 Zentimeter Bizeps, eine Taille von 75 Zentimetern, gleich stark wie seine Oberschenkel von je 75 Zentimetern, und das bei einem Wadenumfang von 50 Zentimetern, einer Größe von 1,86 Metern und einem Gewicht von 108 Kilogramm.

Aufmerksam wurde ich auf Muskelmann Arnold durch ein *People*-Magazin, das mir Freund Sepp Gasser, damals *Bunte*-Chefredakteur in Wien, aus den USA mitgebracht hatte. Kaum zitierte ich daraus, meldete sich auch schon Fitnessstudio-Chef Bernd Zimmermann: »Der Arnold kommt direkt aus Südafrika nach Wien und dann weiter zur Mama nach Graz.«

Eigentlich war's schon der Schlussakt für das Bodybuilding. Jetzt war für den Steirer Hollywood angesagt: »In Santa Monica, wo ich seit sieben Jahr leb, da rennen am Strand nur solche Freaks wie ich herum, Schwarze mit an Ring durch die Nas'n, Schattenboxer mit Tattoos, da musst du dir schon was B'sonderes einfallen lassen, um aufzufallen.«

Er ließ seine Brustmuskeln, die mancher flachen Dame die Körbchen gefüllt hätten, tanzen: »Zu zweit, dann nur den linken. Mit dem krieg ich jede Katz herum. My God, stammle ich dann,

Honey, wie du mich aufregst mit deiner Traumfigur. Schau mei Herzflattern an.«

Nicht nur fürs Herzflattern verputzte Arnold in seinem Grinzinger Lieblingslokal, dem Hauermandl, eine Leberknödelsuppe, danach ein Wiener Schnitzel, das über den Tellerrand hing, zwei Germknödel mit Powidl und als Drüberstrahrer einen Milchrahmstrudel. Dann ließ er sich das Gästebuch bringen und schrieb hinein: »Stay hungry«. Unbestritten: Der Steirer mit den schönsten Muskeln der Welt hat einen speziellen Humor. Aber Arnie war ja auch extra zur Wiener Premiere seines Films *Stay hungry* (deutscher Titel: »Mr. Universum«) im Burg Kino aus Los Angeles angeflogen. Sonntag saß er dann in der Jury, die im Vienna Intercontinental den neuen »Mister Austria« kürte, um im Anschluss seinen neuen Film *Pumping Iron* – noch vor dem Filmfestival in Cannes –, für den er als bester Nachwuchsdarsteller mit einem Golden Globe ausgezeichnet wurde, zu zeigen.

»Der Verleihchef in New York wollte mir zuerst die Kopien nicht rausrücken«, erzählte mir Arnold, der mit seinen Wiener Freunden, Sportcenter-Chef Bernd Zimmermann und Gattin Erika, eine ehemalige »Miss Austria«, nach Grinzing gepilgert war. »›Okay‹, hab i gsagt, ›dann werdet ihr den Film ohne mich in Cannes zeigen müssen.‹ Uii, ham die sich g'wunden. Wie s' denn die Kopie noch so schnell nach Wien kriegen solln … De nimm i mit, hab i g'sagt …«

Arnold, der beim täglichen Training bis zu 45 Tonnen Gewicht stemmt, nahm die beiden Filmrollen für Wien und Cannes als Handgepäck mit: »A schwarzer Gepäckträger in New York is ma glatt zsammbrochen, als er's aufheben wollte …« Die beiden Filmrollen wiegen zusammen 100 Kilo.

Drei Stunden vor dem Abflug unterschrieb er in Los Angeles einen sensationellen neuen Vertrag: »Für fünf Filme. Ich spiel einen prähistorischen James Bond – einen Agenten im Lendenschurz. Conan heißt der. Raquel Welch is mei Partnerin, Regie macht John Milius, der mit Sean Connery und Candice Bergen *The Wind and the Lion* draht.«

Für *Conan* sagte Schwarzenegger eine TV-Serie – Titel: *Submarine* – ab. »Die hätt' unter Wasser g'spielt. Aber für den doppelten Rubel und die Raquel Welch bin i lieber aus dem Wassa.« Arnold über Busenmaid Raquel: »Des is des angenehmste Gewicht, das i je gestemmt hab …«

Als Arnold mit Maria Shriver 1978 zum ersten Mal in Wien eintrudelte, da lud ich ins Hauermandl ein, inzwischen sein Lieblingslokal. Die Heurigenmusik schluchzte *Lara's Theme* aus dem *Schiwago*-Film, als Arnold fragte: »Liebst du mich?«

»Ja, ich liebe dich, ich würde für dich alles tun!«

»Alles? Dann kriech auf allen Vieren hier herum …«

Diesem verspielten Dialog zweier Verliebter verdankten die staunenden Weinbeißer im Hauermandl, dass plötzlich eine junge Lady des feinsten internationalen Jet-Sets auf allen Vieren durchs Feuerwehrstüberl rutschte.

Da kann man nur sagen, das Mädl hat ein Riesenherz, denn Maria war die Nichte des in Dallas ermordeten US-Präsidenten John F. Kennedy.

Während ihre Mutter, Eunice Shriver, die Schwester von John, Bob und Ted, sie lieber zu Weihnachten in Kenia gesehen hätte, war Maria mit Arnold zum Skilaufen in Lech am Arlberg. Dann ging's nach Wien, und ein Rutscher nach Budapest ging sich auch noch aus. Dazwischen wurde bei Freund Bernd Zimmermann in der Sportschule hart trainiert, denn abends gab's ja nach dem »Flammenden Spieß« auch noch Germknödel und Milchrahmstrudel.

Während die Musiker *Stellt's meine Ross in Stall* geigten, klopfte Arnie sanft den verlängerten Rücken seiner Liebsten und witzelte: »Des is was, so wia der Rembrandt, des schön rund g'malt hat.«

»Der Rubens, der Rubens …«

»Na ja«, grinste der Arnie, »der a …«

Das »schlamperte Verhältnis« von Arnold und seiner Maria dauerte neun Jahre, überstand sämtliche politischen Differenzen und eine Weltkarriere vom starken Muskel- bis zum Filmstar.

Als Schwarzenegger 1977 beim Robert F. Kennedy-Tennisturnier zum ersten Mal Maria Shriver traf, da war sie gerade 21. »Das hat damals sehr langsam angefangen«, gestand Arnold. »Ich fand sie lustig und sehr schön, aber es war nix Ernstes auf Anhieb. Obwohl sie mich am gleichen Weekend nach Hyannis Port, wo die Kennedys daheim sind, eingeladen hat. Aber da ham wir grad g'sagt: Okay, see you …«

Ein Jahr später hat's dann wirklich gefunkt, da nahm Arnold die junge Lady aus dem Kennedy-Clan zum Skifahren nach Lech am Arlberg mit und nach Wien. Das Wort Hochzeit wollte er damals noch nicht hören: »Zuerst muss i die erste Million verdienen!«

Falls er sie damals – er hatte gerade seinen ersten Spielfilm *Kaktus Jack* mit Kirk Douglas und Ann-Margret sowie einer Gage von 250 000 Dollar abgedreht – noch nicht besaß, hatte er doch schon beachtliche Erfolge vorzuweisen und seine Karriere als Bodybuilder hinter sich. Seine Bücher *Karriere eines Bodybuilders, Bodybuilding für Männer* und *Bodybuilding für Frauen* waren Bestseller. Und bald schon entdeckten die TV-Talkmaster in dem Golden-Globe-Gewinner ihr liebstes Muskel-Sprechwunder mit Akzent.

Schon damals dozierte Arnold Schwarzenegger, nachdem er sich 1975 vom Bodybuilding zurückgezogen hatte, an der University von Los Angeles Psychologie und an der University of Wisconsin Volkswirtschaft und Internationale Ökonomie studiert hatte, seine Lebensphilosophie: »Man braucht ein großes Ego, um große Dinge zu machen. Ich spreche nie über Geld, aber man muss es verdienen …«

Speziell in Hollywood dreht sich alles ums Geld. »Hier wirst du nach dem Erfolg an der Kinokasse taxiert. Ab fünf Millionen hört man auf dich. Hast du ein persönliches Manko, dann dreh's um. Mach einen Erfolg draus. Ich hab alle, die geglaubt ham, i bin der dumme Muskelprotz, aufs Kreuz g'legt. In Sachen Erfolg bin ich nämlich hundertprozentiger Amerikaner. Du muaßt nach vorn schau'n. Nur hier, in den USA, hab i als armer Steirerbua a solche Karriere machen kenna.«

Solche Kernsätze braucht man wohl, wenn man in Thal, einem Vorort von Graz, arm wie eine Kirchenmaus aufgewachsen ist. Vater Gustav war Postenkommandant der Gendarmerie, dirigierte auch die Grazer Gendarmeriemusik und spielte daheim bei den Buben »Law and Order«, wie sie in Amerika sagen würden. Heute noch tönt Arnold wie der Vater: »Ohne Disziplin geht gar nix …«

Sein älterer Bruder Meinhard war immer besser als er. Vielleicht mit ein Grund, dass Arnold Schwarzenegger nicht nur lernte, härter zu arbeiten, als andere, sondern auf einen Ego-Trip ging: »Ich war immer sportlich, Schwimmer, Fuaßballer. Aba mit 13 hab i gmerkt: Des is nix für mi – Mannschaftssport. I wollt' immer der Beste sein. Und dann hab i in dieser Auslag die Fotos von den Bodybuildern g'sehn. Und in dem Moment hab i g'wusst: Des möcht i mach'n. Aber net so, mit a paar Muskerln. Ich will der beste Bodybuilder der Welt werden …«

Seine Muskelweisheit: »Ich würde sagen: A Bodybuilder ist ein Bildhauer, der am eigenen Körper meißelt. Natürlich weiß i, dass a Menge Leut' sagen: De Bodybuilder, pfui Teufl, is des grauslich. Aber a Wamperter, der sagt, mei Wampn hat so vü Geld kost', warum soll i's loswerden, der is a ka optischer Genuss.«

Mit 38, als Arnold bereits fünf Millionen Dollar auf dem Konto hatte, zog der Terminator an seinem Geburtstag höchst private Konsequenzen: An einem Sonntag, Ende 1986 in Graz, daheim bei Mama Aurelia, die einen Tag vor ihm ihren Geburtstag feierte, verlobte Arnold sich offiziell mit seiner Maria und meinte später: »Ich politisier net mit der Maria. Mit ihrer Erziehung, den ganzen demokratischen Kennedys im Rücken, kann's nie a

Republikanerin sein. Aber in meiner Philosophie find ich mi halt näher bei Adam Smith und den Theorien von Keynes. Wir stimmen vielleicht net politisch überein, aber sehr wohl, wenn's um Familie und Religion – beide sind wir katholisch – geht. Beide glauben wir, dass man hart arbeiten muss, um was zu erreichen. Und Sport macht uns beiden Spaß. Die Maria schindet sich beim Workout, da kennt's nix. Und der Rest is a gepfefferte Liebesbeziehung. Und die Familie hat mich a respektiert.«

So war denn auch die kleine, weiße St. Francis Xavier Church von Hyannis Port, ein alter Holzbau, gerammelt voll, als an einem Sonntag Ende 1986 die berühmten Brautleute »Yes, I do«, ihr »Ja«-Wort, sprachen. Mama Aurelia hatte abends zuvor 170 Gäste – der engste Freundeskreis des Brautpaares – in den noblen Hyannis Club zur »Austrian Night« gebeten.

Tags darauf in und vor der kleinen Kirche – ein »Hodgepodge«, ein Mischmasch an Promis aus Society, Politik und Hollywood: Jackie Onassis und Tochter Caroline, Marias Trauzeugin, während Arnolds »Best Man« sein Freund Franco Columbu, der sizilianische Bodybuilder, war. Arnie hält auf alte Freunde, mit Franco hatte er sich ein Untermietzimmer geteilt, als er mit 18 in den USA startete. Weiters Senator Edward Kennedy, John F. Kennedy jr., der Sohn des ermordeten US-Präsidenten, Pop-Papst Andy Warhol und die schwarze 007-Gegenspielerin Grace Jones.

Maria trug ein weißes Hochzeitskleid von Dior für 6500 Dollar. Arnold hatte seine 145 Zentimeter Oberweite in einem Cut nach Maß verpackt. Doch bei Mama Aurelias »Austrian Night« am Abend davor – da trug er seinen Steireranzug.

In all den Jahren dazwischen hatte ich den unaufhaltsamen Aufstieg des Parade-Steirers verfolgt und registriert. Schon bei seinem ersten Wien-Abstecher besorgte ich ihm zwei Opernkarten für *Troubadour*, und er fuhr die 195 Kilometer zur Mama nach Graz. Denn nie vergaß die steirische Eiche ihre »Roots«, die Wurzeln, die Nummer 1 auf seinem Stammbaum: Mutter Aurelia, Jahrgang 1922. Stolz saß er dann neben ihr, im Sakko, das so prall saß, dass er fast aus den Nähten platzte, in der Opernloge. Später, bei seinen Opern-Stippvisiten in Salzburg, zu denen er im »Gulfstream 4«-Privatjet andüste, trug er schon Smoking.

»Du musst dich selber auf die Schaufel nehmen«, nahm sich Arnold im fashionablen »Four Seasons«-Hotel von Los Angeles – wo ich ihn zum x-ten Mal zum Interview traf – selber auf die Schaufel. »Das Rezept ist mir schon vorgeschwebt, als ich beschlossen hab, Filmstar zu werden. Da hab ich einen depperten Cowboy in *Kaktus Jack* mit Kirk Douglas gespielt. Der Film war zwar ein Flop, aber ich hab g'lernt, wann die Lacher richtig sitzen.«

Anfangs gab's natürlich auch Rückschläge: »Der Dino De Laurentiis hat mir beim ersten Versuch net amal a Chance geb'n, mei Talent zu beweisen.« Arnold hatte sich um die Rolle des Comicstrip-Stars Flash Gordon beworben und bekam bei De Laurentiis einen Termin: »Da kumm i eine in des Riesenbüro, und da sitzt a kloans Manderl hinter einem Riesenschreibtisch. Und eh i mi verseh und noch amal ins Reine denk, sag i a schon: ›Warum braucht eigentli a so a klaner Herr wie Sie, Mr. De Laurentiis, a so an groß'n Schreibtisch?‹ Drauf schaut mi der Laurentiis a Ewigkeit an, wird rot im G'sicht und schnaubt: ›Sie haben einen Akzent!‹ Und scho war i als Flash Gordon gefeuert.«

Sein Mundwerk war immer schon recht lose: »Des hätt mi fast mei Karriere kost'. Aber dann hat mi der Laurentiis doch no g'holt.« Als Gaststar in dem Film *Red Sonja* in Roms Cinecittà. »Jetzt, wo man mich als Conan kennt«, kommentierte Arnie locker, dessen *Conan der Zerstörer*-Film noch mehr Kassa machte als sein Vorgänger *Conan der Barbar*. Was Arnold schlicht darauf zurückführte, dass »der zweite mehr Schmäh hat«.

»In meinem ersten *Conan*-Film hab i an prähistorischen Kraftlackl g'spielt. Im letzten, dem *Terminator*, einen futuristischen Bösewicht. I kann natürli net alle Rollen spiel'n. Etwa die vom Woody Allen. Aber dafür hätten S' den Woody a net als Conan gnumma ...«

Nach den Action-Heroes drängte Schwarzenegger auf eine Comedy: *Twins – Zwillinge* mit dem kleinen, blitzgescheiten Starkomiker Danny DeVito – er führte später bei *Der Rosenkrieg* mit Michael Douglas Regie und spielte den Scheidungsanwalt – als seinen Zwillingsbruder. »Als ungleiche Zwillinge haben wir sechs Retorten-Väter«, schmunzelte Arnold, als ich ihn im Exklusiven Ritz auf der Pariser Place Vendôme traf. »Ich wachs als Julius gesund und muskelbepackt auf einer Südpazifik-Insel auf, bei einem genialen Professor, spreche mit 35 Jahren zwölf Sprachen, bin aber noch Jungfrau, hab noch nie a Frau gehabt. Ich finde Danny, einen kleinen, dicken Gauner, der ist 1,50 Meter groß, wiegt 60 Kilo und kommt gerade aus dem Häfen. Ein echtes Schlitzohr, aber rundherum jede Menge Weiber. Der sorgt dafür, dass ich keine Jungfrau bleib. Wann i da in kurzen Bermuda-Shorts meine Wadln zeig, san die Lacher garantiert. Bei *Twins* hab i des erste Mal mit Ivan Reitman als Regisseur gedreht – der spricht mei Sprach'. Der hat an herrlichen Sinn für Humor. Und das hat der Ivan dann bei *Kindergarten Cop* bewiesen.« Als dritter Weihnachts-Hit – nach *Kevin, allein zu Haus* und *Zeit des Erwachens* – spielte der *Cop* schon nach nur vier Wochen rund 62 Millionen Dollar ein, bei Produktionskosten von 20 Millionen Dollar. Schwarzenegger und Reitman hatten auf Millionengagen verzichtet und lieber auf Gewinnbeteiligung gesetzt.

Der gebürtige Prager Reitman floh mit seinen Eltern auf einem russischen Schlepper 1950 von Komárom nach Wien. »Damals kam kein Flüchtling durch den Eisernen Vorhang, geschweige denn ein jüdischer Flüchtling. In Wien hat man uns nicht geglaubt, Papa und ich mussten die Hose runterlassen, um zu beweisen, dass wir tschechische Juden sind.«

Als *Kindergarten Cop* jagt Schwarzenegger als Underground-Einzelgänger mit abgesägter Schrotflinte einen Drogendealer und Mörder, der seine Frau, die mit dem gemeinsamen Sohn geflohen ist, sucht: »Da land ich halt im Kindergarten. Und ich kann dir sagen, die Hos'n hab i voll g'habt. A so a Bande, die ham mich net nur vor der Kamera auf Trab g'haltn.« Dafür machte sich Arnold selbst zur Witzfigur: »I schwör's, des Herz hat mir pumpert vor Angst, als ich den ersten Drehtag mit den Gschrappen g'habt hab …«

Aber die Kids liebten den Muskelmann. Als ich im Riesenkino der Hollywood Writers Association *Kindergarten Cop* sah, da johlten Fünf- und Sechsjährige vor Freude, als er den Bösen niederballerte und die schöne Lehrerin küsste. »Du musst«, dozierte Arnold, »an dein Publikum denken. Action ist heiß, aber fad, wenn's ohne Witz bleibt. Ich hab aber auch als Cop meinen Akzent erklärt. I'm a cop, ich bin ein Polizist, mein Bruder ist ein Polizist, mein Vater war ein Polizist und meine Mutter war die Frau eines Polizisten.«

Und auf die Frage nach seinem unüberhörbaren steirischen Akzent bekundete er: »I'm from Austria!« Und um die Geschichte komisch zu überspitzen, gibt er seine Polizisten-Kollegin, deren Job er übernahm, weil sie immer erbricht, wenn Kinder nah sind, als seine Schwester aus. Und die persifliert dazu Arnies österreichisches Englisch. Schade, in der deutschen Synchronisation ging das verloren.

Wie sehr sein Akzent in Kalifornien zur Kenntnis genommen wird, erlebten Freund und Filmkollege Luigi Heinrich und ich, als wir in Santa Monica auf einen Bus warteten und eine elegante schwarze Lady sich an der Haltestelle zu uns gesellte. Nach knapp drei Minuten fragte sie: »Are you guys from Austria?« – »Yes, but how you know?« – »What a question, you sound like Arnold Swarzenegger …«

Nach seinem Box-Office-Hit *Total Recall* traf ich Schwarzenegger im Jahr 1990 beim Filmfestival in Cannes. Eine schmerzhafte Erinnerung. Denn das Schlitzohr zischt seinen Charme grinsend durch die markante Zahnlücke, haut dir dabei die Pranke, groß wie ein Klodeckel, auf die schmächtige Schulter, dass du meinst, schon in der dritten Generation knieweich zu sein.

Dabei ging's lediglich um seine neue Haarfarbe, rötlich blond, die man ihm für *Total Recall* verpasst hatte und die er dann beibehielt. »What's about the colour?«, wollte ich wissen. Alter Freund hin oder her, bei solchen internationalen Präsentationen spricht man eben englisch. Eine Sekunde lang fuchtelte er mit seiner ungerauchten Zigarre herum, dann legte er seinen starken Bizeps um die nicht minder breite Schulter meines dunkelhäutigen Kolumnistenkollegen Baz Bamigboye von der Londoner *Daily Mail*, strahlte ihn mit kleinem Fingerzeig auf mich an. »He's complaining about your colour.« Da fühlt man sich echt beschissen.

Später kam Arnold zurück, voll satter Zufriedenheit: »I wüll do net a Viertlstund über mei Haarfarb reden. Der Schwarze is schön stinkert auf di …«

Nach den Dreharbeiten zu *Red Sonja* kam Arnold im Dezember 1985 mit seiner kurvigen dänischen Filmpartnerin Brigitte Nielsen aus Rom nach Wien. »Vergiss, dass die mit is«, meinte er knapp. Ich hielt mich daran. Es war Brigitte Nielsen selbst, die ausplauderte, wie heiß die römischen Nächte mit Arnold gewesen seien.

Kurz darauf kursierte jedenfalls in Hollywood das Gerücht, Arnie habe seinem Action-Kollegen »Rambo« Sylvester Stallone die heiße Dänin zugeschanzt. »Schwachsinn«, kommentierte Schwarzenegger später. »Sly Stallone ist selber schlau genug, sich eine Frau zu finden.« Jedenfalls schickte die blonde Dänin ein Album mit ihren Nacktfotos zu Stallone aufs Hotelzimmer. Woher sie wohl wusste, in welchem Hotel in New York »Rambo« residierte? Stallone kam mit dem Album in die Lobby. Der Rest ist bekannt. Ein Jahr lang spielte die langbeinige Dänin Mrs. Stallone, Sly kostete die Scheidung zwei Millionen Dollar. Und Hollywood-Insider grinsten. Dabei hatte sie sich bis dato noch gar nicht den Busen vergrößern lassen.

Das genoss erst später »Amadeus«-Weltstar Falco, als er mit Wikingerbraut Brigitte »Body to Body« in Wien zelebrierte.

Sein oder Nichtsein, das war nie die Frage. Jedenfalls nicht für Arnold Schwarzenegger. Wozu also die Hamlet-Pose mit einem Totenschädel in seiner Hand. Er wird doch nicht auch noch in die Burg wollen, das Burgtheater retten.

»Alles nur Kino«, grinste Arnold, »The Last Action Hero«, während der letzten Drehwoche in Los Angeles. Der Film spielt aber in New York, gedreht wurde im plüschig-verlotterten Orpheum-Kino. Während die Crew einen Ambulance-Wagen für den Nacht-Dreh aufpolierte, hielt Arnold in seinem Trailer Hof. Im T-Shirt mit Lederjacke, aus allen Poren seiner Muskelpracht der Mittelpunkt: The World According to Schwarzenegger – Die Welt, wie Arnold Schwarzenegger sie sieht.

Und, damn it, was für eine Mischung der speziellen Art: Selbstbewusstsein, positives Denken, Intelligenz, Erfolg, Lässigkeit, Sinn für Freundschaft und Humanity, und dieser gesunde Sarkasmus, Humor, Selbstironie. Wer's so geschafft hat, kann sich leicht auf die Schaufel nehmen.

»Natürlich kann ich immer noch einen Action Hero spielen. Auch wenn das der letzte ist«, zementierte Arnold gleich zum Auftakt, kaum dass er die *Last Action Hero*-Crew aus seinem Trailer hinauskomplimentiert hatte. Er agiert gegen alle ungeschriebenen Gesetze Hollywoods, die da lauten: Kinder und liebe Tiere stehlen dem Star die Show.

»So ein Blödsinn«, urteilte Arnold. »Das kommt doch nur aufs Script an. Und wenn du die Kinder magst, dann sind sie für dich da. Das weiß ich seit *Kindergarten Cop*, und deswegen ist bei *Last Action Hero* wieder ein elfjähriger Bub mein Partner. Keiner weiß, wie der kleine Danny in die Action gerät, aber boom boom, mitten in einer Ballerei schreit er: ›Du musst nachladen, sonst hast du keinen Schuss mehr!‹«

Er saß da im T-Shirt und futterte frische Erdbeeren, die Michael »Micky« Walker, ein Bayer, seit 20 Jahren in L.A., geputzt auf den Tisch gestellt hatte. Arnold ließ kurz den Bizeps hüpfen und mampfte: »Mei Geheimnis, damit nimmst ab …«

Wir stapften hinüber ins Orpheum. Arnold vor einer TV-Kamera zum Interview. Fließend sein Englisch, Akzent ja, aber was für ein Vokabular. Das lebt, sprudelt, transportiert Positives.

Sein kleiner Co-Star Austin O'Brien wurde samt Eltern gelobt, sein Stunt-Coordinator Joel Kramer als Lebensretter gepriesen: »Der weiß genau, wann die Action tödlich wird. Da nimmt er andere.«

Als wir die Stiege runtertrotteten, war grade die Vorstellung des mexikanischen Films aus. Der Schock, als die Mexicanos den großen »Terminator« erkannten – so müssen die Peones einst den Revolutionshelden Emiliano Zapata bewundert haben. Sie drückten Arnold die Hand. Madonna, mia … Ist es Ehrfurcht, ist es Glück? Sie stammelten: »Hasta la vista, Baby! Hasta la vista, Baby!« – den klassischen ironischen Schwarzenegger-Sager, ehe er als Terminator abdrückte …

Die kurzen Sager hatte er sich bei Clint Eastwood abgeguckt. Der wortkarge Clint war als »Dirty Harry« wohl der erste Sprücheklopfer. Als ein Miesling seine Waffe ziehen wollte, knurrte er nur: »Come on, make my day!« Dann knallte er. Seither sagt ganz Amerika: »He made my day …«

»*Last Action Hero* ist überhaupt ein Spoof, a Gaudi, da verscheißern wir die Action-Thriller. Aber mit Action-Perfektionismus. Ich häng als Jack Slater an Wolkenkratzern und am Lift, stürz 150 Meter mit dem Auto ab, entkomm jeder Explosion. Dieser Slater is net zum Umbringen. Der schluckt die Bullets, die Kugeln, sein bester Freund is eine 44er Magnum. Die blast alles um. Eine Zauberkarte bringt die Umkehr für den Action Hero. Auf einmal ist der mit seinem Film-Klimbim im wirklichen

Leben. Schießt und hat ka Kugel. ›Du musst laden‹, schreit der Bua. Als er die Autoscheiben einschlagt, blüat da …«

Da spazierte Sondra Locke in den Trailer. Blond, zerbrechlich, klein. Wie hat das nur jahrelang mit dem endlos langen Clint Eastwood funktioniert? Keine Frage für Arnold. Er ist fasziniert von ihren schwarzen hohen Schnürschuhen, die Schuhbandeln rund ums Oberleder geknüpft: »So hat mir mei Mama imma de Schuch zuabunden …«

»I need your help, Arnold«, fiel Sondra mit der Tür ins Haus. Kein Wort über die Oscars von Clint Eastwood. Hier ging's um eine neue TV-Produktion. Arnold hatte seine erste TV-Regie *Schuld war nur der Weihnachtsmann* absolviert: »Ich hab 3,5 Millionen dafür g'habt und hätt' noch 16 Tag braucht. Du hast nur zwei Millionen g'habt, ich versteh alles. Sei nicht frustriert, du bist auf dem richtigen Weg. Wie ist die Nummer? Ich ruf den Typ an, der schuldet mir noch was …«

Der Rest war locker. »Hey, diese Oscar-Nacht für die Frauen? Bullshit! Sondra, Honey, du hättest da rauf gehört als Regisseurin. Ich weiß, wie gut du bist. TV ist lausig, da sitzen diese Typen mit ihren Computern und rechnen die Minuten Drehzeit nach. Beim Film kommt einer und leuchtet dich aus. Da ein Reflex, dort ein Schatten, schieb den Backenknochen hoch. Die haben Zeit und Geld. Da fühl ich mich wie Marlene Dietrich.«

Arnold spielte das aus, dass sich alle zerkugelten vor Lachen. »Kannst du dich noch erinnern an deinen Geburtstag, bei dem ich war?«, fragte Sondra Locke. »Oh god, mein 40er«, winkte Arnold ab, »da war Maria wirklich sauer auf mich …«

Typischer Schwarzenegger-Spruch zu seinem 40sten: »Tut mir leid, dass wir heute eine Catering-Party haben. Maria hätte so gern gekocht. Aber sie hat leider seit zwei Wochen die Küche nicht gefunden.« Mrs. Schwarzenegger war so sauer, dass sie Richtung Schlafzimmer abrauschte. »Kaum waren die Gäste weg«, knirscht Arnie, »kam sie wieder. ›Das Licht bleibt an, das müssen wir ausdiskutieren.‹ Dabei habe ich sie aus dem Kennedy-Clan rausgeholt, dafür gesorgt, dass sie unter Menschen kommt …«

Schwarzenegger drei nächtliche Stunden am Filmset. Das pralle Leben…

»Die Welt, wie Arnold sie sieht« war meine letzte *Adabei*-Kolumne. 32 Jahre lang geschrieben, davon die letzten 26 Jahre sieben Mal in der Woche …

Den Governator Schwarzenegger übernahm Werner Kopacka für die Zeitung, der steirische Netzworker, der mit Lederhosen, Selbstgebranntem und steirischem Kernöl den totalen Zugang fand, ganz abgesehen davon, dass er ein fabelhafter Journalist ist. Er musste auch dicke Brocken bewältigen. Denn jeder Macho hat nun mal – frei nach Wilhelm Busch – nen Hang zum Küchenpersonal. Und so gesellte sich zur Kinderschar von Maria und Arnold – dem Ältesten, Patrick Arnold, den Töchtern Christina Maria Aurelia und Katherine Eunice sowie dem Jüngsten, Christopher Sargent Shriver Schwarzenegger, als Fehltritt Joseph Baena dazu. Den hatte Arnie mit der langjährigen Haushälterin Mildred Baena produziert, und es gelang ihnen, den Knaben, der Arnold immer ähnlicher sah, sechs Jahre lang zu verheimlichen.

So was hält die beste Ehe nicht aus, und so trennten sich Maria und Arnold nach 26 Jahren. Es ging allerdings nach der Trennung auch um ein respektables Sümmchen. Da war von 200 Millionen Dollar die Rede. Arnold outete sich indes in Kitzbühel – »da fühl i mi dahoam« – mit der 27 Jahre jüngeren Physiotherapeutin Heather Milligan, die, ebenfalls geschieden, ab da Arnolds Puls kontrollierte.

The World According to Arnold drehte sich vorerst blond weiter …

## Heidi & Helmut Horten
## Die Jacht vor der Türe

Die Jagd hat Kaufhaus-Milliardär Helmut Horten im Sommer 1964 an den Wörthersee gelockt. In Sekirn baute er seinen Stammsitz, und von hier aus trieb's ihn zum Halali auf Damhirsche, Mufflons und Wildschweine. Aber am Wörthersee ging ihm auch ein besonderes Schmuckstück ins Gehege: die Wienerin Heidi Jelinek – blond, witzig, attraktiv, mit der damaligen Jeunesse dorée in den Weekend-Discos von Velden unterwegs. Zielstrebig, wie Helmut Horten in jeder Beziehung war, tanzte Heidi im Weiteren vor allem mit ihm. Für Heidi flog der Tycoon sogar in letzter Minute in seinem Privatjet aus Düsseldorf zum Wiener Opernball an. Schon im Frack stieg er in Schwechat aus dem Flieger, am Pistenrand harrte bereits sein Fräulein Jelinek im Abendkleid. Zum 24. Geburtstag schenkte er ihr einen Rolls-Royce.

Zwei Jahre später, anno 1966, wurde aus Fräulein Jelinek Frau Horten. Als Grundstein für ihr frisches Millionen-Glück legte der Bräutigam seiner Auserwählten als kleine Morgengabe den »Blauen Wittelsbacher« um den Hals.

Der sagenumwobene naturblaue Diamant aus einer indischen Mine war ursprünglich 35,56 Karat schwer, seine Geschichte lässt sich bis 1667 zurückverfolgen: König Philipp IV. von Spanien gab ihn seiner Tochter Margarita Theresa als Mitgift nach Wien mit für ihren Mann, Kaiser Leopold I., und als Mitgift landete der prachtvolle Brustschmuck mit ihrer Tochter Maria Antonia schließlich bei den bayerischen Kronjuwelen. 1722 wurde der blaue Diamant im Besitz des Hauses Wittelsbach inventarisiert, als Kurfürst Max Joseph erster König von Bayern wurde, da wurde der blaue Traumkaräter als Leitstein der neuen Königskrone verankert. Geschätzter Wert 1807: an die 300 000 Gulden. Doch als die Wittelsbacher 1931 den Stein bei Christie's versteigern wollten, fand sich kein Käufer.

Der »Wittelsbacher« tauchte erst wieder 1951 bei einer Auktion in Antwerpen auf, wurde bei der Brüsseler Weltausstellung 1958 gezeigt und 1964 von einem Hamburger Juwelier erworben, inzwischen auf 31,6 Karat modernisiert. Bei dem schlug ein Unbekannter zu: Helmut Horten. Am Hals von Heidi Horten machte er dann mächtig was her. Wie in den feinsten Kreisen so üblich, plauderte niemand aus, wer den »Blauen Wittelsbacher« 2008 bei Christie's in London versteigern ließ. Das blaue Steinchen brachte 16,4 Millionen Pfund, 18,4 Millionen Euro ein – zwei Jahre lang der höchste Versteigerungspreis für einen Diamanten.

Wie man in noblen Kreisen über Werte und Geld parliert, erkundete ich im Dezember 1980 in Hamburg bei der Geburtstagsparty zum 65er von Curd Jürgens im feudalen Atlantic-Hotel, zu der Bankier Enno von Marcard gebeten hatte. Im Ballsaal tischte man als Amuse-Gueule Gordon's Gin-Tomate, Lachssoufflé in Krebssauce mit frischen Krebsen, Fasanenbrust à l'Oberst mit glacierten Feigen und Mandarinensorbet mit Honigsauce auf. Unter den Gratulanten: Gunter Sachs, Salzburgs Marianne »Manni« Sayn-Wittgenstein-Sayn, Prinz Tassilo Fürstenberg und der feinste Geldadel der Hansestadt.

Keine Ahnung, wie viele Millionen D-Mark da wirklich versammelt waren – neben Kaufhaus-Tycoon Helmut Horten, den *Stern*-Verlegern Richard Gruner (seine schöne Frau Flora hatte gerade das Problem, im Olympic-Tower in New York ein zweites Apartment zu finden) und John Jahr sen., den Oetkers, Rodenstocks und Underbergs. Den schönsten Schmuck trug vielleicht Heidi Horten, ein glitzerndes Collier, die Ohrgehänge und der Riesentropfen am Ringfinger auf 500 Karat taxiert. Vielleicht – denn Ehemann Helmut wischte das kurz beiseite: »Wer trägt heutzutage noch seinen Schmuck? Alles hochklassige Duplikate aus geschliffenem Glas …«

Im gleichen Atemzug – wir warteten noch auf Geburtstags-Curd – lud er mich ein: »Ach, kommen Sie doch mit auf ein Glas Champagner.« Im Herrensalon prostete man vom Feinsten. »Sagen Sie, Horten«, mischte Verleger Gruner auf, »der Dollar ist ja schwer abgestürzt. Ich bin mit 200 000 eingestiegen.« Kontert Horten: »Ich mit 500 000 – und Sie, Herr Schliesser?« Ohne mit der Wimper zu zucken: »Mit 20!« – denn bei solcher Größenordnung fragen die Herrschaften nicht nach den Nullen.

Nach der Hamburger Exkursion konnte ich mich nur glücklich preisen, dass Österreichs altangestammter Adel so harmlos klingt. Denn an der Alster kam mir das Gruseln, als ich auf der Gästeliste den deutschen Gotha studierte. Da fanden sich nämlich neben Elisabeth Fürstin von Bismarck und Moritz Landgraf von Hessen sowie Philipp Fürst zu Schaumburg-Lippe auch noch Stammbaumsprösslinge wie Hendrik Freiherr von Wrede-Melschede, Hugo Graf von Bernstorff-Wotersen und Esther Gräfin Bassewitz, S. D. Manfred Prinz zu Bentheim und Steinfurt, Dr. Bodo Baron von Bruemmer, Baron Wessel Freytag von Loringhoven, ein Enno Freiherr zu Innhausen und Knyphausen, Caroline Gräfin Rantzau-Pronstorf, gleichermaßen wie Louis Graf von Zech-Burkersroda. Nur Napoleon Fürst Ney de la Moskowa rutschte da wohl nicht ganz astrein rein, wenn's um den deutschen Stammbaum ging.

Vermutlich war ich der einzige Journalist, mit dem Helmut Horten, der als unnahbar galt, Kontakt pflegte. Wahrscheinlich lag's an Freundin Heidi. Beim Chanson-Galakonzert von Charles Aznavour auf der Seebühne von Velden hockten wir mit Udo Jürgens zusammen.

Sicheres Zeichen, dass die Hortens in Sekirn waren, signalisierte die Gulf Stream III am Flughafen Klagenfurt. Wenn Helmut Horten zu einer seiner raren Partys lud, dann ließ er sich nicht lumpen. Auch wenn dabei auf einen Orgasmus verzichtet wurde. Mit Rücksicht auf die noblen Gäste. So spielten zur Auffahrt vor dem Ansitz in Sekirn die Tiroler Kaiserjäger flotte Marschmusik, vornehmlich den Prinz-Eugen-Marsch, an der Seefront patrouillierten drei Gendarmerieboote, während die rund 90 Gäste, die meisten davon Jagdfreunde wie Friedrich Karl Flick, die Horten zur Hirschbrunft in die Steiermark eingeladen hatte, eintrudelten.

Als Gaststar hatte er Orgasmus-Pflegerin Donna Summer (*Love To Love You Baby*) mit seinem Privat-Jet eingeflogen. Weiterer Aufputz des Abends: ein argentinisches Ballett aus dem Pariser Lido und die Brotherhood of Man, die mit *Save Your Kisses For Me* den Grand Prix Eurovision 1976 gewonnen hatten. Zwischen den Auftritten labte man sich am delikaten Büfett: persischer Schah-Kaviar, Krebse im Wurzelsud, Entenbrüstchen am Grill, Fenchel mit Ochsenmark, hinterher Haselnusseis mit Zwetschken in Armagnac etc. inklusive Kaffee mit Zwetschkenfleck.

»Gestern Nacht gab's keinen einzigen Orgasmus, kein Gestöhne«, heizte Donna Summer die Stimmung an, ehe sie all ihre Hits von *I Feel Love, Come With Me, Could It Be Magic, The Way We Were* bis *I Remember Yesterday* sang. Eine Dreiviertelstunde für 30 000 Dollar Gage. Wirklich kein Grund zum Stöhnen.

Das ausgelassene Fest in der Seevilla endete zwischen vier und fünf Uhr. Um diese Zeit gehen die Weidmänner sonst auf die Pirsch.

Mit der privaten Gulf Stream III war man dann zwischen Klagenfurt, Lugano und den Bahamas leicht unterwegs. Das gute Stück kostete damals, in den 1980er-Jahren, an die 15 Millionen Dollar. Heidi genoss den Wörthersee umso mehr, weil sie 1982 die schlimmsten Tage ihres Lebens durchgemacht hatte: »Mein Mann hat mir damals das Leben gerettet. Er fand mich mitten in der Nacht bewusstlos in meinem Bett. Blut auf dem Kopfpolster.

Aber von einer Überdosis Tabletten, wie Gazetten in Deutschland behaupteten, konnte freilich nie die Rede sein. Ich hatte, genau auf der Arterie, ein Magengeschwür, das aufbrach und zu bluten begann. In dieser Nacht habe ich zwei Liter Blut verloren.«

Es war ein totaler körperlicher Zusammenbruch: »Ich hatte Wasser in der Lunge, zwei Mal hintereinander Hepatitis. 14 Tage lag ich auf der Intensivstation des Landeskrankenhauses, bis mich die Ärzte wieder so weit hatten, dass ich in häusliche Pflege entlassen werden konnte.«

Sie hatte vier Kilo abgenommen und wog bei 1,67 Meter Größe nur noch 44 Kilogramm. »Jetzt bin ich wieder aufgepäppelt«, freute sich Heidi. Sie spielte auch wieder Golf, das sie zeitweilig wegen einer Sehnenscheidenentzündung aufgeben musste. Die Golf-Lady, die auf den Bahamas beim besten Golf-Pro, dem Kanadier Jack Kay, trainierte, durfte immerhin auf ein turnierreifes Handikap 14 stolz sein. Schon 1970 hatte Kaufhaus-Tycoon Horten sich eine Insel in der Karibik zugelegt. Kleines Weihnachtsgeschenk für Heidi, man flog mit einem imprägnierten Weihnachtsbaum samt Wurzelstock los.

»Unsere Insel ist drei Kilometer breit und vier Kilometer lang – aber für zwei Personen reicht's«, freute sich Heidi am Telefon aus Lugano. »Vorerst wohnen wir noch auf der Nachbarinsel North Cat Key, auf der ein Millionärsclub etabliert ist, der nur 22 Mitglieder zählt. Der jährliche Mitgliedsbeitrag ist horrend, und neue Mitglieder werden nur durch Abstimmung überhaupt zugelassen. Man hat uns einstimmig akzeptiert.«

Unmittelbarer Nachbar der Hortens war Howard Hughes, der geheimnisvolle US-Multimillionär, der Las Vegas aufgekauft hat, Frank Sinatra an die Luft setzen ließ, für Jane Russell einen Super-BH erfunden hat und damals gerade von Hollywoodstar Jean Peters geschieden wurde. »Ein äußerst angenehmer Nachbar«, gab sich Heidi Horten ironisch. »Wir haben ihn noch nie zu Gesicht bekommen.«

Als schreibender Gast hatte ich die Jungfernfahrt der Carinthia V, an deren Heck Rot-Weiß-Rot flatterte, im Juli 1971 miterlebt. Gemeinsam mit Fotograf Michael Horowitz, später Chefredakteur des *Freizeit-Kurier*.

68 Meter lang, 13,5 Meter breit die Brücke und 19 Meter hoch vom Kiel bis zum Mast – beim Neptun, da verschlug es Spöttern über Österreichs »Gebirgs-Marine« die Sprache, denn das schönste und eleganteste Schiff, mit dem die alte Christina, die Onassis-Jacht, höchstens in der Länge mithalten konnte, war in Wien gemeldet und registriert.

»Ist sie nicht zum Abbusseln?«, freut sich die blonde Wienerin über die Carinthia V, während sie an Board höchst illustre und durch die Bank millionenschwere Gäste – von Prinz Heinrich Reuß, dem steirischen Jagdnachbarn der Hortens, bis zu Dr. Friedrich Karl Flick, dem vom mehr als Drei-Milliarden-Mark-Vermögen des Flick-Konzerns an die 70 Prozent gehören – willkommen hieß.

Man war im Rolls-Royce und schwarzen Cadillac am Pier vorgefahren, Dr. Flick preschte im Riva-Motorboot heran. Mit Champagner stach man in See, später labte man sich mit geräuchertem Lachs und Trüffelpastete, die der chinesische Horten-Butler Tschu deutsch und englisch parlierend kredenzte. Es wäre wirklich banal zu sagen – ganz wie im Film. So etwas gibt's nämlich wirklich!

»Fabelhaftes Schiff«, begeisterte sich indessen Carinthia-V-Kapitän Bodo Vohwinkel, der den Bau der Jacht vom ersten Tag an auf der Bremer Lürssen-Werft bis zur Taufe mit Champagner durch Heidi Horten miterlebt hatte. »Die erste Probe haben wir schon hinter uns. Die Biskaya zeigte ihr bösestes Gesicht, war verdammt ruppig, aber Carinthia V blieb ganz Dame«, grinste der Käpt'n. »So schlank sie ist, sie hat doch 740 Bruttoregistertonnen. Maximale Geschwindigkeit 28 Knoten, für Landratten etwa 51 km/h. Wir kreuzen mit durchschnittlich 25 Knoten. Die Christina von Onassis zum Vergleich mit 15 Knoten. Den Trip über den großen Teich würden wir glatt in einer Woche schaffen – nur wenig langsamer als ein großes Linienschiff.« 16 Mann Besatzung machen auf der Carinthia V Dienst, wenn die mit den 10 500 PS ihrer drei Maschinen die Wellen pflügt.

»Kein anderes Schiff ist so modern«, unterstrich auch der britische Stylist Jon Bannenberg, der für Schiffe etwa das war, was Battista Farina für Autos repräsentierte. »Das ist ein Schiff, von dem man eigentlich nur träumt. Es ist für mich ungeheuerlich, diesen Traum plötzlich so realisiert zu sehen.«

Ein wahres Wunder – Mr. Horten hatte hart an den Plänen mitgearbeitet, dann aber kein einziges Wort mehr dazwischengeredet, bis das Schiff fertig war. Acht Kilometer Kabel wurden im Rumpf der Carinthia V für Radar- und Elektrosysteme verlegt. Es war das dritte Schiff der Welt, nach zwei Hapag-Ozeanriesen, das Telex an Bord hatte. Mittels Funktelefon konnte der Kaufhauskönig jederzeit seinen Privatjet, eine 1-11-Liniendüsenmaschine, in der Luft erreichen. Heidi Horten: »Der Kapitän rief uns in unserem Haus in Sekirn am Wörthersee an, als es in der Biskaya so stürmisch war.«

Bescheiden, wie man als Zaungast nun einmal ist, imponierten mir bereits die beiden hydraulischen, ins Wasser zu schwenkenden Motorboote – eine Admiralsbarke für sechs Personen mit zwei Außenbootmotoren sowie ein Motorboot nur zum Wasserskilauf – die links und rechts des Bootsdecks hängen.

Der Eigner der Carinthia V – so die Schiffersprache – und seine Frau ließen sich, hell und geräumig, ein Schlafzimmer mit komplettem Bad und Schminkraum einrichten. Überall dicke Spannteppiche. In Mahagoni das Herrenzimmer Helmut Hortens, Beige und Orange dominieren im Salon und ein Deck höher in der geräumigen Bar.

Für die Komplimente, die Helmut Horten für seine neue Jacht zu hören bekam, revanchierte er sich mit einem knappen: »Nettes Boot, nicht wahr?« Selbst Butler Tschu, sonst als Asiate nicht unbedingt gerade viel Emotion verratend, gab sich beeindruckt.

Als die Carinthia V zum ersten Mal majestätisch an der Hor-ten-Villa in Cap d'Antibes vorbeizog, stammelte er: »Ach, du mein lieber Tschu …«

Ein Materialschaden, der auf einer griechischen Werft nicht sorgfältig genug behoben wurde, war schuld daran, dass die Carinthia V knapp vier Monate später vor der griechischen Insel Kefalonia sank. Das Schiff, dessen Bau 56 Millionen Schilling gekostet hatte, galt als die modernste Jacht der Welt. »Die Carinthia V liegt an einer untiefen Stelle und wird wieder gehoben werden. Die 14 Mann Besatzung haben das Schiff in guter Ordnung verlassen«, versicherte mir Helmut Horten in einem Tele-fonat.

»Wir waren mit Freunden auf einer Kreuzfahrt vor Kreta, als an der Jacht ein Leck durch Materialschaden festgestellt wurde«, erzählte mir Helmut Horten, als ich ihn einen Tag später in Düs-seldorf erreichte. »Das Schiff ist dann in Kreta in den Hafen ein-gelaufen und auf Werft gegangen, während wir mit unseren Gästen den Rückflug antraten. Nach der Unterwasserreparatur in dem griechischen Dock wurde die Carinthia V von der zustän-digen griechischen Überwachungsbehörde freigegeben. Mit 14 Mann Besatzung – es waren keine Gäste oder Passagiere an Bord – trat sie den Heimweg nach Frankreich an. Vor dem Golf von Patras trat am Montag um 10.30 Uhr ohne Grundberührung wiederum ein Unterwasserleck auf, das sofort einsetzenden, starken Wassereinbruch verursachte. Das Schiff musste nach einiger Zeit von der Mannschaft aufgegeben werden und lief auf Grund.« Wie die Hafenbehörden von Patras bekannt gaben, wurden die 14 Mann Besatzung, darunter Kapitän Bodo Vohwin-kel, unverletzt von einem anderen Schiff geborgen und nach Argostoli, der Hauptstadt der Insel Kefalonia, gebracht.

Die Carinthia VII, ein Traum in Blau und Weiß, 100 Meter lang und 15 Meter breit, von Jacht-Insidern auf 150 Millionen Euro taxiert, ankerte in Port Vauban von Antibes, dem größten Jachthafen an der Mittelmeerküste. Am Heck die rot-weiß-rote Flagge. Ein schwimmendes Luxushotel, das gut an die 100 Gäste in drei Stockwerken mit vier Oberdecks fassen hätte können. Drei Philippiner in strahlend weißen Overalls mit dem Namenszug der Carinthia VII bürsteten und schrubbten rund um die Uhr an Heck und Deck, polierten die riesigen goldenen Lettern an den obersten Stockwerken.

Aber die »Seemacht« Austria war noch mit einem zweiten Schiff am »Quai des Milliardaires« vertreten: Heidis VII nahm dort zwei frisch asphaltierte Liegeplätze – 8/9 – ein, und auf Platz 10 lag die Carinthia VI, die Vorgängerin. Mit ihren 60 Metern sah sie fast wie ein überdimensioniertes Beiboot der VIIer aus.

Zwischen den beiden Super-Jachten ankerte die Sakara, die stilvolle, alte, riesige Zwei-Mast-Segel-Jacht des Harrods-Kaufhaus-Milliardärs Mohamed Al-Fayed. Die hieß früher Jonikal – auf ihr turtelten als Verliebte Al-Fayeds Sohn Dodi und seine Geliebte, Prinzessin Diana, die Ex von Thronfolger Prinz Charles, kurz vor ihrem Tod im Tunnel von Paris.

Heidi Horten ist auch als Milliardärin – der Kaufhaus-Tycoon soll ihr nach seinem Ableben 1987 laut *Format* 1,5 Milliarden Euro hinterlassen haben, inzwischen auf geschätzte drei Milliarden angewachsen – Patriotin geblieben. Sie spendete nach dem Jahrhundert-Hochwasser 2002 eine Million Euro, trotz der 150 Millionen für die Jacht. Das war immer noch die zweithöchste Spende einer Privatperson – nach den zwei Millionen Euro, die Frank Stronach damals stiftete. Nach dem Hochwasser 2013 machte Stronach »nur noch« 500 000 Euro für die Schadensopfer locker. Inzwischen hatte er ja auch einen Wahlkampf zu bestreiten.

Patriotisch gab sich Heidi Horten auch mit ihren beiden Privatstiftungen Humana und Privatissimo sowie der Depositum-Holding, die sie aus dem schweizerischen Croglio im Tessin abzog und im Wiener Handelsregister eintragen ließ.

Auch eine Wiener Wohnadresse hatte Heidi dann wieder: 560 Quadratmeter über zwei Etagen für 10 000 Euro Monatsmiete, mit Blick auf den Donnerbrunnen am Neuen Markt. Viel schwieriger war es für sie, wieder einen Mann, der zu ihr passte, zu finden. Ein Kärntner Graf taugte gerade für eine kurzfristige Verlobung. Ihre zweite Ehe mit dem französischen Blumengroßhändler und Grafen Jean-Marc Charmat dauerte knapp fünf Jahre bis 1999. Da verriet sie *Bunte*-Fotografin Sabine Brauer beim Charity-Golf-Turnier am Wörthersee: »Ich bin geschieden und heiße wieder Horten.«

Doch 2003 tauchte Heidi in Velden im Paddock-Club von Edel-Caterer Attila Doğudan als »Horten & Co.« auf. Der Herr entpuppte sich als der britische Ex-Banker Jonathan Bevan, geschieden und zwei Kinder – ein Gentleman vom Scheitel bis zum Whisky. Wohnte in London am Eaton Place, nobelste Adresse. Ihre Pfade kreuzten sich in St. Moritz, wo Heidi in ihrer Luxusvilla logierte. Mr. Bevan war Präsident des St. Moritz Tobogganing Club – auf Lebenszeit. Das ist der Club der meschuggenen Cresta-Fahrer – auch Gunter Sachs gehörte zu ihnen – die Kopf voran auf flachen Skeleton-Schlitten, die Nase 15 Zentimeter über dem Boden, mit 140 Sachen die 1200 Meter lange Eisbahn runterrodeln.

18 Monate lang blieb die Liaison von Heidi und Jonathan geheim. Man urlaubte halt im noblen Milliardärsclub Lyford Cay auf den Bahamas, wo Heidi auch eine Absteige hatte, und genoss die Carinthia VII. Nähere Details waren wie die Horten-Stiftung privatissimo. Auf diverse Anfragen erhielt die *Bunte* jeweils die lakonische Antwort: »Frau Horten möchte ihr Privatleben nicht öffentlich machen und bittet um Diskretion.«

Für Schlagzeilen sorgte Milliardärin Heidi Horten erst wieder, als sie sich mit Milliardärin Ingrid Flick anlegte. Die Witwe Flick wollte die Kosten für die Verlegung der Straße übernehmen, nur um die Süduferstraße, die ihren Grund vom Seestrand trennte, loszuwerden. Hätte sie um die vier Millionen Euro, oder ein bisschen mehr, gekostet. Ein Klacks, denn der Wert der Seegrundstücke wäre rasant gestiegen. Landeshauptmann Dörfler (FPK) war Feuer und Flamme für den Plan, nannte ihn »Glücksprojekt« und »unglaublich positive Geschichte«. Sollte doch ein neuer öffentlicher Zugang zum See, sprich Badestrand, garantiert werden.

Doch im Nachbarort Maria Wörth rührte sich Protest. Die Gegner sammelten 1500 Unterschriften gegen die Pläne von Ingrid Flick, über 100 Gegner demonstrierten auf der umstrittenen Uferstraße mit Transparenten wie »Wir brauchen keine Verlegung« und »Stopp dem Ufer-Raub«.

Und dann unterschrieb auch noch Milliardärs-Witwe Heidi Horten gegen die Pläne ihrer Milliardärs-Nachbarin: Der Zickenkrieg der Milliardärinnen war fertig. Bald schon sprachen sie nicht mehr miteinander. Landeshauptmann Dörfler, der's schon genehmigt hatte, war auch weg vom Fenster und Ingrid verzichtete auf das Projekt.

Lakonischer Kommentar von Flick-Intimus und Wörthersee-Kenner Regisseur Otto Retzer (*Ein Schloss am Wörthersee*): »Es gibt hier zu viel reiche Leut' auf an Fleck ...«

# Helmut Qualtinger
## A Wiener oder a Mensch

Spätestens seit *Der Herr Karl* – »Mir san alle am Ring und am Heldenplatz gestanden, unübersehbar warn mir, ma hat gefühlt, man ist unter sich ... es war wia beim Heirigen« – den Wienern ins Gemüt fuhr, wurde »Nestbeschmutzer« als österreichisches Vokabel annektiert. Sieht man davon ab, dass schon Karl Kraus für sich in Anspruch nahm: »Ich bin der Vogel, den sein Nest beschmutzt.« Aber *Der Herr Karl*, den Helmut Qualtinger und Carl Merz 1961 gemeinsam schrieben, hatte den Nerv des »ewig wegschauenden Österreichers« getroffen. Wer war denn schon wirklich ein Nazi? Latenter Antisemitismus – Qualtinger bei einer Debatte, ob nicht in jedem von uns ein kleiner Hitler stecke: »In jedem von uns steckt wenigstens a klaner Lueger« – und geschürter Fremdenhass waren ihm zeitlebens ein Gräuel. Er war noch nicht einmal 30, da fragte er sich schon: »Manchmal weiß ich nicht, bin ich a Wiener oder a Mensch?«

Lang bevor er als Travnicek freiweg von allen zitiert wurde – »Lappen? G'scherte im Pelz! Wann mi des Reisebüro net vermittelt hätt' ...« –, praktizierte er schon seine »practical jokes«: Er rief als Präsident des PEN-Clubs mit verstellter Stimme die Kulturredaktionen an und avisierte den Literatur-Nobelpreisträger Grönlands, den Eskimo-Dichter Kobuk, Autor des Romans *Brennende Arktis*, der am 3. Juli 1951 am Westbahnhof ankäme. Vorberichte über den arktischen Mystiker lockten zum Bahnhof. Dort stieg dick vermummt in Pelzen der eisige Poet Qualtinger aus und gab läppische Interviews. Er war in St. Pölten in den Zug gestiegen. Es war sein erster Grubenhund.

Als Unterrichtsminister Dr. Felix Hurdes gegen »Schmutz und Schund« ein Jugendschutzgesetz beschloss, schrieb ihm Qualtinger – gezeichnet Hans Weigel – einen Brief gegen das U: »Im BUchstaben U, Herr U-nterrichtsminister HUrdes, erblicken wir fortschrittlichen Schriftsteller das U-nheil der Welt, Symbol für SchmUtz und SchUnd, beinhalten doch alle Wörter mit U-nsittlicher, U-nseriöser und U-nschöner BedeUtUng diesen schon in seiner Form anstößigen Vokal. Das U führt vom geistigen U-nrat über die WollUst direkt zUm LUstmord.« Dabei hatten sie das wienerischste Wort mit U gar nicht aufgezählt.

Dafür montierten Qualtinger, Kurt Sowinetz und Johannes Mario Simmel in der City etwa von BUchhandlUngen die Us ab und stellten sie in einem Leiterwagerl vor das U-Ministerium.

Quasi, wie er schon damals hieß, war jedenfalls bereits eine Institution, als ich 1952 zur Runde im Strohkoffer stieß. Im Keller im Kärntner-Durchgang, gleich neben der Loos-Bar, tummelte sich damals schon die künstlerische Elite: Friedrich Gulda und Joe Zawinul am Klavier, Uzzi Förster am Sax, Hans Salomon Trompete, die Maler Josef Mikl, Markus Prachensky, Arnulf Rainer, Fritz Hundertwasser, Wolfgang Hutter und Ernst Fuchs, der, mit der australischen Vali Myers gerade aus Paris retour, die wildesten Tänze hinlegte. Die Dichter Konrad Bayer (*Glaubst i bin bled*), Oswald Wiener, H. C. Artmann (*Med ana schwoazzn dintn*), Gerhard Rühm, Filmer Ferry Radax, Regisseur Erich Neuberg und der Arbeiter-Dichter Otto Kobalek, der als Kulturreferent der Bauarbeiter-Gewerkschaft gefeuert wurde, weil er die Kollegen zur einberufenen Tagung zweieinhalb Stunden warten ließ, dann rumvoll ans Podium wankte und verkündete: »Hiermit ist die Sitzung geschlossen.«

Strohkoffer-Chef war Max Lersch, der später Expeditionen nach Afrika führte, wo er und sein Team sensationelle Schädeloperationen in Steinzeit-Methodik filmten. Geld hatten wir damals alle keines. Aber vis-à-vis in der Kärntner Straße gab's ein Burenhäutl, und nach dem zweiten Viertel Rot, das im Kollektiv getrunken wurde, vergaß der Ober Poldl mit dem Feuermal, wer was bestellt hatte.

Vom nächtlichen Strohkoffer aus war das Gutruf die logische tägliche Konsequenz. Louise Martini (*Chesterfield*), damals mit Qualtinger, Carl Merz, Gerhard Bronner, Georg Kreisler und Peter Wehle mit *Hackl vorm Kreuz* die Kabarett-Sensation von Wien, hatte Quasi zum Gutruf, einem kleinen Delikatessengeschäft, in dem Hannes Hoffmann nur Dosen und Flaschen verkaufte, mitgenommen. Quasi taugte das kleine Hinterzimmer, wo man im Stehen was zu trinken bekam. Und mit Qualtinger füllte sich die Bude bald. Der grandiose Franz Hubmann, Foto-Doyen, Bildhauer Fritz Wotruba, Dramatiker Fritz Hochwälder, Erni Mangold und natürlich Otto Kobalek, der Prolet-Poet, der den »Zwonek«, sprich: 20 Schilling, als Währung für die eigene Tasche erfand.

Die Wendeltreppe zum Lager im Keller gab's auf jeden Fall im Gutruf. Sonst gehen die Aussagen über den Ursprung des *Herrn Karl* durcheinander. Da gab's noch ein zweites Delikatessen-Geschäft der gehobenen Klasse, das Top in der Führichgasse. Dort jobbte der Schauspieler Nikolaus Haenel, der im Dachl über dem Kopf mit Qualtinger & Co. als Kabarettist agierte, aber im Top als Lagerarbeiter Geld dazuverdiente – mit einem alten Nazi als Assistenten.

»Herr Max, Ex-Mitglied der NSDAP«, rekapitulierte Dr. Ulrich Schulenburg, Chef des Thomas-Sessler-Verlags, »der erzählte Qualtinger, was Max im Laufe des Tages so schwadronierte. Qualtinger sog die Sprüche auf, informierte Carl Merz, der in der Führichgasse daheim war, und alles aufschrieb. Gemeinsam schufen sie die Figur des Herrn Karl.« Mag sein, dass darin auch ein paar G'schichtln des Gutruf-Besitzers Hannes Hoffmann über den Schleichhandel nach dem Krieg und die Erotik im Inundationsgebiet eingeflossen sind.

Qualtinger und Merz verabsäumten ursprünglich, ihre Rechte auf den *Herrn Karl* abzusichern: »Der Haenel spielte den *Karl* auf Tournee in Deutschland, ohne was zu zahlen«, bestätigte Qualtinger. »Wenn der zwischendurch ins Gutruf kommt, ladt er mi oder den Merz auf a paar Glasln ein.« Ulli Schulenburg war von den Socken. Er verhandelte mit Qualtinger, der unbedingt auch Merz im Autoren-Vertrag haben wollte. »Der Merz kam schließlich dazu und verblüffte mich vollends. Er wollte nicht Fifty-Fifty, weil der Quasi durch seine geniale Interpretation so viel mehr für den *Herrn Karl* getan habe. So wurde für dieses Stück der neue Prozentschlüssel 60:40 erfunden.«

Im Gutruf, wo inzwischen auch Plattenproduzent Otto Preiser und sein Producer Jürgen E. Schmidt Stammgäste waren, wurden die großen Platten-Hits von Preiser Records ausgeheckt: *Rhapsodie in Halbstark*, auf der Helmut Qualtinger die Gerhard Bronner-Hits *Der g'schupfte Ferdl*, *Der Halbwilde* – »I waß net, wo i hinfahr, aba dafüar bin i schnell durt« – *Weil mir so fad is* und *Der Papa wird's scho richten* singt, die *Kinderverzahrer* mit Texten von H. C. Artmann wie »Wos an Weana olas en s Gmiad ged: De muzznbocha med an Nosnromö, en Mozat sein Notnschdenda, a Schas med Quastln ...«

Da konnte es ja nicht ausbleiben, dass Preiser Records eine Privatausgabe *Nur für Wissenschaftler und Sammler* produzierte. Der Cover aus braunem Packpapier, rot versiegelt, mit einem Trauermarterl, gehalten von zwei einbeinigen Krüppeln: *Das Krüppellied* von Peter Hammerschlag, gesungen von Helmut Qualtinger, dem Gutruf-Ensemble und Otto Kobalek als Gast. Die A-Seite aber mit der Musik von Starpianist Hans Kann trug den schlichten Titel *Wenn der Wiener ...*, und Kurt Sowinetz, Qualtinger und Hans Weigel texteten weiter: »... an Schas lasst, macht der Herrgott schön's Wetter, und die Engerl, die schnuppern dazu, und der Petrus ruft, Wolken, geht's wischerlt's erst später, wenn der Wiener an Schas lasst, gebt's Ruah ...«

Das *Krüppellied* nahm André Heller erst später mit Helmut Qualtinger auf. Doch vorher sangen sie noch im März 1979 zu Hellers 32. Geburtstag im Gipskeller der Wiener Hofburg zwischen monumentalen Nackten, grinsenden Fratzen, lieblichen Wäschermädeln und einem Kaiser Franz Joseph, dem sie ein

Holzpackl unter das Kinn gepackt hatten – »damit eahm des
Ladl net obafallt« – ein »Loblied auf die Stadt, in deren Unterleib
wir uns heute befinden«:

Wean, du bist a Taschenfeitl
unter an Himmel voller Schädelweh
du bist a Feuersalamander
unter an Himmel voller Marzipan
dein Stolz, den hast ins Pfandl tragn
bist halt a Puffmadame
du wasst ka Antwort auf meine Frag'n
drahst di nur langsam ham …

Heller, damals bärtiger Poet, hatte gerade seine Phase als jugend-
licher Sprücheklopfer, der Peter Alexander als Brechmittel in
Apotheken abfüllen lassen wollte, hinter sich. Auch seine Ehe-
frau, Burgschauspielerin Erika Pluhar – nach Heinrich Heines
Gedichtzeile *Hat man die Liebe durchgelebt, fängt man die
Freundschaft an* –, dem Geburtstagskind verbunden, gratulierte
in des Kaisers »Grottenbahn« nebst Schauspielhaus-Chef Hans
Gratzer, den Malern Hubert Aratym und Walter Schmögner,
Verlagschef Ulli Schulenburg, Hörfunkchef Ernst Grissemann
und Ö3-Zampano Rudi Klausnitzer.

Helmut Qualtinger – »Der echte Weana geht net unter, aba er
kummt a nie hinauf« – brachte als Geschenk ein kleines Büchl
mit: »Die Erinnerungen eines illegalen Nazis namens Traugott.
Der ist unterm Schuschnigg gesessen, und da hams eahm glatt
aufn Gang stehen lassen. Auch mit Juden war er eingesperrt –
bitte sehr, zweifellos intelligente Leute – und mit Homosexuel-
len, pfui Teufel. Einer war leider ein Hitler-Junge. Der hat ihm
empfohlen, nicht zur SA zu gehen …«

Mit derlei politischen Details kannte er sich von Jugend her
aus: »Mit fuffzehn ham's mi als Flakhelfer rekrutiert – ohne Aus-
bildung. Nach zwei Angriffen bin i abpascht und im Untergrund

untertaucht. Nau, prompt ham's ma durt Dynamit in die Hand druckt, damit i Telefonhüttln spreng. Da wär i scho beim ersten Versuch fast draufgegangen.«

Dabei kam Helmut, Jahrgang 1928, aus absolut bürgerlichem Umfeld: Mutter Ida, eine Kärntnerin, die Geschichten im Stil von Courths-Mahler schrieb, Vater Friedrich Q. aus Braunau, ein Mittelschullehrer und später Nazi-Offizier, dem aber die Brutalität des braunen Regimes auf die Nerven ging. Erst 1961 erfuhr Qualtinger, durch einen Artikel von Joseph Wechsberg für den *New Yorker* mit dem Titel *The enemy of the Gemuetlichkeit* über den *Herrn Karl*, dass sein Großvater und Hitlers Vater miteinander befreundet waren. Ganz und gar nicht nach seinem Geschmack.

Wenige Tage vor Kriegsende landete er noch in einer Zelle. Mit seinem späteren Freund Paul Popp, Schmähführer, Journalist und Kabarettist. Als der Krieg dann vorbei war, überlebte er mit Schwarzhandel und wurde zwei Jahre später Theaterkritiker bei der britischen Weltpresse unter Kulturchef Johannes Mario Simmel, dem seine »blendend formulierten Kritiken« gefielen. Die schrieb er unter dem Pseudonym »Hans Helmut« – »weil, wannst was werden willst, derfst net Qualtinger haß'n …«

Da begann er bereits auf Kellerbühnen zu spielen: »Ich war immer ein Dilettant. Aber als Blader war ich in der verhungerten Nachkriegszeit eine gefragte Charge.« Bis er dann mit seinem Zeitungskollegen Michael Kehlmann an die Herren Carl Merz und Gerhard Bronner geriet. Ihr erstes Kabarett anno 1950 in Bronners Marietta-Bar, zwei Jahre später im Kleinen Theater im Konzerthaus gemeinsam mit Georg Kreisler »*Das Brettl vor'm Kopf*, für Quasi mit dem *G'schupften Ferdl* der absolute Durchbruch.

»Damals haben wir andere Sachen zu hör'n kriegt«, verglich Qualtinger 30 Jahre später seine neueste Gefängniserfahrung mit eigener Zellenpraxis. Damals – »das war 1945 als ich sechs Wochen bei der Gestapo g'sessen bin« – landete Widerstands-

kämpfer Qualtinger nach tagelangen Verhören schwer ange-
schlagen im Inquisitenspital. Jetzt saß er im Wiener »Grauen
Haus« in der »Kapelle« und las vor rund 150 Strafgefangenen aus
seinem neuen Buch *Heimat bist du großer Zwerge*.

Dort hatte vor »Quasi« Ivan Rebroff gesungen, und Heinz
Conrads las jahrelang, ebenso wie Fritz Muliar, zu Weihnachten.
Jedenfalls bedankte sich Dieter Hannesschläger, der im »Grauen
Haus« diese Programme organisierte, bei Qualtinger: »Alle war'n
begeistert. Der war Spitze, der Quatlinger, sagen s' …«

»Ich hab natürlich ka Gage genommen«, sagte Qualtinger, »da
haben sie mir einen selbst geschmiedeten Kerzenleuchter
geschenkt. Dafür hab ich ihnen den nächsten für die Lesung im
Gefängnis empfohlen – meinen Freund H.C. Artmann, der
macht des bestimmt.«

Mit einer Weltpremiere in den eigenen vier Wänden zelebrierte
Qualtinger im Oktober 1966 seinen 38. Geburtstag. Da tummelte
sich in seinem Grinzinger Domizil mehr geballte Prominenz, als
man sonst bei großen Premieren findet.

Als Gratulanten hatten sich der große Dichter Heimito von
Doderer, ein alter Qualtinger-Freund und Taufpate von Sohn
Christian, mit Gattin, Burgregisseur Fritz Kortner, der abends
noch eine *Othello*-Probe abgehalten hatte, Burgschauspieler
Curd Jürgens mit Gattin Simone, Kurt Sowinetz mit Frau, Schall-
platten-Produzent Otto Preiser mit Gattin, Bernadette Czer-
wenka im Schlepptau von LP-Producer Jürgen E. Schmidt, Arzt
Dr. Erwin »Sputz« Meyer, Arthur »Putzi« Preuss, Chefredakteur
Dr. Hugo Portisch mit Gattin und Nachwuchsliterat Otto Koba-
lek eingestellt.

Die »Weltpremiere« hatte Otto Preiser dem Geburtstagskind
mitgebracht: zwei neue Langspielplatten mit einer grandiosen
Aufnahme von Schnitzlers *Reigen*. Qualtinger liest – eigentlich
müsste man sagen spielt – die Rolle des Soldaten in zwei Episo-
den, mit Hilde Sochor als Dirne und Elfriede Ott als Stubenmäd-

chen. Die weitere Besetzung: Peter Weck als junger Herr, Eva Kerbler als junge Frau, Hans Jaray als Ehegatte, Christiane Hörbiger als süßes Mädl, Helmut Lohner als Dichter, Blanche Aubry als Schauspielerin und als Graf schließlich Robert Lindner. Mit einem Wort – eine Traumbesetzung.

Das skurrilste Geburtstagsgeschenk aber kam von »Putzi« Preuss, der seinem Namen entsprechend »Quasi« ein paar preußische Orden verlieh. Samt einem Dekret, auf dem »Wilhelm von Gottes Gnaden König von Preußen« dereinst dem österreich-ungarischen Linienschiffsleutnant Joseph Kogelnik von der Funkstation Pola den königlichen Kronenorden III. Klasse verlieh. Von Wilhelm »mit unserer eigenen Unterschrift an Bord unserer Jacht ›Hohenzollern‹ am 13. Mai 1909 besiegelt«.

Curd Jürgens steckte mitten in den Proben seiner nächsten Burgpremiere, *Galileo Galilei*, und natürlich drehte sich das Gespräch auch ums Theater. Und so debattierte man auch gleich über Berlin, London, Paris, New York und Wien. Alles, so waren sich die Herren Qualtinger und Jürgens einig, habe seine Nachteile, aber dann schätze man doch wieder vieles und manches an spezifischen Eigenheiten.

Seufzte Curd Jürgens mit feiner Resignation: »Ich kann da nur den Herrn Kortner zitieren, wenn's um andere Städte geht. Der sagt: Ich bin überall ein bissl ungern!«

Geburtstage genoss Qualtinger überhaupt sehr, wenngleich auch selten, aber wegen der Geschenke, die sich seine Freunde einfallen ließen. Vom chinesischen Schnaps »Kao Liang Chiew – Made of pure Kao Liang« über eine alte Fotografie der Rotunde im Jahr 1873, einen Frankenstein, den ihm sein Sohn Christian schenkte und dem selbstverehrten und schon verputzten Prosciutto San Daniele des Friuli reichten die Geschenke zum 40. Zu seinem 50. Geburtstag – am 8. Oktober 1978 – machte Qualtinger seinen Gratulanten das schönste Geschenk – eine Lesung aus seinem noch nicht veröffentlichten neuen Buch. Eine literarische Delikatesse.

Zum Mitternachts-Cocktail hatte Dr. Herbert Fleissner, Chef der Amalthea-, Herbig- und LangenMüller-Verlagsgruppe, Samstagnacht in seine luxuriöse, holzgetäfelte Salonflucht am Heumarkt rund 200 Qualtinger-Freunde eingeladen. Darunter Oscar-Preisträger Maximilian Schell – »Ich hab mit dem Helmut ja erst drei Filme gedreht« –, der mit Qualtinger gerade die *Geschichten aus dem Wiener Wald* verfilmte und dem deshalb Qualtinger seine neue, sehr eigenwillige Glatze verdankte, Helmut Griem, der mit Richard Burton in Wien gerade *Steiner II* filmte, Bühnenautor Peter Turrini (*Alpensaga*), Milo Dor, Dr. Helmut Zilk, die Schauspieler Paola Loew, Klaus Löwitsch, Regisseur Gernot Friedel, Volkstheater-Chef Gustav Manker, *Terror*-Bestseller-Autor Prof. Friedrich Hacker, Ulrich Schulenburg, bei dessen Thomas Sessler Verlag die dramatischen Rechte aller Qualtinger-Stücke liegen, Prof. Wolfgang Hutter und neben Vera Borek, der Lebensgefährtin Qualtingers, auch seine Frau Leomare.

Auch zum 50. gab's fantasievolle Geschenke. Sie reichten von einem sitzenden Kaiser Franz Joseph in Gips bis zu Erich Sokols Original-Cover der Anton-Kuh-Platte, die Quasi aufgenommen hatte. Zwei Jahre vorher hatte ihm sein Sohn Christian, damals 14, eine deftige Zeichnung geschenkt: »Das ist der schiache Papa«, gleichzeitig verteilte er vor den Lesungen des Seniors Flugblätter – heute würde man Flyer sagen – um Geld für ein Procol-Harum-Konzert zu verdienen.

Sinn fürs Makabre hatte Qualtinger immer schon, und so strahlte er übers ganze bärtige Gesicht, als ihm sein alter Freund, Pianist Prof. Hans Kann zum 57. das sinnigste Geschenk der langen Nacht in Béla Korénys Broadway-Bar machte: zwei Todesurteile. Fein säuberlich ausgedruckt, wie's zu Kaisers Zeiten amtlich geschah. Dazu noch ein Theaterprogramm anno 1842: »Vom Ringtheater – ehe es gebrannt hat«, feixte Kann. Konterte Quasi trocken: »Nauna, von nachher …«

Jedenfalls genoss Qualtinger seine Party – mit Gratulanten von Pavel Kohout (*August, August, August*) bis Lyriker Erich Fried – immens: »Das letzte Mal hab ich meinen Geburtstag mit dem Fritz Kortner gefeiert – als er noch gelebt hat, nauna …«

Auch Weihnachten à la Qualtinger war eine spezielle Angelegenheit. Der Wiener im Hamburger Schauspiel-Exil war zu den Feiertagen heimgekehrt, um Sohn Christian und seine Eltern am Heiligen Abend zu sehen. 14 Stunden Bahnfahrt mit Freundin Vera Borek, die Theatervorstellung hatte, weil die Flüge über Frankfurt wetterbedingt unsicher waren.

Dazwischen lag auch ein Christtags-Diner, das Demel-Chef Serge Kirchhofer, recte Udo Proksch, für seinen alten Freund Quasi und ein paar Kumpane gab. Mit Consommé mit Sherry, getrüffelter Gänseleber-Pastete – Qualtinger: »Wo bleibt die Sauce Cumberland? Ohne Cumberland keine Gänseleber« –, überbackenem Huhn mit Bries und Nudeln, Schinkenfleckerln, Nougateis mit Früchten. Dazu trank man Demel-Sekt.

Stolz präsentierte Helmut Qualtinger sein liebstes Weihnachtsgeschenk, das ihm seine Mutter gemacht hatte: ein braunvergilbtes Foto, das ihn als lockigen Blondschopf zeigt. Mit einer Widmung vom 12. November 1931: »Viel Glück wünscht Dir (mit Gott) Dein unbekannter Onkel Joachim Ringelnatz.«

»Mein Onkel Fritz war ein Freund des Portiers in dem Wiener Hotel, in dem Ringelnatz damals wohnte. Dadurch konnte er Ringelnatz das Foto zeigen, und Ringelnatz schrieb diese Widmung drauf. Das Tolle an dem Foto: Meine Großmutter fand es im Oktober 1944 nach der Ausbombung unserer Wohnung im Bombenschutt auf der Straße. Wir sind übrigens pausenlos ausgebombt worden. Ich kann gar nicht sagen, wie oft ich zum Schluss nur noch in drei Wänden gewohnt habe.«

Im »Kaiserzimmer« k. u. k. Hofzuckerbäcker, wo an nackten Betonwänden die Bilder von Franz Joseph I. prangen, sang Qualtinger die letzte Strophe von »Gott erhalte unseren Kaiser«: »Das ist die, von der heute kaum jemand außer mir den Text kennt. Eine Strophe auf die Kaiserin.«

Kernige Sätze garnierten den Nachmittag des Christtages. Eine Proklamation zu Stalingrad. Gezeichnet: der Führer im Bunker. »Es wurde immer nach den Kämpfen in Stalingrad gespielt: ›Wir bitten zum Tanz‹ mit Paul Hörbiger und Hans Moser«, tönt Majorssohn Qualtinger. »Himmlers Frau war Krankenschwester im Ersten Weltkrieg und hat sich mit der SS sehr schwer getan. Zitat: Erna Hanfstaengl, einzige Geliebte des Führers. Alle Schweizer stammen von der Firma Lindt ab, und Lernet-Holenia ist der einzige Habsburger-Nachkomme, der noch die Hofburg belebt …«

Er lässt die »Rrrrs« rollen wie der Führer, schwadroniert und spielt voll unerschöpflicher Fantasie, lässt Jackie Onassis, den Professor Hacker und Goebbels – »Er hat seine Kinder nur umgebracht, damit Schokolade von Bensdorp verkauft wird« – nicht aus.

»Ab heute wird zurückgeschossen«, rollt Qualtinger wie Hitler, als er die Süßigkeitengruft des Kaisers verlässt. Wie gesagt, mit ihm ist Weihnacht eine spezielle Sache.

»Er redete wie ein Irrlicht zwischen drei Jahrzehnten und zwei Kontinenten hin und her springend, ohne vorwarnende Erläuterungen mit und ohne Klammern. Wer ihm folgen konnte, wurde mit einer ›Instant-Show‹ zum Tagesgeschehen reich belohnt«, urteilte Reinhard Tramontana über den späten Qualtinger, als »Larven und Lemuren« ihn schon im ständigen Suff sahen. »Er setzte geistige Regsamkeit voraus, stellte den Kontakt mit einer Frage her, um nicht nur diese im selben Atemzug zu beantworten, sondern auch noch jede, die sich aus der Antwort ergeben könnte, sodass er wie die Varianten-Analyse der russischen Schachschule unweigerlich mindestens ins Hundertste kam, ohne zu ermüden.«

Vera Borek, die Wiener Schauspielerin, die er in Hamburg kennen- und lieben gelernt hatte, blieb »die Ansprache meines

Lebens«. Seine Ehe mit der nicht minder gescheiten Leomare »Mädi« Seidler war da längst gescheitert. Sie waren zwar bis zur Scheidung insgesamt 30 Jahre verheiratet, aber die letzten zwölf Jahre davon lebte Qualtinger bereits mit Vera Borek zusammen.

Wie es zum Zerwürfnis, sprich: Auseinanderleben, kam, lassen zwei Gedichte erkennen, die Qualtinger eines Nachts in der Fledermaus aus der Tasche zog und vorlas. Danach Rätselraten ohne Ende, selbst eingeschworene Mundart-Poesie-Kenner waren perplex.

»Klingt ganz wie ein früher H. C. Artmann«, wunderte sich etwa André Heller, der selbst bitter-herbe Wiener Poesie verzapft, »aber ich kenne alles von Artmann. Es ist ganz bestimmt nicht von ihm.« Ich konnte den Literaten nur zustimmen, fand die Gedichte hinreißend und schön. Gewissermaßen schwarze Liebesgedichte von Qualtingers Frau Leomare, die da zum ersten Mal Gedichte geschrieben hat, aber immer literarisch orientiert, als Kinderbuch-Autorin Auszeichnungen einheimste. Ich war in frühen Anfangstagen gemeinsam mit Leomare Seidler, dem späteren Kulturkritiker Kurt Kahl und dem Arbeiterdichter Viktor Mihel bei der *Arbeiter Zeitung* unter dem legendären Chefredakteur Oscar Pollak in einer »Reporter-Brigade«. Auch deshalb habe ich Leomares Poesie den *Adabei*-Lesern nicht vorenthalten:

In an Monat,
in aner Wochn,
vielleicht scho muagn
oder heut in da Nacht,
wann i beim Fensta steh
und ausse stia,
wäu mi nix mehr freut
scho die längste Zeit nix mehr freut:
ka Trinken,
ka Essen,
kane Haberer,

ka Zhausbleibn,
ka Furtgehn,
's ganze Leben …

In an Monat,
in aner Wochn,
vielleicht scho muagn
oda heut in da Nacht,
steh i nimma beim Fensta
und stia ausse.
Wos is denn g'schegn mit uns?
des waß kaner.
Es geht hoit nimma
mit dir und mir.
Du steckst in mir
wie da Zahn links oben in mein Gebiss,
der mir weh tuat.
Du steckst in mir
wia a Blinddarmentzündung,
du bist alle meine Krankheiten.
Und du sagst: Das ist Liebe!
Geh, schleich di!

In an Monat,
in aner Wochn,
vielleicht scho muagn
oda heut in da Nacht,
freut mi's Leben wieder.
Oba bevua i di aunlahn,
geh, kumm no amoi zu mir!

Und wie reagierte Qualtinger auf die schwarzen Gedichte seiner
Frau? Er nahm sie in das Repertoire seiner Lesung *Sie werden
schon sehen* auf.

Dafür musste dann »Quasi« Qualtinger von dem, was er mit spitzer Feder geschrieben hatte, kräftig Federn lassen, um endlich als geschieden zu gelten. Im Feinschmeckertreff Zauberlehrling feierte er seine Scheidung, die sich jahrelang hinzog – zuletzt nur noch ein Gerangel ums liebe Geld. So musste man auch »Quasis« Lebensgefährtin Vera verstehen, die da seufzte: »Es ging nur noch darum, das Ganze einmal abzuschließen. Auch wenn Helmut nichts blieb.«

Qualtinger zahlte an seine Exfrau Leomare, die inzwischen als Briefkasten-Tante gute Ratschläge erteilte, monatlichen Unterhalt. Die Eigentumswohnung seiner Mutter ging bei der Scheidung ebenso an die Exfrau wie Tantiemen für Stücke und Platten.

Die Ehe war längst in der Krise, als Qualtinger von Boy Gobert nach Hamburg geholt wurde und dort als Dorfrichter Adam im *Zerbrochnen Krug* Triumphe feierte. Damals lernte er Vera Borek kennen, die nach Rückkehr nach Wien in *König Lear* während der Festwochen in *Lulu* spielte. »Irgendwann werden wir kurz und schmerzlos heiraten. Wir sind schon sehr glücklich, dass der Druck weg ist. Jetzt müss ma halt warten, wie lang's mit den Papierln dauert.«

Für diese Scheidung nahm Qualtinger sogar in Kauf, dass er selbst für seinen berühmten *Herrn Karl* keinen Groschen mehr sieht. Die Tantiemen für den *Herrn Karl* kassierte ab da seine Exfrau Leomare.

Quasi das Opfer seiner eigenen »G'spassettln« wurde »Quasi« – sonst berühmt dafür, dass er seine Mitbürger pflanzte – weil er meinte, selbst gepflanzt zu werden. Fast hätte er so ein Hollywood-Angebot verpasst. Dazu muss ich eine kleine Story vorausschicken: Morgens um halb drei Uhr früh ging das Telefon bei mir. Ich rappelte mich schlaftrunken aus den Federn und bellte in den Hörer. »Hello, this is the Rosenbloom-Corporation, New York, speaking«, meldete sich eine Stimme mit unverkennbarem

New Yorker Akzent, »we have been told, that you know all the VIPs in town …« So ging's weiter. In tadellosem Englisch erzählte mir die Stimme, dass Schauspieler für einen amerikanischen Film in Wien engagiert werden sollten und fragte, wen ich da vorschlagen würde.

Nach 20 Minuten erst kam ich drauf, es war mein Freund »Quasi«, der mich da mit einem seiner »practical jokes« pflanzte. »Rosenbloom Corporation New York« wurde inzwischen zu einem geflügelten Wort zwischen uns beiden. Gab's wo einen Pflanz, dann fiel das Stichwort »Rosenbloom Corporation« und die Unterhaltung ging mit New Yorker Akzent weiter.

Das als Vorgeschichte.

An einem Wochenende läutete also bei Qualtinger das Telefon: »This is Hollywood Producer Anatole de Grunwald speaking«, sagte eine unbekannte Stimme in akzentfreiem Englisch, »we are shooting a picture for MGM in Vienna and would love to offer you a part, Mr. Qualtinger …«

Ein telefonisches Filmangebot für einen Hollywood-Dreh in Wien, das schien »Quasi« höchst verdächtig. In seinem Hirn klingelte das Wort »Rosenbloom Corporation« Alarm. »Ist gut, Mr. de Grunwald«, sagte er, »grüßen Sie mir alle bei MGM und sonst in Hollywood.« Sprach's und hängte ein.

Worauf Minuten später der sagenhafte Mr. Grunwald erneut am Apparat war. Das sei ein echtes Hollywood-Angebot, meinte er. Doch Qualtinger dachte noch immer, man wolle ihn foppen. Er hing wieder ein. Erst als ein Telegramm, er solle MGM-Hollywood-Produzent de Grunwald umgehend im Bristol anrufen, kam, sah er die Sache doch ein wenig anders. Da Qualtinger noch immer Misstrauen in der Brust hegte, bestellte er den Hollywood-Produzenten schlicht und einfach in die American Bar: »Kommen Sie um sieben, ich sitze da mit Freunden.«

Punkt sieben näherte sich ein eleganter Herr der Bar: »Mr. Qualtinger, I am Anatole de Grunwald …« und drückte »Quasi« das Drehbuch für *Champaign Flight* in die Hand. Da war er endlich überzeugt. Die angebotene Rolle hat er trotzdem nicht gespielt.

Zu den »practical jokes« zählte auch ein Foto. Es wurde zum faulen Osterei für »Quasi«. Dabei war doch alles Rot in Rot gefärbt. Aber weil die einen Roten das andere Rot derzeit nicht mochten, platzte für Qualtinger eine Reise nach Moskau.

Die Einladung war im Sog des Wien-Besuches dreier Sowjet-Dramatiker fällig geworden. Die sowjetischen Autoren Afanasij Salynskij, Lew E. Ustinow und Alexei Nikolajewitsch Arbusow, deren Stücke am häufigsten auf Sowjet-Bühnen gespielt wurden, waren vom Thomas Sessler Verlag nach Wien eingeladen worden.

»Schließlich hat sich die Sowjetunion endlich der internationalen Urheberrechts-Konvention angeschlossen«, erklärt Verlagschef Ulrich Schulenburg. »Wir lassen bereits die Stücke der drei Sowjet-Autoren übersetzen. Ustinows *Stadt ohne Liebe* lief bereits am Theater der Jugend. Jetzt haben auch österreichische Autoren die Chance, sowjetrussische Tantiemen zu beziehen.«

Die Sowjetautoren kamen nicht nur deshalb. Nach einem privaten Abendessen bei Peter Turrini eilten sie vorzeitig weg – direkt ins erotische Theater in der Casanova. Um sich die nackten Freiheiten des Westens zu Gemüte zu führen.

»Tags darauf haben wir einen Gegenbesuch unserer Autoren in Moskau erörtert«, verrät Schulenburg. »Turrini akzeptierten sie sofort, auch H. C. Artmann, der gerade von Lesungen in Budapest zurückkam. Als dritten im Bunde schlug ich Helmut Qualtinger vor. Weil er als Autor eigenwillig, als Wien-Satiriker unschlagbar und politisch absolut integer ist. Allerdings wussten die Sowjetdramatiker mit dem Namen nicht viel anzufangen. In der Sowjetunion wären wohl *Mein Kampf*-Lesungen von Qualtinger undenkbar.«

Schulenburg dachte, dass die Sowjetgäste wenn schon nicht den Autor, so doch den Schauspieler Qualtinger kennen würden. Er bat seine Sekretärin Christa Binder, doch schnell ein Qualtinger-Foto zu bringen. »Ich sah das Bild gar nicht erst an, sondern reichte es gleich weiter«, schilderte Schulenburg, »wir bereiten nämlich gerade eine neue Qualtinger-LP vor, und da lagen einige Fotos für die Plattenhülle parat.«

Die Sowjets starrten auf das Foto, dann erklärte ihr Sprecher mit eisiger Schärfe: »Qualtinger nicht gut für Moskau. Ist Mao-Freund – nicht unser Freund.«

Das Foto zeigt »Quasi« inmitten einer Gruppe von Rotchinesen im Gespräch mit dem Großen Vorsitzenden. Im Hintergrund seine lachende Freundin Vera Borek. Das Foto war eine Montage, die sich Qualtinger als »practical joke in eigener Sache« machen ließ. Zwar durfte er deshalb nicht nach Moskau, aber dafür zierte er im Verein mit Mao die neue LP.

Dass der Große Vorsitzende Chinese ist, war eindeutig. Nicht so eindeutig war die fernöstliche Situation für Qualtinger, als sein *Herr Karl* in japanischer Sprache erschien. »Ich kann keine Zeile davon lesen – ausgenommen die deutschen Einfügungen«, raunzte der Travnicek, dessen Aussage immer schon lautete: »Bei mir is jeder Japaner a Chines! Oder de Chinesa san Japaner?«

»Da werden dann so schöne Worte wie Spießbürgertum, Gemütlichkeit und Überschwemmungsgebiet mitten zwischen japanischen Schriftzeichen deutsch ausgedruckt.«

Das Buch enthält biografische Angaben über Qualtinger und stellt die literarischen Bezüge – sinnigerweise gerade zu Ödön von Horváths *Geschichten aus dem Wiener Wald*, an dessen Verfilmung Qualtinger mit Maximilian Schell gerade arbeitete – her. *Der Herr Karl* ist zur Gänze übersetzt und nachgedruckt. In einem Anhang werden die Feinheiten des Wiener Dialekts übersetzt und erläutert.

»Wobei ich mir gar nicht vorstellen kann, wie die die Sprache des *Herrn Karl* japanisch hinkriegen – es sei denn, es gibt einen analogen japanischen Dialekt«, wunderte sich selbst Qualtinger. Im »Wiener Dialekt«-Anhang werden dann auch so vertraute

Heimatklänge wie »ganga«, »Mäul«, »bledes« und »i« zuerst auch noch ins Hochdeutsche übertragen, aber auch ganze Passagen wie »dann bin i umme zu de Nazi …« oder »wann aner si aufgregt hat, den hab i nur angschaut – glei war er still. Des hab i vom Führer glernt. I hab kane blauen Augen, aba des kann i aa.«

Vier Chinesen, vielleicht aber auch Japaner, waren auch dabei, als die Begegnung mit einer US-Größe etwas turbulenter verlief. Auch wenn Qualtinger nachher abschwächte: »Mir ham halt a bissl herumberscht …«

Diese Art von Berscherei, oder was er darunter versteht, kannte ich seit meinem ersten »Wiesen-Biwak«, einer Party für vielleicht 40, 50 Promis, die ich auf meinen noch unverbauten Grinzinger Bauhang eingeladen hatte. Da tummelte sich tout Vienne – von Hugo Portisch und Maria Perschy über Julia Miguenes und Erich Sokol bis zu Helmut Qualtinger und Box-Europameister Hans Orsolics.

Auf zwei langen Tischen – Brettern auf Baublöcken – gab es zu essen, Fleischlaberln und Schweinernes, und jede Menge zu trinken, Doppler mit Weiß- und Rotwein, dazu auch harte Schnäpse. So konnte es wohl nicht ausbleiben, dass gegen zwei Uhr früh eine Wildwest-Stimmung – »Wer zieht schneller, schießt zuerst?« – aufkam. Kulminierte jedenfalls in der Frage: »Wer schlägt härter?« von Europaboxer Orsolics, gestellt an Helmut Qualtinger. Dazu ging Orsolics gleich in Boxer-Stellung, die Fäuste, wenn auch ohne Handschuhe, vor dem Gesicht. Was dann geschah, verblüffte nicht nur Orsolics, sondern auch das restliche Umfeld. Denn 120 Kilo-Mann Qualtinger, ein quicker Dicker, pfiff auf die boxerische Kampfpose, bückte sich blitzschnell und riss dem Europameister die Beine weg und setzte sich rittlings auf ihn … 8, 9, 10 – Aus!

Nach diesem Schema lief auch die »kleine Berscherei« mit US-Bestseller-Autor Gore Vidal, Autor von *Besuch von einem kleinen Planeten*, Intimus von Jackie Kennedy, und von der New

Yorker Kritik als pointierter Gesellschafts-Satiriker gerühmt. Er hatte mit Qualtinger eine Wiener Lokalrunde gedreht, die im Imperial mit viel Wein, noch mehr Champagner und vier Chinesen, die vielleicht auch Japaner gewesen sein können, begann. »Ich hab den Vidal von einer Talkshow in New York gekannt, wo eahm der Norman Mailer ane gschmiert hat. Ich glaub, der bettelt drum. Und da war'n auf amol no de Chinesen – oder Japaner. De ham glaubt, i bin da Orson Welles und ham g'hetzt, wer von uns zwei der Stärkere sei. Dazu ham die auf uns gwettet wia auf zwa Frösch …«

Man zog weiter, und in der Rotenturmstraße kam es zum Showdown: »Der Vidal ist in der dritten Generation polnisch oder a Ungar. Aber er hat wahrscheinlich den Wein im Winzerhaus net vertragn.« Sohn Christian, damals knapp neun, rief zur Rettung Ulli Schulenburg an, weil der Wirt wegen der Rechnung für sieben zeterte, Gore Vidal von der Rettung weggebracht wurde, die Asiaten sich verdrückten und Quasi keinen Heller in der Tasche hatte. Schulenburg kaufte ihn mit 2000 Schilling frei.

Was war passiert: Vidal hatte Qualtinger in den Bauch getreten, darauf hob der den Ami auf, warf ihn zu Boden und setzte sich mit seinen damals 123 Kilogramm auf ihn, bis der blau anlief.

Begegnungen der merkwürdigen Art hatte Quasi allerdings des Öfteren. So auch in Berlin, als er für das Fernsehen *Die dritte Walpurgisnacht* drehte: »Ich bin mit meinen Wiener Freunden, dem Michi Würthle, Ossi Wiener und dem Nohal – die haben das klasseste Lokal von Berlin, die Paris Bar – herumgezogen und wollte auch unbedingt zum Checkpoint Charlie. Worauf der sagt: ›Die drahn di ei im Osten!‹ Des hab i ma anschaun wolln.«

Morgens um drei kam Qualtinger zum Checkpoint Charlie und marschierte zur Ost-Berliner Kontrolle. Zuerst zeigte er seinen Pass, dann fragte er die Grenzer: »Wissen Sie überhaupt, was

Austro-Marxismus is? Wer ein Austerlitz, ein Breitner, ein Julius Tandler waren?«

Quasi: »Des waren lauter Sachsen, die sich überhaupt net auskennt ham. Zerst ham s' an Feldwebel g'ruafn, dann an Leutnant. Nachn Hauptmann is a Oberst kumma. Der war a Berliner. Der hat gsagt: ›So, nu trink wa noch een und dann jehn Se wieda zurück!‹ Bitte, i hab eahm angeboten, er soll mi umebegleiten, aber er hat net wolln …«

Mit den nächtlichen Eskapaden ihres späteren Mannes hatte auch Vera Borek zu leben. Die saubere Kleinigkeit von 30 000 Schilling ließ sich Helmut Qualtinger als Wiener All-round-Genie einen vergnügten Morgen in der Animier-Werkstätte Cabaret Renz kosten. Zwar war er mit Vera nach Mitternacht in der Strip-Hochburg aufgekreuzt, aber Vera rückte vorzeitig ab. Mit einem Packen Geld – Qualtingers Gage für einen Film, den er gerade in Norwegen abgedreht hatte. Seine Rolle: Adolf Hitler.

Ein bisschen Taschengeld hatte sich der Mime allerdings noch behalten. Und so verpflanzte der Ober, der ausgerechnet »Herr Karrl« hieß, dem »Herrn Karl der Nation« gleich fünf der Renz-Girls an den Tisch. Für die kaffeebraune Ivy aus dem Kongo spendierte »Quasi« Champagner, die übrigen vier nippten emsig, weil an den Prozenten mitnaschend, Whisky-Cola. Pro Glas – 230 Schilling.

»Quasi«, der selbst nur Bier und zwischendurch Fernet mit Soda trank, stand's bis halb zehn Uhr vormittags durch. Dann hatte er kein Kleingeld mehr.

Dass Renz-Chef Kratochwil Gast Qualtinger bis auf 2500 Schilling die einvernahmte Kohle zurückblechte, war wohl einmalig und lag an den heftigen Interventionen von Luigi Heinrich, meinem Journalisten-Freund, und ein bisschen auch an mir. Renz-Kratochwil wusste, was er an unseren Storys hatte.

Ums liebe Geld ging's auch bei *Geschichten aus dem Wiener Wald*. Ganz einigen konnten sich die Herren nicht, ob der giftgrüne Schnapparm von »Draculas Bank« oder das schaurigschöne Totengerippe, das genüsslich das Geld einkassierte, effektvoller sei. Ansonsten waren Oscar-Preisträger Maximilian Schell und Helmut Qualtinger, die gemeinsam auf Ödön von Horváths Spuren gemeinsam mit Filmproduktionsleiter Boris Otto Dworak durch enge Wiener Gassen zogen, ein Herz und eine Seele.

»Wir haben ja gemeinsam *Das Schloss* von Kafka verfilmt, Helmut drehte mit mir *End of the game*, nach Dürrenmatts *Der Richter und sein Henker*, übrigens der deutsche Titel, unter dem der Film bei uns läuft«, erzählte mir Schell beim Feinschmeckertreff Wegenstein, wo er Jungschweinsbraten und Qualtinger Schnepfen wählte. »Helmut hat außerdem den Zauberkönig am Volkstheater gespielt. Mit ihm wird Horváth unerschöpflich.«

Als Qualtinger für den Dürrenmatt-Film zur Synchronisation nach Wien kam, vergnügte ihn besonders: »Ich spreche meine Rolle in Schwyzerdütsch. Wir haben natürlich mit Jacqueline Bisset, ›Midnight Cowboy‹ John Voigt und der großen alten UFA-Dame Lil Dagover auf Englisch gedreht. Dürrenmatt selbst spielte einen sadistischen Intellektuellen, und der Einzige, der nicht synchronisiert werden muss, ist Donald Sutherland – der spielt einen Stummen.«

Während er in Wien synchronisierte, scharrte »Quasi« schon in den Startlöchern seines nächsten Films *Grandison* – international besetzt mit Jean-Pierre Cassel, Jean Rochefort, gerade erst mit dem französischen César ausgezeichnet, Edward Meeks aus der *Seewolf*-Serie und der schönen Französin Marlène Jobert.

Wiener Walzer hat er nie gelernt, aber in *Grandison* tanzt er ihn voller Schwung mit Marlène. »Vor dem Dreh hat mich die Jobert gefragt, ob ich Walzer tanzen könnt', sie hat ihn ebenso wenig wie ich gelernt.«

»Jetzt versteh ich, dass der Walzer einmal eine hocherotische Sache war«, schnaubte ein atemloser »Quasi« im Gutruf. »Man hält sich in den Armen – Körperkontakt. Die Drahrerei macht heiß, da dampft die Haut, und wennst stehnbleibst, bist schwindlig. Da werdn net nur Dienstmadln schwach.«

Sein international größter Filmerfolg war *Der Name der Rose* mit der Rolle des Kellermeisters Remigio da Varagine: »Spielt im 13. Jahnhundert, mit einer Bombenbesetzung. Als Pater musste ich mir leider eine Tonsur rasieren lassen. Aber i war ja als Dorfrichter Adam im *Zerbrochnen Krug* auch schon glatzert …«

Wann eahm des Reisebüro vermittelt hätt' … dann wäre Helmut Qualtinger nie nach Gambia in Afrika gekommen. Hätt' der Travnicek g'sagt. »Mit La Paloma auf den Lippen ist er sehr vergnügt weg«, bekräftigte tags darauf Vera Borek, die selbst nicht mitkonnte, weil sie im Schauspielhaus für *Othello* probte. »Für ihn ist's ein Abenteuer, ein richtiger Bubenstreich.«

»Quasi« in Afrika – das geht weit über den legendären »Herrn Travnicek« hinaus. Es begann schon damit, dass Qualtinger ohne Koffer oder sonstiges Reisegepäck auf dem Flughafen Schwechat aufkreuzte: »Was brauch i an Koffer? Wann ich in Wien ins Café geh, nimm i ja auch kan Koffer mit. In einem grauen Anzug kommt man durch die ganze Welt. A Badhosn? Des is a Irrtum, wann ma glaubt, dass man ohne Jackn weniger schwitzt.«

»Dass ich ohne Koffer g'fahrn bin, hat natürlich an Grund g'habt«, gestand Qualtinger ein. »Diese Reise war ein Entschluss von knapp zehn Minuten. Ich hab vorm Gutruf den Stöckl von der Montana troffen, und der hat zu mir g'sagt, also, wannst Lust hast, kannst glei mitfliagn im Cockpit. Und ich bin auch den ganzen Flug bei den Piloten gesessn. Des musste halt alles schnell, schnell gehn.«

Also heim zu Vera: »I flieg schnell nach Afrika, hol ma nur mei Zahnbürstl«, informierte er sie.

So watete denn der gewichtige Wiener zum großen Gaudium der schwarzen Kinder, die ihn auf Schritt und Tritt verfolgten, in Schuhen und Anzug durch die Fluten. Dafür erzählte Qualtinger seiner schwarzen Umwelt über Hemingway, Gribojedow – »dass den wenig kennen« – und Franz Kafka. Der schwarze Fremdenführer Moses über Quasi: »Der Mann ist sehr intelligent. Er muss auch sehr reich sein.« Ohrenzeuge war mein Münchner Kollege und Freund Thomas Veszelits: »Wohl fühlte sich Qualtinger wohl nur an der Bar. Da starrte er aufs Meer hinaus und sinnierte: ›Wie lang schwimmt man wohl nach Miami?‹«

Das unglaublichste Erlebnis war für »Quasi«, wie er mir erzählte, ein Barbesuch in Panjul, der Hauptstadt Gambias: »Das glaubst net, aber ich komm in die Bar, und wer sitzt dort? – der Maxi Böhm. Wie er mir dann erzählt hat, war er gerade auf einer Schiffsreise um Afrika. Ich bin jedenfalls auf ihn zu, steh hinter sein Rückn und sag den legendären Satz: ›Dr. Livingstone, I presume …?‹ Da hat's ihn fast vom Stockerl ghaut.«

Zu einem Foto mit Tropenhelm, das jemand knipsen wollte, kam es nie: »An Tropenhelm«, knurrte Qualtinger, »kann i a in Wien im Kaffeehaus aufsetzen.« Und er fügte auch gleich hinzu, weshalb er denn überhaupt nach Gambia – sechs Flugstunden von Wien – gekommen sei: »Gambia ist der richtige Ort, um nachzudenken, wie weit Sarajewo ist …«

Ob die Montana eine Gambia-Werbung bekommt, ist höchst fragwürdig. Qualtinger: »Wann ich erzähl, dass ich in Gambia war, glaubt ma des eh kana.«

»Und was, Travnicek, halten Sie von Gambias Zukunft als Ferienparadies?«

»Im Burgenland hat man mit'n Tourismus a alles ruiniert. Gambia ist etwas größer …«


Als der Herr Karl wurde er zur Legende, auf der Bühne umjubelten ihn Kritiker als Dorfrichter Adam im *Zerbrochnen Krug* und als Fleischhauer Oskar in *Geschichten aus dem Wiener Wald*. Mit seinem Film *Der Name der Rose* wurde er international gerühmt, dazu seine Filmarbeit mit Maximilian Schell, danach seine berühmten Lesungen von *Die letzten Tage der Menschheit* – »unbestritten die besten seit Karl Kraus«, so Friedrich Torberg –, und immer wieder als Adolf Hitler in *Mein Kampf*. In Deutschland füllte er mit seinen Lesungen Hallen mit bis zu 12 000 Menschen.

Er wäre kein echter Wiener gewesen, wäre sein Verhältnis zu Wien nicht höchst kritisch, distanziert, ätzend gewesen: »Ich hab Wien so dick, dass i net amal mehr die Toten lustig find«, ätzte er von Hamburg, seinem Schauspiel-Exil, aus. »Wien ist ein Almdudler-Land. Diese Stadt ist unerträglich tot. Das merken die Leute hier langsam selber. Vielleicht erholen sie sich noch einmal. Vielleicht komm ich auch selbst einmal zurück – wann i senil geworden bin.«

Und auf die Frage, wo er am liebsten leben möchte, wenn er gezwungen wäre, in Österreich zu bleiben: »Im Häfen. Ich hab vor einiger Zeit in der Strafanstalt Garsten gedreht, durt hat's mir sehr gut gefallen.«

# Peter Alexander
## *Der zuckerlsüße Wiener*

Ein bisserl piperln, a bissl paperln – Peter der Große feierte am 30. Juni 2007 mitten im Wienerwald bei einem versteckten Heurigen seinen 81. Geburtstag. Mit 80 roten Luftballons, die sich in der leichten Brise gen Himmel wiegten, und nur der 81., eine bunte Kugel mit der Aufschrift »Happy Birthday«, spielte das weltweit bekannte Geburtstagsständchen, sobald man ihn antippte.

Peter Alexander, geborener Neumayer, der Wiener Superstar, der mit seinen Fernsehshows 22 Millionen Seher anlockte, bei seinen Konzerttourneen – »die Knochenmühle meines Lebens« – Säle mit bis zu 20 000 füllte, kassierte zu seinem 81. im Jahr 2007 noch einmal kräftig Platin, Gold und Silber. So zwischen der saftigen Schweinsstelze vom Grill – »Für mich a schön's Stückerl mit an Krusperl drauf« – und dem Glaserl Roten vom berühmten Wachauer Winzer Jamek.

Als Gratulanten hatten sich seine besten Freunde, Musicalstar Viktor Gernot, Kabarettist, Bestseller-Autor und Simpl-Chef Michael Niavarani, Peters musikalischer Begleiter Robert Opratko und natürlich Tochter Susanne mit 81 Luftballons im Griff eingestellt. »Zum Glück«, seufzte Peter, nach dem obligaten Ballonfoto, »hab ich drei Kilogramm zugenommen. Sonst wär ich mit der Traube davongeschwebt.«

Nicht mit dem Gold und Platin, das ihm die Plattenbrüder als Geschenk mitbrachten. Seine Geburtstags-CD zum 80. und die DVDs mit Ausschnitten früherer Peter-Alexander-Shows hatten Rekordverkäufe erzielt. Nach 32 Jahren gab es für ihn wieder Platz 1 in den Charts. »Diese ganze Ehrung«, gab sich Peter zwischendurch ernst und besinnlich, »widme ich meiner Hilde. Für mich ist sie noch immer allgegenwärtig. Sie ist mir so nah, dass ich direkt fühle, wie sie mit mir spricht. Fast wie in dem Film *Ghost – Nachricht von Sam* mit Patrick Swayze … Auch Lotte Ingrisch hat mir ja erzählt, dass sie mit ihrem verstorbenen Mann, dem Opernkomponisten Gottfried von Einem, Kontakt habe …« Hilde, sein Lebensmensch, fehlte ihm. Und damit verstand man auch, dass er fast täglich zu ihrem Grab in Grinzing pilgerte. Ohne jede Depression, wie Peter versicherte.

Unter den Geschenken: Ein Korb von Weinen aus Znaim, den ihm der Sänger Martino Hammerle-Bortolotti mitgebracht hatte. »Znaim hab ich sehr gern g'habt, obwohl ich dort zur Schul 'gangen bin«, erinnerte sich Peter Alexander, »da haben wir einmal nach dem Chemieunterricht im Mädchentrakt das Klo mit Schwarzpulver in die Luft gejagt. Hoffentlich ist das heut schon verjährt.«

Und damit steckte er mitten im Schwadronieren, witzig, sarkastisch und speziell für mich, der ich als einziger Journalist zur Gratulationsrunde zählte. »Hab ich dir je erzählt, dass ich auf einem Löwen geritten bin?«

»Ein einziges Mal, denn sonst hat da meine Hilde wie ein Zerberus darüber gewacht, hat man mich reingelegt. Ausgerechnet mich, den alle Welt für einen Trauminet halt«, lachte Peter maliziös. »Das war der alte Kurt Ulrich, der Berliner Filmproduzent. Der drehte *Das haut hin*, ein Remake des alten Heinz-Rühmann-Films *Der Mann, von dem man spricht*. Geza von Cziffra hat Regie geführt, und da war eine Szene, für die ich in den Löwenkäfig sollte, auf einem Löwen reiten und dazu Gitarre spielen.«

»Ihr seid's verrückt, ich lass meinen Peter net auffressen. Für keine Gage der Welt«, legte sich Hilde Alexander quer.

Aber Kurt Ulrich beruhigte sie: Wird heute mit tollen Trickaufnahmen gemacht. Glas dazwischen, schon unterwegs, uffn Kahn.«

»Aber«, feixte Peter, »das Schiff kam nie an. ›Jesunken‹, sagt der Uli. Wahrscheinlich hat's es das nie gegeben. Also fahr'n wir zum Circus Barlay nach Ostberlin, der Dompteur Tonga – total besoffen. Und ich im Löwenkäfig, lass mich beschnuppern. Was soll ich sagen, ich bin wirklich auf dem Löwen geritten. Draußen vor dem Gitter schrie die Grethe Weiser immer: ›Der Mann wird jefressen! Der Mann wird jefressen!‹ Vier Mal hat der Löwe, der gar nicht wollte, dass ich auf ihm reite, die Gitarre zertrümmert. Zwei englische Gentlemen von Lloyd's, wo ich versichert war, gafften, bis es vorbei war und ich aus dem Käfig.

›Na, Jott sei Dank‹ – hat der Uli geseufzt – ›den Löwen ham se nämlich billig jekooft, die Ostdeutschen. Der hat schon mal seine Dompteuse aufjefressen …‹«

Nicht ganz so heldenhaft ist das Bild, das Wolfgang Rademann, der die Peter-Alexander-Shows und die Tourneen betreute, von seinem Star zeichnete. Wolfgang und ich kannten einander aus Ostberliner Tagen. Wir werkten zur gleichen Zeit im Berliner Verlag, gingen dann ohne gemeinsamen Kontakt in den Westen und trafen erst wieder im Sog von Peter Alexander zusammen.

Den Start seiner 64-Konzerte-Tournee 1981 feierte Peter Alexander beim Heurigen Mayer am Pfarrplatz mit Entenhaxln mit Rotkraut und Kümmelbraten noch ganz locker, spielte seine Histörchen aus und parodierte sich selbst. »Det kan keener bezahlen, Mensch«, japste der Berliner Rademann, »so hab ich Peter seit Jahren nich erlebt. Denn man glaubt ja gar nich, was der Mann leidet, ehe er auftritt – Lampenfieber von vier bis sechs. Dann wird er unansprechbar. Bis er auf der Bühne steht. Da explodiert er bis 23 Uhr. Dann schreibt er eine Stunde Autogramme, und gegen Mitternacht isst er zum ersten Mal am Tag.«

Als er nach sechs Jahren wieder in der Wiener Stadthalle auftrat und *Das kleine Beisl* anstimmte, flammten in der Halle mit ihren 11000 Menschen Feuerzeuge und Streichhölzer auf. »So ein Feuerwerk hab ich noch nie erlebt. Mir sind die Tränen gekommen«, gestand mir Superstar Peter Alexander nachher,

»ich hab mich g'fühlt wie der verlorene Sohn, der z'Haus g'funden hat. Die Leut' war'n wie narrisch vor lauter Freud. Es hat mich emotionell umg'haut.«

Mehr als 20 riesige Blumensträuße blockierten seine Luxus-Suite im Ringstraßen-Plaza, von der Peter glaubte: »Das muss wohl die Pavarotti-Suite sein. Die Türen sind alle so breit, dass der Luciano überall durchkommt.«

Nach seinem ersten triumphalen Konzert – Alexander: »Was hab ich für Knieschlottern g'habt« – landete Peter samt »Schnurrdiburr« Hilde, den Kindern und Paulchen Kuhn, seinem Berliner Orchesterchef, – wie könnte es auch anders sein – im kleinen Beisl, beim Herkner: »Gemütlich, so in Wien zu sein …«

Dickes Lob kam auch aus dem Ausland. Genau 2516 Frauen wurden vom Münchner Institut für rationelle Psychologie elektronisch abgehorcht und ausgelotet. Man heftete den Damen kleine Elektroden an alle möglichen Körperstellen. Und was kam dabei heraus: Peter Alexander. Der Wiener als Herzensbrecher Nr. 1 bei den deutschen Damen zwischen 35 und 60.

»Wirklich, es ist zum Haareraufen. Bitte sehr, dass man mich da zum zärtlichen Traum der Damen stempelt, kann ich ja noch verkraften – nur meine Hilde hört's weniger gern –, aber dass da, wieder einmal, ein alter Hut aufgewärmt wurde, darf schon gar nimmer wahr sein.«

TV-Star Peter Alexander, zu Besuch bei der Mama in Wien, knirschte jedenfalls, als er im Zusammenhang mit seiner Beliebtheit als »Toupet tragender Schlagersänger« abgewertet wurde. »Irgendwann hat das einer aufgebracht, und seither werd' ich's nimmer los«, schnaubte mein alter Freund Peter, dem *Adabei* als Intimus, der nach Konzerten und Drehszenen bei ihm in der Garderobe hockte, den eigenen Schopf – ohne fremde Haarsträhne – attestieren konnte.

Weiß der Kuckuck, woher's kam, aber jahrelang geisterte der »Alexander mit seinem Toupet« – das es gar nicht gab – durch die Gazetten. Dabei stellte sich Peter sämtlichen Haartests: »Aus

London wurde ein Weltmeister-Figaro eingeflogen, der vor laufender TV-Kamera mein Haar frisierte, an den Strähnen zog und attestierte: ›No, no Toupet!‹ Aber natürlich geh ich vor eine Kamera nicht mit meiner Anglerfrisur, sondern halt frisch gewaschen und geföhnt. Auch der Herr Mayerhofer, der beste Maskenbildner und Haarteilspezialist beim Fernsehen, hat bestätigt, dass das Gerede vom Toupet ein Quatsch ist – doch auch das hilft nix. I muss immer Haare lassen.«

Allerdings trug »Peter der Große« bei seiner nächsten *Wir gratulieren*-Show wieder Perücken: »Perücken, aber keineswegs ein Toupet«, winkte er ab. »Ich trage rote, schwarze, blonde Damenperücken, weil ich – unter anderem – die Andrew Sisters parodiere. Aber dazu trag ich ja auch Damenkleider – die mir sonst keiner nachsagt.«

»Ich bin schon ganz teppert word'n bei meiner letzten Show«, resümierte Peter nach Dreharbeiten mit Ludwig Hirsch, Falco, STS, Michael Heltau, Udo Jürgens, André Heller, Maria Bill, Marianne Mendt und Wolfgang Ambros. »Innerhalb von drei Tagen haben wir elf Verwandlungen gedreht. Ich wurde permanent umgeschminkt, von Teenager auf alten Herrn, vom jungen Rocker auf alte Dame, und dazwischen war i Mandl und Weibl bunt gemischt – und das alles für knapp sieben Minuten, in denen ich ein Super-Medley meiner neuesten LP von *Mein Herz, das ist ein Bilderbuch vom alten Wien* bis zu *Sag beim Abschied leise Servus* singe.«

Nur mit dem Z klappte es nicht ganz. Aber sonst strahlte ORF-Unterhaltungschef Harry Windisch wie ein Malzzuckerl. Genüsslich lutschte er an seiner Lieblingsidee: »Einmal wollte ich die gesamte österreichische Pop-Elite von A bis Z für eine Show zusammentrommeln. Von Alexander bis Zawinul …«

Nur Jazz-Tycoon Zawinul fiel wegen Plattenaufnahmen aus. Was besonders das große A – Peter Alexander – bedauerte: »Wir haben den Joe zuletzt in Tokio getroffen. Und das auch nur, weil da plötzlich einer Wienerisch gesprochen hat. Das war nicht zu überhören.«

Falco, der »Junge Römer«, kündigte Peter Alexander singend an, schmetterte in der Manier »Peter des Großen«: »Hier ist ein Mensch …« Knurrte im Hintergrund Rainhard Fendrich: »Vor an Jahr hätt' der Falco des no net g'sungen.«

Doch der Peter strahlte: »Das ist eine Überraschung, Falco …«

Fendrich giftig: »Aber eine, für die er drei Tage geprobt hat.«

Neben acht Nr.-1-Hits in den Charts – von *Leila* bis *Hier ist ein Mensch* – trugen 17 TV-Shows seinen Namen, in 15 weiteren Shows war Peter der Stargast. Er arbeitete rund um die Uhr, füllte mit seinen Tourneen die Stadthallen und Konzertsäle. Und dann kroch er zur Erholung auf den Knien herum und – spielte mit der Eisenbahn. Dafür ließ er sogar sein Angelzeug liegen. Vier Stunden lang rutschte Peter auf dem Boden herum, als »Stimmen der Welt«-Manager Joachim Lieben ihn zum Eisenbahnspielen einlud. 180 Meter Schienenstrang hatten Joachim und sein Bruder Dr. Wolfgang Lieben in dem alten Biedermeier-Gutshof am Stadtrand von Wien zu einem zweigleisigen System mit drei Bahnhöfen verlegt – und nun schaltete und waltete ein Eisenbahner namens Alexander vor seinem staunenden Filius Michael, ganze zwölf.

Allerdings kniete er da vor einer Prachtanlage auf Schienen. »Unsere Sammlung darf zu den fünf größten Europas gerechnet werden«, versicherte Joachim Lieben, der Stars von Charles Aznavour über Gilbert Becaud bis Liza Minnelli nach Wien holte. »Ich habe mit fünf Jahren zu sammeln begonnen – meine erste Eisenbahn habe ich heute noch.«

Seine Sammlung wuchs auf über 400 Loks und 3000 Waggons an. Lieben: »Wir haben für Peter Alexander davon etwa ein Achtel eingesetzt. Was wir ihm da hingestellt haben, hat für echte Eisenbahnsammler einen Wert von rund einer Million Schilling.«

Zu den Prachtstückerln zählte, sofern man ein Eisenbahnnarr ist, ein »Märklin-Krokodil«, eine sechsachsige Lok mit drei Gelenken – so wie Schweizer Gebirgs-Loks sie hatten. Ganze 61 Zentimeter lang. Rund 7000 D-Mark war allein der »Adlerzug 1935« wert, der zum 100-jährigen Jubiläum der deutschen Eisenbahnen in Spielzeugversion originalgetreu herausgebracht wurde.

Eine Sammlerrarität war auch der Salonzug Paris–Orleans, mit handgemalten Speise-, Schlafwagen- und Pullmanwaggons, den Märklin anno 1925 als Sonderanfertigung herausbrachte. Und von der »2-C-2-Hudson«-Lok aus dem Jahr 1935, mit der Peter spielte, gab's in ganz Europa überhaupt nur zehn Stück, denn Märklin produzierte diese Lok nur für Amerika.

Einmal war der Eisenbahner Alexander – »Ich habe ja selbst in Lugano meine alte HO-Anlage, aber mit dieser Sammlung kann ich nicht mithalten« – nicht aufmerksam genug. Da kam's zum Frontalzusammenstoß von zwei »Re 4/4«-Loks, die prompt entgleisten. »Na, Gott sei Dank«, seufzte da Spielknabe Peter erleichtert, »keine Waggons dran, sonst hätt' ma a furchtbare Katastrophe mit Opfern g'habt.«

Die wahre Leidenschaft aber war für Peter Alexander das Angeln. Nicht nur die Forellen vor der Haustür in Lugano oder am Wörthersee. Er träumte von Blue and Striped Marlin, Goldmakrelen und Hammerhaien. Also schön, Lachsfischen in den Wildgewässern Kanadas tat's auch. Sein idealer Partner, der ihn erst recht auf den Geschmack brachte, war Rennfahrer Dieter Quester, mit dem er den besten Sportfischer-Club in Kenia, 20 Kilometer zur Grenze von Tanzania, entdeckte. Eine Art Safari-Quartier für Angler an den Gestaden des Indischen Ozeans.

»Das sind offene Hütten, die nur mit Moskitonetzen geschützt, aber sonst recht primitiv sind«, schilderte Sportfischer Alexander beim Familientreffen im Argentina, seinem Lieblingsrestaurant, nach der Heimkehr aus Afrika. »Ich hab mit dem Dieter einen kongenialen Partner, der meine Leidenschaft fürs Angeln teilt, gefunden. Und jetzt bin ich richtig Afrika-teppert.«

Er war braungebrannt und hatte drei Kilo abgenommen. »Wir führen ein absolut spartanisches Leben. Um fünf aus dem Schlafsack, ein bissel englischen Tee, dann aufs Boot. Dort wird zwar später reichlich gefrühstückt, aber bei dem Wellengang musste ich aufpassen, dass mich das Frühstück beim Entgegen-fliegen nicht gleich wieder getroffen hat.«

»Hochseefischen ist eine echte Strapaz. Man schläft zu wenig, obwohl im Camp bereits um zehn das Licht ausgedreht wird. Ich hab zur Jagd auf Tiere ein gestörtes Verhältnis, aber beim Angeln hat der Fisch seine Chance. Wir haben mit einem Blue Marlin, vielleicht 90 Kilo schwer, vier Stunden gekämpft. Entweder wirfst du ihn zurück ins Meer oder er kommt im nächsten Spital oder Kinderheim auf den Teller.«

»Dabei sind 90 Kilo eigentlich nichts. Wir haben im Camp einen Fischer getroffen, der einen 900-Kilo-Fisch an der Leine gehabt hat – zwölf Stunden lang. Und dann ist er ihm entwischt. Nachdem er das Boot 80 Kilometer weit gezogen hat.«

Fast hätten ein paar Hammerhaie mit scharfen Zähnen Renn-fahrer und Sportfischer Dieter Quester »Frohe Weihnacht« gewünscht. »Ob ich das allerdings überlebt hätte«, fragte sich Quester, »das zweifle ich an.« Peter Alexander hatte wegen seiner neuen Show mit Caterina Valente abgesagt, Quester flog trotz-dem nach Kenia: »Dort gibt's die Weltrekord-Fische – Blue and Striped Marlin. Ich hab einen Sailfish von zwei Metern Länge und 50 Kilo gefangen. Aber auch Hammerhaie sind da an der Tagesordnung. Der Striped Marlin, den ich rausholte, wog 145 Pounds. Aber dann hatte ich zwei Goldmakrelen mit 40 Kilo zugleich am Haken, die lass ich präparieren, denn so ein Doppel-fang klingt sonst nach Anglerlatein.«

Dabei kehrte Quester ohne seinen größten Fisch zurück: »Zwei Stunden und 40 Minuten lang hab ich einen Blue Marlin gedrillt. Einen 250 Kilo-Fisch – mit einer 50er-Leine. Das wäre

Roman Schliesser, die Schreibmaschine ist seine lebenslange Begleiterin

**Mit Senta Berger**

**Mit Hildegard Knef und David Cameron (links)**

Mit Erika Pluhar und André Heller

Mit Mario Adorf (links)
und »Monti« Lüftner mit
Marisa Mell (links)

Mit Alfred Böhm (links) und Peter
Alexander (rechts)

Mit Günter Fritsch und
Helmut Qualtinger

Mit Gunter und
Mirja Sachs (links)

Mit Paul
Hörbiger

Mit Attila
Hörbiger

Mit Walter Giller und
Nadja Tiller

Mit Helmut Berger

Eine Widmung von
Curd Jürgens

Für Roman,
dem fairen
Kommentator
vieler Ereignisse,
mit Dank für Alles
was er wusste und —
nicht geschrieben hat.

Curd
Salzburg, 21. 8. 76

Mit Helmut Lohner
und Karin Baal

Mit Sunnyi Melles

Mit Lotte Ledl und
Susi Nicoletti

**Mit Klaus Maria Brandauer**

**Mit Plácido Domingo
und Ernst Fuchs**

**Mit Montgomery Clift**

Mit Catherine Deneuve

Mit Yul Brynner

Mit Gina Lollobrigida

Mit Richard Burton

Mit Olive Moorefield
und Liz Taylor

Mit Gregory Peck

**Mit Telly Savalas und Pilar Goëss**

Mit Bud Spencer

Mit Vittorio De Sica

**Mit Clark und Kay Gable**

Nr **44** 29 Oktober 1979 10 Jahrg 20 S

# profil

Das unabhängige Nachrichtenmagazin Österreichs

# Adabei

**K**ann sein, daß er ein Faibl
für Dorothea „Pumpi" Gräfi
Lamberg hat, besonder
wenn sie in ein fashionabl
Nobel-Treff gepilgert ist un
sich an Krautfleckerln und seinen Witzen delektiert. Er ist
auch ein Kren auf rote Minister mit blauem Blut wie „Club
45"-Stammgast Freiherr Karl
„Mordssteher" Lütgendorf
und auf Schauspieler-Regisseure,
Topmodelle, Starfotografen, Par-
tytiger, Salonlöwen, Schönheiten,
Filmexporte, Schmähkaiser und
Schnorrerkönige.

Warum er sich manchmal prü
gelt und weshalb er ums Ha
geheiratet hätte, wie es u
Geld steht und wo er s
G'schichten aufreißt, wurde
wird alles notiert: ausnah
weise im „profil".

6
sfr 3.– Lit 2.000.– dr. 85.– Ptas 160.–

Mit Kardinal Franz König

THE WHITE HOUSE
WASHINGTON

*The President of the United States invites*

Roman F. Schliesser _____, *representing*

Bild-Telegraph, Vienna _____, *to attend his news con-*

*ference on* March 27, 1957 _____ *at* 10:30 *o'clock, in Room 474,*
               (Date)                  (Time)
*Executive Office Building, Pennsylvania Avenue at 17th Street NW.*

James C. Hagerty

Press Secretary

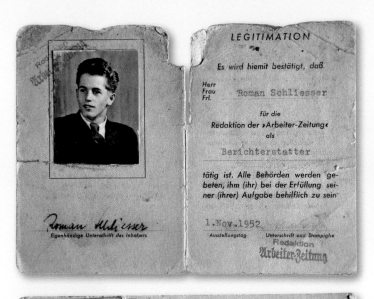

LEGITIMATION

Es wird hiemit bestätigt, daß

Herr
Frau          Roman Schliesser
Frl.

für die
Redaktion der »Arbeiter-Zeitung«
als

Berichterstatter

tätig ist. Alle Behörden werden gebeten, ihm (ihr) bei der Erfüllung seiner (ihrer) Aufgabe behilflich zu sein

1.Nov.1952

Eigenhändige Unterschrift des Inhabers        Ausstellungstag        Unterschrift und Stampiglie
Redaktion
Arbeiter-Zeitung

BERLINER VERLAG GMBH
ALLGEMEINER DEUTSCHER VERLAG

AUSWEIS NR. 1832

Personal-Ausweis Nr. 173/51

Name: Schließer

Vorname: Roman          geb. 7.6.31

wohnhaft: Falkensee   Sektor: DDR
                              Ort

Seegefelder Str. 28
Straße                                    Nr.

in Abteilung: BZ am Abend
   Redaktion:

als: Hilfsredakteur

Berliner Verlag    PERSONAL-ABTEILUNG
                   Personalchef

AUGUST 52    Feld für
BERLINER     Schichtmarke
VERLAG

**Mit Leopold Figl**

**Mit Gerd Bacher**

**Mit Fred Adlmüller**

1982

1981

ROMAN SCHLIESSER

ROMAN SCHLIESSER

ROMAN SCHLIESSER

1974
* 2
* 2

21.6.1981 #181
21.6.1981 Zarah Leander
21.6.1981 Curd RR Kolbenreit
18.6.1981 Pat Boone - Dopp
14.6.1981 Anasi Hose
13.6.1981 Sachs / Vogel - Ibiza
12.6.1981 Hitchim priv Wien
7.7.1981 Antel-Party J.P.
6.6.1981 KMB
3.6.19
2.6.19

1978

ROMAN SCHLIESSER

* 6.6.1978 Berger Ha
8.9.1978 Oskar W
1978 Antel 1
978 Karajan
078 Maxi - P.
Previn

1973

ROMAN SCHLIESSER

3.6.1973 Sacher
16.6.73 Maurice Feldman
Peter Günter + Ingeborg Mautner   !!!

ROMAN SCHLIESSER

Marisa Mell Goldfinger Loto

65
24.3.6.
5.3.65   100 Wasser
3.3.65   Saudi-Pring Antos P.78
Hasenmann   Jroden - Quste
24.2.65   Anasi Hinrichtung
16.2.65   Marisa Mell
13.2.65   Buti Scholz
8.2.65   Udo P.
21.1.65   Greco &
18.1.65 (A) Persky
16.1.65   Stadt
12.1.65   Serge -
9.1.65   Maurice
2/3.1.65   Hunter

1962

ROMAN SCHLIESSER

09.62 Kenczy Eden - Verbo
20.62   Prawy My Fair La
Partner bei Handel Lohne
11.6.9.62   war article Klagenma
Goli Finger  131 kg
Antw !

1964

ROMAN SCHLIESSER

17./18.6.64 Pappas - Dither German Walde
2.14.6.64   Hitchcock / Kreisky
26.10.64   Ady Vogel / Besitz
17./20.9.64   Knef / Bristol
13.9.64   Spiehs Eddie Constantin
22.4.64   Ady Vogel argent. Jagd
1.8.64   Hanslmayer Film
20.3.64   Viktor de Kowa Globe
3.3.64   Sporthot. Olympia thak-Spiehs
12.2.64   Axamer Lizum Schmuck
11.2.64   - " - Olympia
22.1.64   Bambi v. Jena
21.1.64   Romy Balpare - Brialy
17.1.64   Paris Reigen   !!!

C. ANG
WIEN - INNERE STADT, KLEEBLATT
ANGERER &
INNERE STADT, KLEEBLATTGASSE

**Mit den Spitzbuam**

**Mit Arnold Schwarzenegger**

Mit Herbert von Karajan

**Mit Bette Midler**

**Mit Nat King Cole**

**Mit Falco**

**Mit Austropoppern am Roten Platz**

Rekord gewesen. Momentan steht der Rekord bei 430, ich habe bei 34 Grad Blut und Wasser geschwitzt. Ich hab bestimmt zwei Kilo abgenommen. Beim Gaffen, als wir ihn schon fast an Bord hatten, geriet er uns ins Steuerblatt, und die Leine war gekappt. Was wir zuerst nicht merkten: dass er mit seinem Bill, dem Horn, ein Leck ins Boot geschlagen hatte. Wir waren 35 Kilometer vom Ufer, als einer der drei schwarzen Fischer entdeckte, dass wir Wasser fassten. Wir funkten auf allen Frequenzen Mayday. Mit Baumwolle konnten wir das Leck schließlich stopfen. Eine solche Bekanntschaft mit den Hammerhaien hätte auch dem Peter nicht getaugt.«

Dessen Anglerqualitäten fanden inzwischen in Wien ihren Niederschlag. Als Peter Alexander 1971 das Goldene Ehrenzeichen der Stadt Wien verliehen bekam, regnete es Angler-Geschenke: eine Anglertasche, eine Anglermütze, Köderfliegen, ein Paar Angler-Gummistiefel.

Seufzte Peter, nachdem ihm die Mütze und die Gummistiefel zu klein waren: »43er sind zu klein, ich brauch 45er. Das Kappel ist zu eng, das muss ich auch umtauschen.« Dazu Gattin Hilde sarkastisch: »Jetzt werden wieder alle sagen, der Alexander lebt nicht nur auf großem Fuß, der ist auch ein Großkopferter.«

Von *Die Abenteuer des Grafen Bobby* mit Gunther Philipp als Baron Mucky – beide tragen Monokel – bis zu *Hilfe, meine Braut klaut* und *Charleys Tante* hat Peter Alexander 44 Filme gedreht. Am meisten beschäftigte ihn dabei *Bel ami 2000*, dessen endgültiger Titel bis zur ersten Klappe nicht feststand. Produzent Karl Spiehs, der zum Auftakt der Dreharbeiten für seine Stars Antonella Lualdi, Linda Christian, Peter Alexander, Renato Salvatori, Joachim Fuchsberger, Christiane Rücker sowie Regisseur Michael Pfleghar und den kompletten Stab einen Heurigen gab, rätselte noch herum, nachdem der Verleih den Titel *Bel ami muss schlafen geh'n* abgelehnt hatte. Spiehs: »Am besten wär, wir nennen ihn ›Pack den Playboy in den Schrank‹ …«

Schließlich lautete der Titel *Bel ami 2000 oder Wie verführt man einen Playboy*, und der Playboy ist natürlich Peter Alexander. Ein schüchterner Trauminet, der durch das Schicksal den Playgirls in die willigen Arme geworfen wird.

Am ersten Drehtag trug Peter Linksscheitel und eine Hornbrille, die ihn verdutzt aus der Wäsche schauen ließ. In diesem Aufzug wurde er mit sechs Sexgirls in Mini-Röcken auf der Motorhaube eines Rolls-Royce, Baujahr 1926, in dem eine Bar installiert war, gedreht. Er sah wirklich so aus, als ob er vor den wogenden Dekolletés ringsum geschreckt sei.

»Das ist nur am Anfang so«, klärte mich Produzent Karl Spiehs auf, »später dreht der Peter so auf, dass der Sean Connery dagegen ein Simandl ist und vom 007 keine 0 mehr bleibt.«

»Die Rolle freut mich ja«, sagte mir Peter, »aber wenn ich daran denk, dass ich nach Tokio fliegen soll, noch dazu auf der Südroute über Karachi, Bangkok und Hongkong, da bist du glatt 30 Stunden unterwegs, da graust's mir. Ich mag wirklich nicht mehr in ein Flugzeug steigen, aber da werd' ich wohl müssen.« Und dann nach kurzem Zögern: »Weißt du, wie lang die Transsibirische Eisenbahn von Moskau aus braucht?«

Alexanders Angst vorm Fliegen war nicht gespielt. Es war das Jahr 1965. Knapp vor Drehbeginn von *Das Liebeskarussell* saß er mit seiner Hilde in einem Lufthansa-Jet von München nach Köln. »In 7000 Metern Höhe schlug ein Blitz in unsere Boeing ein«, schilderte Alexander. »Die Maschine sackte urplötzlich Hunderte Meter ab. Wir waren nicht einmal angeschnallt, klammerten uns an die Armlehnen und glaubten, wir stürzen ab. Dachten auch an ein Attentat. Der Kapitän meldete dann noch, dass durch den Blitz sämtliche Instrumente, inklusive Höhenmesser, ausgefallen seien. Die Maschine musste in Frankfurt notlanden.« Kein Wunder, dass Peter und seine Hilde im Schlafwagen von Köln nach Wien kamen.

Regisseur Michael Pfleghar, zu der Zeit mit Nancy Sinatra liiert und fast der Schwiegersohn von Frankie-Boy, ehe ihm

Nancy ihren Hit *These Boots Are Made for Walking* verpasste, kannte bei seiner *Bel Ami 2000*-Planung kein Limit. Spielte einfach Hollywood. Da waren neben dem Drehort Wien das »Dolce Vita« von Rom, Paris und Tokio gut genug. Pfleghar ließ in Takarazuka, der japanischen Musical- und Ballett-Schmiede, wo nur Girls ausgebildet werden, Peter von Heerscharen lieblicher Mandelaugen umschwirren.

Nicht unbedingt wegen der Mandelaugen, sondern wegen des James-Bond-Thrillers *Man lebt nur zweimal* mit Karin Dor als erstem deutschen 007-Girl, war ich in Japan. Aber ein Abstecher zu Peter Alexander nach Takarazuka musste einfach sein. Ich traf einen *Bel Ami*-Star, der zwar an Fleisch, aber keineswegs an die mandeläugigen zukünftigen Musical- und Showstars dachte: »Ich mag keinen rohen Fisch mehr, hab die Nase voll von Sushi und Sashimi. Überall, wohin ich komme, tischt man mir Sushi und Sashimi als japanische Delikatesse auf. Aber ich hab – und das als Sportangler – Heimweh nach einem knusprigen Wiener Schnitzel!«

Zu den *Bel Ami 2000*-Girls, die sich Regisseur Pfleghar gewünscht hatte, zählte auch die kapriziöse Jocelyn »Jackie« Lane, die kleine, aber nicht minder kurvige Schwester von Sexsymbol Mara Lane, deren Erotik als verrucht eingestuft wurde. Jackie dagegen galt als appetitliches Betthupferl. Ihr Geburtsort war Wien, Mutter eine Russin und sie selbst in Hollywood daheim, denn sie sprach kein Wort deutsch.

Dafür hatte sie schon mit Elvis gefilmt. Eine heiße Kussszene. Die hatte sie dann auch mit »Playboy« Peter Alexander. »Was war«, fragte ich Jackie hinterher, »der Unterschied zwischen den Küssen von Peter Alexander und Elvis Presley?«

»Oh«, seufzte Jackie und klimperte mit den Augenlidern, »als ich gestern Peter Alexander bei einer pikanten Filmszene im Atelier küsste, da versuchte er heftig seine Hosen hochzuziehen – bei Elvis war's genau das Gegenteil.«

# Frank Sinatra
## Sing a Hit and Run

Wer sagt da Mafia? Ist doch alles (fast) legal verlaufen. Frankie und seine Spießgesellen haben am 22. Mai 1975 in Wien nach dem Motto »Sing a Hit and Run« (Singe einen Schlager und renne) zugeschlagen. Fast 3,4 Millionen Schilling für 62 Sinatra-Minuten im Köfferchen, und dann nichts wie weg. Noch dazu vorher von einer Polizeifunkstreife mit Blaulicht gegen eine Einbahn gelotst. Oh boy, oh Frankie Boy! Im Film hätten sie's nicht schöner drehen können. Mit »tatütata« und rotierendem Blaulicht war Sinatra, der mit einem kleinen Mystère-Jet erst 55 Minuten vor dem angesetzten Stadthallenkonzert aus Paris angeflogen kam, gleich vom Flughafen Schwechat weg 500 Meter gegen eine Einbahn gelotst worden. Von einer Polizeifunkstreife. Wie sang er doch so schön: »I did it my way«.

Ja und dann hatte Sinatras Europarepräsentant Danny O'Donovan kategorisch erklärt, er ließe das Stadthallenkonzert platzen, wenn man nicht die ausgehandelte Gage von 3,4 Millionen Schilling bar auf den Tisch blättern würde. Die Not war, wie *Adabei* exklusiv berichtete, gar groß. Schröders, des Linzer Managers, Bank geschlossen. Nur bare 50 000 in der Kasse der Stadthalle. Doch Stadthallenprokurist Anton Zahnt wirkte mit seiner Garantie Wunder: Die Tresore zweier längst geschlossener »Z«-Filialen öffneten sich, und zwei Funkstreifen holten mit Marcel Avram, dem Mama-Concerts-Chef, der Sinatra für 200 000 Dollar Abendgage nach Wien verkauft hatte, die Millionen in die Stadthalle.

Prokurist Zahnt: »Ich habe um 19.15 Uhr erfahren, dass Sinatras Manager O'Donovan die 3 350 000 Schilling – das war der gestrige Umrechnungskurs für die vertraglichen 200 000 Dollar – cash, also bar sehen wollte. Zehn Minuten nach dreiviertel neun war das Geld in der Halle. Ich hab das praktisch auf meinen persönlichen Kopf gemacht.«

Frankie Boy, der Herzensgute, mit Sinn für Wiener Gemütlichkeit, delektierte sich, ehe er sich einsang, indes an Nudelsuppe und Wiener Schnitzel in seiner Garderobe. Beides hatte er mit nicht zu leugnendem Sinn fürs Lokalkolorit schon von Paris aus bestellt.

Mit dem Bibelspruch »God bless you« war Sinatra nach genau 62 Minuten von der Bühne gestürmt, direkt und im Laufschritt zu seinem braunen Jaguar mit dem britischen Kennzeichen FYT 910 J, und ab ging's aus dem Stadthallenkeller zum Airport, denn seine Mystère sollte noch vor 22.00 Uhr von Schwechat weg nach Genf starten. Mit dem braunen Jaguar war übrigens Sinatras Leibchauffeur 26 Stunden von Paris nach Wien gebraust, lediglich um hier den Superstar von Schwechat in die Stadthalle und retour zu fahren. Während Sinatra in Genf übernachtete, fuhr sein Chauffeur mit dem Jaguar bereits nach München weiter. Um dort wiederum am Flughafen parat zu stehen.

Im Fond seines Wagens zeigte sich Sinatra vom Wiener Publikum begeistert: »Diese Wiener waren klasse«, lobte er, »aber ich fürchte, die Deutschen werden nicht so freundlich sein.«

»Ganz zimmerrein war die Geschichte sicher nicht, falls Sinatra tatsächlich die gesamte Summe mit ins Ausland genommen hat«, erklärte tags darauf namens des Finanzministeriums Dr. Franz Vranitzky. »Ein so hoher Betrag muss zur Ausfuhr von der Nationalbank freigegeben werden. Das Delikt des Herrn Sinatra, österreichische Valuta ins Ausland gebracht zu haben, wäre dann gegeben. Allerdings hätte der Veranstalter als Deviseninländer dem Devisenausländer Sinatra den Betrag nicht ohne devisenrechtliche Genehmigung aushändigen dürfen. Die Staatsanwaltschaft wird auf Betreiben der Nationalbank den Vorgang untersuchen.«

Dennoch zeigte das Finanzministerium Respekt vor dem Geschäftsgeist des Herrn Sinatra: »Es spricht jedenfalls nur für ihn«, meinte Dr. Vranitzky, »dass er sich seine Gage in österreichischen Schillingen auszahlen ließ. Der Schilling ist international eine harte Währung.« Nach der österreichischen Steuergesetzgebung, § 99 des Einkommenssteuergesetzes, ist Frank Sinatra als Künstler verpflichtet, 20 Prozent seiner Einnahmen als Steuer im Lande zu lassen. »Doch da«, so Dr. Vranitzky, »muss sowieso der Veranstalter dafür haften.«

Pikanterie am Rande: Als Frankie Boy noch hemdsärmelig und im schottenkarierten Seidengilet in seiner Garderobe hockte, tummelte sich im hermetisch abgeriegelten Bereich hinter der Bühne, wo *Adabei* als einziger Journalist dabei war, ein biederer Herr. Ein Sinatra-Betreuer wollte ihn abschieben, weil er nicht zum Clan gehörte. Der Herr zog einen kleinen Vogel aus der Tasche, der den Ami jedoch keineswegs beeindruckte. Stadthallenpromotor Leo Huemer sprang in die Bresche: »Der Herr darf sich hier überall frei bewegen. Der ist von der Steuer …« Doch an Sinatra kam auch er nicht ran.

Bis drei Uhr morgens hatte ich die Story der Sinatra-Millionen genauestens recherchiert. Supermanager Marcel Avram und Stadthallen-Zampano Zahnt hatten mir dezidiert den Ablauf der Transaktion geschildert. Das Nachspiel wurde mir dann als Dessert serviert.

Ich hatte knapp zweieinhalb Stunden geschlafen, um 14.00 Uhr war ich endlich zum Essen gekommen, nachdem ich vormittags einen Kommentar von Finanzminister Dr. Androsch einholen wollte und bei Dr. Franz Vranitzky, damals sein Sekretär, gelandet war.

Noch beim ersten Drink holte man mich ans Telefon. »Der Vranitzky hat gerade angerufen, und die Geldtransaktion dürfte doch in Ordnung gewesen sein«, informierte mich Chefredakteur Dr. Friedrich »Bibi« Dragon. »Was machen wir?«

»Ich steh zu jeder Zeile, die ich geschrieben habe. Alles ist exakt recherchiert«, beharrte ich. »Wir fahren mit der Geschichte – ich hafte voll dafür.« Die Story erschien.

Sinatras Zugkraft bei Wiens Prominenz war enorm. Von Verkehrsminister Erwin Lanc über Dietmar Schönherr, Vivi Bach, André Heller und Katja Epstein bis zu Susanne von Almassy mit Gatten Rolf Kutschera. Und er hielt, was sein Ruf versprach. Applaus zum Auftakt mit *You Are The Sunshine Of My Life*, erste Bravo-Rufe. Mit *Lee Roy Brown* setzte Swing ein. Man hatte die ersten vier Sitzreihen, garniert mit Prominenz, die sich 1500 Schilling leisten konnte, bis direkt an die Bühne gezogen. Dadurch gab es auch kein Problem mit den Fotografen. Und somit war dieser Sinatra der lockerste, den man bisher in Europa erlebt hatte. Keine Spur von Aggression, das war Frankie Boy, der Charmeur. Etwas eisgrau geworden, und der Smoking spannte um den Bauch, doch was tat's zur Sache. Manager O'Donovan dementierte: »Mister Sinatra hat lediglich 17 Kilo Übergewicht.« Er legte ein paar Tanzschritte hin, witzelte: »Gene Kelly is a bum« und ließ *Nice and easy* ganz hübsch und leicht vom Stapel.

Die Halle war begeistert, und Sinatra sagte zum ersten Mal auf Deutsch »Dankeschön«. Das Wiener Publikum holte sich bei *I Did It My Way* ein neues Sinatra-Kompliment: »Sie sind das wundervollste Publikum und ich danke Ihnen.« Ja, Frankie Boy raffte sich sogar zu einem deutschen Satz auf, der der Erste war, den er in Wien gehört hatte. Nämlich die Frage eines Barkeepers: »Was willst du haben?« Der beste Satz, so meint Sinatra von der Bühne herab, den man ihn fragen kann. Man reichte ihm ein braunes Keramikhäferl, und er sagte »Prost!« mit der Versicherung: »Das hier ist warmer Tee.« Doch die ganze Wiener Stadthalle, rund 8000 Fans, wusste, dass es Whisky war. Marke Seagram's VO. Frankie Boy quittiert den Schluck mit: »Nice, nice.«

Er hatte noch mehr Sprüche auf Lager. Nach *Angel Eyes* und *Strangers In The Night* mit dem unvermeidlichen »Doobedoobedoo«. Dazu erzählte er hinterher: »Als wir diese Nummer auf Schallplatte aufgenommen haben, da passierte nicht sehr viel zum Schluss hin. Und nur deshalb sang ich das »Doobedoobedoo«, und seither fragen mich alle Leute: ›Was zur Hölle bedeutet dieses Doobedoobedoo?‹. Dabei war ich selbst ganz überrascht, dass die Kerle es auf der Platte gelassen haben.«

Dieser 22. Mai 1975 war außerdem ein ganz spezieller Tag für ihn: »Meine Enkeltochter hat heute ihren ersten Geburtstag«, verriet Opa Sinatra nach *The Lady Is a Tramp*, »und ich möchte für ihre Mutter ein Lied singen.« Natürlich war es *Nancy (With the laughing Face)*. Die Zeit reichte gerade noch für ein *Chicago*, dann ein paar Abschiedstakte, und mitten hinein verabschiedete sich Sinatra: »Sie waren ein wundervolles Publikum, God bless you!« – und weg war er.

Einen Vorgeschmack auf den Circus Frankie Boy Sinatra hatte ich mir fünf Tage vor der Wiener-Stadthallen-Gala in der Londoner Royal Albert Hall geholt. »Man weiß bei Sinatra nie, ob er kommt oder nicht«, hatte Musikgrande Marcel Avram noch düster gerätselt, als wir von München nach London düsten.

»Drei knappe Stunden, und der Optimismus war dahingewelkt wie eine Gardenie am Rockrevers«, meldete ich damals aus London meiner Redaktion, schließlich hatte ich für ein eventuelles Sinatra-Interview eine *Adabei*-Doppelseite offengehalten. Die war zu füllen: »Das Spiel ›Warten auf Frankie Boy‹ endete wie bei Godot. Mit viel Gerede, doch ob Frankie Boy wirklich jemals kommt, schwebt ungeklärt im Raum«, formulierte ich damals. »Selbst die 65 Musiker seiner Europa-Tournee, die in der Wiener Stadthalle startet, haben ihn in der Londoner Royal Albert Hall noch nicht zu Gesicht bekommen. ›Er macht, was er will‹ knurrte einer aus seinem Stab.«

Spätestens als die Musiker ihre Instrumente zusammenpackten, stand fest, dass der Welt teuerster Entertainer keine Lust zum Proben hatte und lieber in seiner abgeschirmten Royal Suite im noblen Claridge blieb, die er mit seiner blonden vierten Ehe-

frau Barbara Marx bezogen hatte. Als der Sinatra-Privatjet
»Number One« in Heathrow ausrollte, trug er einen lässigen
blauen Blazer. »Starship No. 1«, eine umgebaute Boeing 707, die
Rockstar Elvis Presley gehört hatte, kostete Sinatra 23 Millionen
Dollar und hatte normal Platz für 138 Passagiere. Umgebaut bot
sie über den Wolken ein Schlafzimmer mit einem zwei mal zwei
Meter großen Bett samt Luxusbad, einen Clubraum mit Leder-
fauteuils und Fernsehen und eine zehn Meter lange Bar.

Auf dem Rücken seines Blazers war das Wort »Coach« einge-
stickt. »Gemeint war das Ratpack-Trinkerteam, Dean Martin,
Sammy Davis jr. und Peter Lawford. Kleiner Scherz unter Freunden«, bemühte sich Danny O'Donovan lächelnd zu witzeln. Für
Witze war sonst Pat Henry, ein Schauspieler aus seinem Tross,
zuständig, der durfte vor jedem Auftritt von »Ol' Blue Eyes«
15 Minuten lang dumme Witzchen über Frank reißen. Etwa:
»Frank, ein Höllenhund von einem Burschen, what a guy. Jeden
Tag sehe ich ihn, wie er auf die Knie sinkt und Gott für alles
dankt. Dann fragt er Gott, ob er was für ihn tun kann.«

Wenn Pat Henry einen Whisky trank, knurrte er: »Hey, ein
Eiswürfel mit einem Loch, mit so was war ich doch acht Jahre
verheiratet.« Als Frank Sinatra noch den blinden José Feliciano,
den er entdeckt hatte, unter seinen schützenden Fittichen hatte,
da saß Pat Henry mit ihnen bei Tisch, und Josés Frau stichelte
auf ihn los, bis der mit der Freundlichkeit lauwarmen Vitriols
ätzte: »Wenn du jetzt nicht endlich den Mund hältst, dann erzähl
ich deinem Mann, wie du aussiehst.«

Es war die Art von Witzen, die Sinatra selbst riss. Als er in Las
Vegas im Caesars Palace vor 1200 Nobelgästen, darunter Cary
Grant, Debbie Reynolds, Tom Jones und Schnulzenpianist Libe-
race, sein Comeback feierte und trotz Klimatisierung die Hitze
unerträglich wurde, spöttelte Frankie Boy: »So heiß war mir
nicht mehr, seit ich über die Mafia aussagen sollte.«

Jilly Rizzo, der unumgängliche Sinatra-Freund, galt als sein
persönlicher Bodyguard. Wenngleich mir der quicke Danny

O'Donovan mit frommem Augenaufschlag über den New Yorker Restaurateur versicherte: »Ich bitte Sie, Mr. Sinatra hat nie eine Leibwache, er bewegt sich immer völlig frei. Reiner Zufall, dass sein Freund Jilly auch ein großer, starker Mann ist. Wenn überhaupt Sicherheitsleute eingesetzt werden, dann nur, um Mr. Sinatra vor den heftigen Anstürmen seiner Fans zu beschützen.«

Als alter Sinatra-Fan musste ich gestehen: »I got him, under my skin …« Doch dass er sich ausgerechnet vor mir, seinem Fan, von Muskelpaketen wie Jilly Rizzo beschützen ließ … Diese Frage nagte an mir, seit ich mich in der Royal Albert Hall zwar nicht mit »Ol' Blue Eyes«, sehr wohl aber mit seinen Gorillas konfrontiert sah. Ganz offensichtlich sensible Knaben mit dem Innenleben eines Eislutschers. Die Art, die einem beim Shakehands den Arm bricht.

1984 sang Frankie Boy wieder in der Wiener Stadthalle. Das hatte Helene von Damm, damals US-Botschafterin für Österreich, gemeinsam mit Dr. Helmut Zilk eingefädelt: Eine Benefiz-Gala für *Licht ins Dunkel*, bei der Sinatra sogar die Buddy-Rich-Band aus eigener Tasche blechte. Aber da alles seinen Preis hat, verpasste man dem legendären Entertainer eine der höchsten Auszeichnungen – die Insignien des Österreichischen Ehrenkreuzes für Wissenschaft und Kunst, überreicht von Zilk-Nachfolger als Unterrichtsminister, Dr. Herbert Moritz.

»Ich weiß nicht, was aus mir geworden wäre, wenn ich von hier, der Stadt der Musik, gekommen wäre«, schmunzelte der Weltstar hinter dem Rednerpult mit dem Staatswappen im Audienzsaal des Unterrichtsministeriums am Wiener Minoritenplatz. Als größter Showprofi erwies sich dabei Operetten-Witwe Einzi Stolz. Die platzierte sich in Reihe 2 direkt hinter dem Sessel des Geehrten. Kein Sinatra-Foto ohne Einzi-Porträt.

»Das letzte Mal in Wien, das war rein und raus. Ich weiß nicht einmal mehr, wo ich gesungen habe. Ob's die Oper war. Ich habe nie genug Zeit, die Stadt zu sehen«, klagte Sinatra bei dem Galadiner, das Ambassador Helene von Damm für ihn und Gattin Barbara in der US-Residenz gab. Mrs. Barbara war mit diesem Vienna-Trip höchst zufrieden. Frankies schöne Blondine – beim Diner im eleganten schwarzen Samtkleid mit einer Perlenkette, die Juweliere sonst nur im Tresor verwahren – hatte rund eine Million Schilling für drei neue Pelzmäntel des Pelz-Couturiers Liska ausgegeben: für einen schwarzen russischen Barguzin-Kronenzobel der Spitzenklasse, auf 750 000 Schilling geschätzt, einen goldblonden Amberfuchsmantel und eine Platin-Fuchsjacke – beides zusammen an die 300 000 Schilling wert.

»Der ist überhaupt nicht überhochmezt, a ganz a netter, natürlicher Kerl«, urteilte Formel-1-Star Niki Lauda über den Ehrengast. Keine Frage: So über den Wolken war Sinatra ein Mensch wie du und ich. Lauda tat sich auch leicht, denn er hatte mit Sinatra auf Anhieb ein Gesprächsthema gefunden. Man sprach übers Fliegen, Unterabteilung Privat-Jet: »Er ist nicht sehr glücklich mit seinem derzeitigen DC 9-Jet, mit dem er zurück nach New York fliegt, was ich versteh, denn die DC 9 geht maximal auf 35 000 Feet. Sinatra meint, er fliegt lieber höher. Als einer der Ersten hatte er einen Lear-Jet, der ist ihm lieber.«

Gastgeberin Helene von Damm hatte die Tafelrunde österreichisch elitär aufgemöbelt. Neben Niki Lauda sowie 007-Bösewicht und Oscar-Mephisto Klaus Maria Brandauer mit Gattin Karin und der obligaten Politrunde – von Dr. Moritz bis Wiens Bürgermeister Zilk mit Gattin Dagmar – auch noch Feuerwerker André Heller sowie »Theater an der Wien«-Chef Peter Weck mit Gattin Mausi: »Mit dem Schmuck von Barbara Sinatra könnt' ich die Gagen des Theaters ein Jahr lang bezahlen.« Man speiste Potage parisienne, Shrimps-Cocktail, Piccata di Vitello, Spaghetti alla carbonara und Green Beans mediterranean style sowie Topfenknödel mit Kompott. Dazu reichte man Mouton-Cadet, California Cabernet Sauvignon Paul Masson brut. Dass die Party recht feuchtfröhlich – ohne Niki Lauda, aber mit Klaus Maria Brandauer als »hartem Kern« – bis zwei Uhr früh dauerte, lag am süffigen Obstler, der bei Helene ausgeschenkt wurde. Dem verschloss sich auch Frankie Boy nicht, und Francis Rudin, sein Anwalt seit 30 Jahren, staunte Bauklötze: »So locker habe ich Frankie seit Jahren nicht mehr erlebt.«

Unterm Strich blieben 3,5 Millionen Schilling für die bedürftigen *Licht ins Dunkel*-Kinder, das Einzige, was letzten Endes zählte. Stadthallen-Zampano Anton Zahnt hatte beinhart auch Herrschaften, denen man sonst Freikarten nachwirft, brandeln lassen. Von Skimatador Karl Schranz bis Dr. Franz Vranitzky, inzwischen Finanzminister. Verwirrt zeigten sich die Polit-Granden – vor allem Unterrichtschef Dr. Herbert Moritz und Bürgermeister Dr. Helmut Zilk – nur, als Sinatra sich für seinen Orden bedankte: »Den hat mir die Stadt gegeben. War das in der City Hall – im Rathaus, oder wo?«

Von *Fly Me To The Moon* über *The Lady Is A Tramp* bis seinem fulminanten *Mack The Knife* gab sich Sinatra locker. Wann immer seine Stimme krächzte oder heisrig kippte, kratzte der alte Entertainer sofort die Kurve: »He's Looking At You«, lispelte er wie Humphrey Bogart zur Bergman bei *As Time Goes By*, bei *Guys And Dolls* stopfte er Marlon Brando die Schuld in die Socken. Und bei *New York, New York* bekam er Ischias im Oberschenkel.

Selbst Stadthallen-Zahnt hatte diesmal die Karten für sich und seine Frau bezahlt. Er war ein gebranntes Kind nach dem ersten Sinatra-Konzert im Mai 1975. »Aus Gefälligkeit«, so Zahnt als Prokurist, sei er behilflich gewesen, die Gage außer Landes zu bringen. Dabei wurden nicht nur falsche Angaben gemacht, sondern dafür wurde auch keine Bewilligung der Nationalbank eingeholt. Wegen Devisenvergehens verurteilte OLGR Dr. Lachner Prokurist Anton Zahnt – und somit die Wiener Stadthalle – zu 180 000 Schilling Strafe.

# Maximilian Schell
## Ein Oscar für drei Nationen

Beim Fußball war er immer der Zerrissene: »Kommt drauf an, wer ein Tor schießt«, lachte Jedermann Maximilian Schell, nachdem er im Sommer 1980 in Salzburg für den F. C. Antel ins Tor gekickt hatte. »Wenn die Deutschen gewinnen, freut mich das mit meinem Wohnsitz München, als der Krankl in Córdoba die Deutschen hinauswarf, schwoll mir die österreichische Brust, schließlich bin ich ja in Wien geboren. Ich fühle mich als Österreicher, wenn es um Kultur geht. Selbst beim Fußball – solange Österreich nicht gegen die Schweiz spielt …« Schließlich hat er – mit seinem Schweizer Pass – am Anfang seiner Karriere Fußball gespielt und als Sportreporter sein Geld verdient.

»Mit dem Sieg der Österreicher bei der WM über die Deutschen war das Nationalitäten-Problem sofort geklärt. Die Italiener haben mich bei den Dreharbeiten mit Jacqueline Bisset in Rom als ihren Österreicher gefeiert. Schließlich stiegen die Italiener ja ins kleine Finale auf, weil wir die Deutschen hinausgeworfen haben.«

»Sagen Sie, Maximilian«, warf sich da süffisant Regisseur Ernst Haeusserman dazwischen, »in der Schweiz spielt man ja nicht Fußball.«

»Also«, schnaufte da der Max, ganz Schweizer, »Herr Professor, bisher haben wir uns sehr gut vertragen, aber jetzt …«

Was da im Raum hängen blieb, hatte alte Wurzeln. Da träumte Maximilian Schell noch vom Wiener Burgtheater. Schließlich hatte er schon im Stadttheater Basel und in Zürich – wo er im Schauspielhaus mit elf Jahren den kleinen Walter Tell spielte – sein Talent bewiesen. Zwei Mal verhandelte Schell mit der Burg: »Beim ersten Mal mit Professor Rott, dem damaligen Chef«, verriet mir Schell bei einem seiner Wien-Abstecher, das zweite Mal mit Direktor Prof. Haeusserman. Beide Male ohne Ergebnis. Aber nachdem ich bei den Salzburger Festspielen aufgetreten war«, schilderte Schell weiter, »erhielt ich von Prof. Haeusserman einen Brief, in dem er mitteilte, ich sei noch nicht reif genug für die Burg.«

Worauf Maximilian Schell für seine hervorragende schauspielerische Leistung im *Urteil von Nürnberg* den Oscar erhielt und anschließend bei Gründgens 50 Mal den Hamlet spielte.

Max: »Für Gründgens war ich reif genug.«

»Wenn die Konstellation stimmt, das heißt, wenn das Rollenangebot, der Regisseur und die Gage – sie müsste keineswegs Filmhöhe erreichen – mir zusagen würden, dann würde ich auch heuer noch an der Burg spielen«, erklärte mir Schell noch 1964. Seine Lieblingsrollen: »Nach dem Hamlet noch Tasso«, schätzte er. »Für den Romeo bin ich leider schon zu alt.«

Man schaute sich den feschen Max an, den eine Prinzessin Soraya als Begleitung – oder auch mehr – als richtig erachtete und runzelte fragend die Stirn: »Auch für die Burg als Romeo zu alt?« Schell grinste. »Sie wissen doch«, sagte er dann schmunzelnd, »was ein Kritiker einmal über die Burg geschrieben hat – wenn im Burgtheater zwei Liebende einander küssen, dann wackeln im Munde die Zähne …«

Immer wieder kam Maximilian Schell nach Wien, um hier Theaterluft zu tanken. »Ich gehe jedes Jahr nach New York, denn nur am Broadway und in London vielleicht noch entscheidet sich, wohin das Theater im nächsten Jahr geht. Da können wir in Europa dem Theater noch so viel liebevolle Verehrung entgegenbringen. Aber nur in Wien und vielleicht auch in New York gilt der Schauspieler noch etwas. Überall sonst dominieren heute die Regisseure, werden die Schauspieler zu Darstellern, die einen präzisen Regieauftrag zu erfüllen haben.«

Für drei Tage wieder einmal in Wien, hatte sich Schell ein kompaktes Theaterprogramm zurechtgelegt. Er hatte es nicht sehr gerne, wenn über sein Privatleben geschrieben wurde. Vielleicht wurde deshalb so viel darüber geschrieben. Er selbst sprach lieber über seine Arbeit. Und in Wien auch darüber, dass er doch ein halber Wiener war: »Ich bin schließlich in Wien geboren und habe hier die ersten acht Jahre gelebt. Ich bin in der Strohgasse in die Volksschule gegangen und später ins Schottengymnasium.«

Man mochte seinem Deutsch einen leichten, weichen Wiener Tonfall zuerkennen. Zwischendurch gurgelte leise der Schweizer durch. Das war er schließlich dem Pass nach, sein Vater war's schon immer.

Innerhalb der drei Tage sah Schell dann in der Josefstadt *König Cymbelin*, die Generalprobe von *Boeing-Boeing* in den Kammerspielen, begutachtete Fritz Hochwälders *1003* und führte sich *Minna von Barnhelm* zu Gemüte. »Ich werde noch vor Herbst, ehe ich nach den USA fliege, an einer deutschen Bühne Regie führen«, sagte Maximilian Schell. »Wien ist eine der letzten Inseln im Theaterleben und deshalb für mich hochinteressant.«

Er dozierte über Theater, als hielte er eine Vorlesung. Und dann verriet er, weshalb er nicht nur in Hollywood filmte, sondern auch Regie führen wolle: »Der Schauspieler ist in seiner Stellung so abhängig«, sagte der Oscar-Preisträger, »es kommt mehr und mehr zu einer Typenbesetzung. Der Regisseur trägt die Verantwortung und prägt die Rollen. Bei *Fahrraddiebe* etwa wurde mit Amateuren ein hervorragender Film gedreht. Und die meisten modernen Damen des Films sind ja auch keine Schauspielerinnen.«

Die Frage zwang sich förmlich auf: »Glauben Sie das von Soraya, die ja jetzt auch filmt?«

Soraya-Intimus Schell: »Sie ist eine Persönlichkeit. Sie ist sehr schön. Wenn ein Regisseur sie noch richtig einsetzt, wird sie sehr gut sein.« Mehr sprach Maximilian Schell über sein Privatleben nicht.

»Wenn es etwas anzukündigen gäbe, dann würde ich es tun«, sagte er auf meine Frage nach Verlobung oder Heirat. »Ich habe eigentlich nie heiraten wollen, aber das kann sich ja noch ändern.«

Er schmunzelte und zitierte seinen Großvater: »Der war 70, da fragte ihn mein Vater, wann er denn nun mit dem Erfolg bei den Frauen aufhören wolle. Großvater sagte nur: ›Was heißt aufhören, jetzt fange ich erst an.‹ Das liegt so in der Familie.«

Dann grinste er und machte Schlagzeilen in eigener Sache: »Schell sagt, mit 80 wird's auch noch gehen.«

Für seine erste Rolle erhielt Maximilian Schell 250 Franken im Monat, von denen er 214 Franken – nach Steuer – ausbezahlt bekam. Doch er lehnte es ab, für 250 000 Dollar den Baron Trapp in *Sound of Music*, dem Remake des Trapp-Films, zu spielen. »Wenn einer eine solche Gage ablehnt, werden die Leute sagen, dann ist er blöd«, meinte Schell. »Man muss eine gewisse Linie verfolgen. Ich glaube nicht, dass es blöd ist. Ich habe vier Wochen lang für das Viertel einer Film-Wochengage bei Gründgens den Hamlet gespielt und glaube heute noch immer, dass es richtig war.«

Seit dem Oscar für seine Rolle des deutschen Verteidigers im *Urteil von Nürnberg* konnte ein Produzent, der nicht bereit war, Schell am Einspielergebnis zu beteiligen, auf Schell von vornherein verzichten. Es sei denn, Schell war von der Rolle absolut fasziniert oder … Ja, für Stanley Kramer, seinen Regisseur beim *Urteil von Nürnberg*, hätte Schell auch unter anderen Bedingungen gespielt.

»Ich kam zu Stanley ins Haus und sah dort sofort ein Bild von Modigliani hängen und gleich daneben einen Georges Rouault«, erzählte mir Maximilian Schell, »zwei prachtvolle Bilder.« Jedenfalls machte Schell Kramer spontan ein Angebot: »Wann immer du einen Film mit mir drehen willst, brauchen wir nicht über die Gage zu feilschen. Für diesen Modigliani und den Rouault spiele ich jede Rolle.« Kramer schien damit einverstanden zu sein. Stanley Kramer bot ihm dann in seinem Film *Das Narrenschiff* eine Rolle an. Schell schrieb zurück: »Liebend gerne, aber erinnere dich an unsere Abmachung. Ich spiele und bekomme dafür die beiden Bilder.« »Kurz darauf schrieb mir Kramer, die Rolle sei für mich doch nicht das Richtige und auch zu klein«, grinste Max. »Sie passe wohl nicht zu mir. Worauf ich anfragte: Wegen Modigliani oder wegen Rouault?«

Bei der 70. Verleihung der Oscars am 23. März 1998, als Jubiläum zelebriert, war er der einzige europäische Oscar-Preisträger. Nach seiner Goldtrophäe für *Das Urteil von Nürnberg* 1961 wurde er noch sechs Mal für Hollywoods begehrteste Trophäe nominiert, er gewann drei Golden Globes, unter anderem für seine Rolle als Lenin. Bei der Präsentation der wichtigsten Winner hatte man ihn zwischen Susan Sarandon (Oscar für *Dead Man Walking*) und Mira Sorvino (Woody Allens »Mighty Aphrodite«) platziert. Übrigens, als Schell anno 1961 seinen »goldenen Onkel« kassiert hat, reklamierten ihn prompt wieder drei Nationen als ihren Gewinner: die Österreicher wegen seiner Geburtsstadt Wien, die Schweizer wegen seines Passes, und dann schob man auch noch seine Deutschsprachigkeit vor. Den Vogel schoss dabei wieder einmal die deutsche *Bild* ab. Da Maximilians fünf Jahre ältere Schwester in Hollywood längst etabliert war, titelte man als protzige Schlagzeile: »Der Bruder von Maria Schell bekommt den Oscar«.

Seine Hollywood-Karriere war wohl selbst für *Bild* zu rasant. Als Schell 1957 nach Amerika einreiste, fragte ihn der Grenzbeamte nach dem Grund seines Aufenthalts. »Ich will nach Hollywood zum Film«, lautete die Antwort, und der Beamte sagte prompt: »Good luck ...« Mit der kleinen Story würzte er seine Oscar-Danksagung. Schon bei seinem ersten Hollywood-Film, Edward Dmytryks *Die jungen Löwen*, stand Schell mit Marlon Brando, Montgomery Clift und Dean Martin vor der Kamera. *Das Urteil von Nürnberg* war erst seine zweite Hollywood-Rolle und der Start seiner Weltkarriere.

Er drehte insgesamt rund 70 Filme. Einer seiner Lieblingsfilme war *Topkapi*, den er mit Peter Ustinov in Istanbul drehte. Da blieb auch noch genug Zeit für den Souvenirjäger. Ausgerechnet im Touristen-Shop des Istanbul Hilton glückte ihm sein größter Kauf auf dem Antiquitätensektor. »Ich kaufte bei ihm eine kleine Herkules-Statue, die ich zuerst für eine römische Kopie hielt. Ich kenne mich da etwas aus«, meinte Schell. »Der Verkäufer verlangte einen gesunden, aber erträglichen Preis. Ich feilschte, handelte und drückte ihn schließlich um die Hälfte.« In München ließ Schell die kleine Figur von Experten begutachten und erfuhr zu seinem Erstaunen, dass er nicht eine römische Kopie, sondern ein griechisches Original aus dem 4. Jahrhundert erhandelt hatte. »Wir würden die Figur sofort kaufen«, sagte man Schell im Museum, »aber wir können leider nicht mehr als 25 000 Dollar dafür zahlen. Das wird Ihnen zu wenig sein.« Schell über das überraschende Angebot: »Ich fiel aus allen Wolken, nahm meine Figur und ging sofort damit nach Hause.«

Fünf Jahre lang – von 1978 bis 1982 – war Maximilian Schell Salzburgs gefeierter Jedermann, nach Curd Jürgens und vor Klaus Maria Brandauer. Und zum Auftakt rückte zum *Gespräch mit Jedermann* der (fast) komplette Schell-Clan an. »Ich ließ mir«, erzählte mir Maria, »von Mutti Schell, die geradewegs von der Kärntner Familien-Alm anrollte, genau vorrechnen, wer da antrat: ›Also da sind die drei Verheirateten – Maria und Veit Relin, der leider gerade in Deutschland inszeniert, die Immy mit Walter Kohut und der Carl mit seiner Stella. Macht sechs. Dann der Max solo und ich, macht acht. Dann sieben Enkerln – Carls Sohn René, der zweite Bub vom Carl, der Marco, ist sechs, und Marias Tochter Mausi, die mit in Salzburg sind. Alles in allem sind wir 15 – das ist doch gar net so viel.‹«

Veit Relin, der Ehemann Marias, fehlte, »weil er in den letzten Proben für seine Premiere von *Der Bart* in seinem Theater in Sommerhausen steckt. Er ist ein bissl in Verzug, weil er gerade fürs Fernsehen den Bayernkönig Ludwig spielte«, erzählte mir Maria, die ihr Wiedersehen mit ihrer Tochter Mausi, die bei der

Omi auf der Alm war, feierte. »Ich selbst muss schon wieder um halb sieben in München vor der Fernsehkamera stehen. Klaus Emmerich inszeniert *Die erste Polka* von Horst Bienek. Meinen Sohn spielt der René, der Sohn vom Carl, gerade 16.« Dann wurde es ganz privat: »Die alle wollten mich erwischen«, kicherte Starmutter Schell, »dass ich einmal ›Scheiße‹ sage …« Lacht Immy dazwischen: »Deshalb wohnen wir heute, wirklich kein Zufall, hier in Parsch!«

Kurz vor Mitternacht ließ Immy dann noch einmal ihre zungenbrechenden Schnellverse los, Hans Rosenthal war bei der Party nach der Talkshow von den Schnellsprüchen so angetan, dass er plante, Immy damit in eine seiner nächsten *Dalli Dalli*-Shows einzubauen.

Zur Après-Party hatten sich unter anderen Anja Silja, Christian Bösch, der fabelhafte Papageno, Harald Serafin, oftmaliger Partner von Anja Silja und der Parade-Danilo der *Lustigen Witwe* sowie Festspiel-Hofrat Ernst Haeusserman und Adrienne Gessner eingestellt. Gratulierte Serafin Max Schell, der für die Talkshow als Einlage *Lippen schweigen, s' flüstern Geigen* einstudiert hatte, bewundernd: »Sie haben gerade ein ›Fis‹ gesungen. Da arbeite ich drei Jahre dran!« Schell ganz erstaunt: »Was, ich habe ein ›Fis‹ gesungen?«

»Wenn der Serafin den Jedermann so spielt, wie der Schell *Lippen schweigen* singt«, orakelte Prof. Ernst Haeusserman dazu, »dann hat er die Rolle …«

Einen theatralischen Leckerbissen ergatterte das Salzburger Landestheater, weil Max und Maria ihrem Vater zum 70. ein extravagantes Geschenk machen wollten. Zwei Weltstars in Aktion, um Papa zu ehren. Oscar-Preisträger Maximilian führte Regie und seine nicht minder berühmte Schwester Maria spielte die weibliche Hauptrolle in dem Stück *Auf Befehl der Kaiserin*, dessen Autor niemand anderer als Hermann Ferdinand Schell, der Vater der beiden, ist. Der Jubilar lebte jährlich mehrere Monate im Jahr in Salzburg und wurde so von Intendant Gandolf Buschbeck eingeladen, sein Stück aufzuführen. Für Max und Maria war es die erste gemeinsame Zusammenarbeit.

1979/1980 inszenierte Maximilian zum zweiten Mal in Salzburg mit Maria: Schnitzlers *Das weite Land* mit Walther Reyer, Krista Stadler, Kammersänger Eberhard Waechter, der zum ersten Mal auf der Bühne als Schauspieler und nicht als Sänger agierte, sowie Heinz Marecek in den Hauptrollen.

Ganz ohne Schwierigkeiten ging's nicht ab, denn die weibliche Hauptrolle sollte ursprünglich Hilde Krahl spielen und so holte Max seine Schwester Maria – »obwohl ich sonst mit der Familie recht vorsichtig umgehe. Aber dass Maria einspringen konnte, war ein Glücksfall.« Dann kam Karl-Michael Vogler ins Krankenhaus – Blinddarm. Schell angelte sich Eberhard Waechter für die Rolle. »Dass es zwischen uns Krach gegeben hat, ist absurd. Der Eberhard fragte nur, wie lange er warten müsse, weil er einfach Schauspielproben nicht gewohnt war. Wir haben inzwischen längst miteinander Fußball gespielt.«

Doch wie üblich machte Salzburgs Polizei zur Festspielzeit Jagd auf jedermann. Pardon, auf Jedermann. Das Opfer: Jedermann Maximilian Schell. Anzeige wegen »Störung der Ordnung«, weil er mit seinem dunkelblauen Mercedes im Halteverbot stand, obwohl außerdem noch ein Fahrverbot galt.

»Meistens erstarre ich ja vor Ehrfurcht, wenn sich mir ein Polizist nähert. Außer, wenn er äußerst unhöflich ist. Ich möchte wie ein Mensch behandelt werden, auch von der Polizei«, verwahrte sich Jedermann, der erst durch mich erfuhr, dass er wegen »Störung der Ordnung« angezeigt wurde.

Schell war erst nachmittags aus Saint-Nicolas, einer Insel vor der südlichen Bretagne, wo er drei Wochen lang *Les Îles* als Cannes-Festivalfilm drehte, in Salzburg eingetroffen. »Ich war unter Zeitdruck«, betonte Schell, »und habe deshalb den Wagen gleich hinter dem von Hofrat Ernst Haeusserman abgestellt. Auf dem Domplatz gab ich den Autoschlüssel sofort meiner Sekretärin Marion, damit sie den Wagen wegfährt. Nix wäre passiert, hätte sie nicht noch schnell Blumen für den 85. Geburtstag von Adrienne Gessner, für die ich die Laudatio hielt, besorgt.« Inzwischen kam eine Verkehrsstreife auf den Domplatz. Die obligate Frage: »Gehört der Wagen Ihnen?« Schell bestätigte, entschuldigte sich aber, dass er den Wagen nicht wegfahren könne: »Leider hat meine Sekretärin den Schlüssel. Ich kann ihn gar nicht wegfahren. Sie kommt aber gleich zurück.« Worauf der Polizist mit dem Abschleppdienst drohte und Anzeige erstattete. Ein Strafmandat hätt's wohl auch getan. Dabei hatte der aktuelle Jedermann noch Glück. Vorgänger Walther Reyer bekam 1969 drei Monate »Schmalz« – wenn auch bedingt – verpasst. Weil er sich verletzt hatte – Gehirnerschütterung und Bluterguss –, nachdem ihn zwei Polizisten gehalten hatten.

Zitierte Jedermann, der mit Regisseur Gernot Friedel gleich nach der Probe zu Herbert von Karajans *Falstaff*-Generalprobe musste, frei nach seiner Domplatz-Rolle: »Fürwahr, mag länger nicht ertragen, dass die Polizei ihr Herz verhärtet gegen mich …«

Mit der Tischgesellschaft, speziell wenn's um *Jedermann* geht, tun sie sich immer schon schwer in Salzburg. So gilt zwar seit ewigen Festspielzeiten der *Jedermann* als Salzburgs Trademark, aber dass der auch einen Sessel unterm Hintern braucht, schafft allemal noch Probleme. Leichte Anzeichen von Besserung gab's schon. So hatte man im engsten Nebenkammerl extra eine *Jedermann*-Tafel etabliert, als Salzburgs Landeshauptmann Wilfried Haslauer mit Bundespräsident Dr. Rudolf Kirchschläger als Ehrengast in die herrschaftliche Residenz zum Festspielempfang bat. Aber wie's der Teufel will, standen ausgerechnet Jedermann Maximilian Schell und seine Buhlschaft Senta Berger samt Anhang wieder ohne Tisch herum – bis Johannes Graf Walderdorff, der Wirt vom Goldenen Hirsch, der den Empfang für die 800 schupfte, noch schnell in einem leeren Saal Tischerlrücken spielte und frische, knallrote Tischtücher aus der Schublade holen ließ.

So tafelten Jedermann und seine Tischgesellschaft in zwei Runden. Jedermann mit seiner Buhlschaft, der Dünne Vetter Peter Matic, der Senta Berger zur Residenz eskortiert hatte, Klaus Wildbolz, der Gute Gesell, Rolf Boysen, Regisseur Gernot Friedl, später auch noch Krista Stadler und Birgit Doll, Schells *Geschichten aus dem Wiener Wald*-Star, und Choreograf Bill Milié, der einen speziellen Ehrengast im Geleit hatte: Altovise Davis, die schöne Frau von Weltstar Sammy Davis jr., der selbst in letzter Minute abgesagt hatte.

»Sammy ist ein alter Freund von mir, ich hatte ihn und seine Frau eingeladen, aber er musste fürs TV drehen«, verriet mir Max. Begeistert von Salzburg zeigte sich jedenfalls Sammys Frau: »Es geht hier so ungeheuer locker zu«, strahlte sie, nachdem sie mit Schell und Senta Berger bei Bundespräsident Dr. Kirchschläger vorbeigeschaut hatte, »mir macht's Spaß. Die Leute sind lustig und freundlich. Und nirgendwo Gorillas.«

1968 drehte Maximilian Schell in Prag Kafkas *Das Schloss*. Auch ich hatte meinen Prager Frühling. Der begann in Wien, als die Chefin des Burg-Kinos eine elitäre tschechische Filmdelegation für eine Woche – inklusive Hotel – einlud. Ein handverlesener Zelluloid-Schub aus Prag: Oscar-Preisträger Jiří Menzel mit seinem Film *Liebe nach Fahrplan* und Bohumil Hrabal, der bedeutende Schriftsteller, der dafür das Drehbuch verfasste, Jana Brechová und die schöne Olga »Olly« Schoberová, die ich schon von ihrem ersten Wien-Besuch kannte, nachdem sie mit Peter Alexander einen komischen Western gedreht hatte. Sie war 1984 das Cover-Girl des *Playboy* als Aufputz für »Girls of Russia and the Iron Curtain Countries« gewesen. Samt einem ganzseitigen Porträt – ohne nackten Busen.

Ostern 1968 war ich prompt bei ihr in Prag und mit ihr bei einer großen Filmparty, die Jiři Mucha in der großen Mucha-Villa seines Vaters Alfons auf dem Hradschin gab. Jiři, inzwischen Drehbuchautor und Publizist, war während des Krieges als britischer RAF-Pilot durch mehrere deutsche Abschüsse ein Kriegsheld und deshalb von den Kommunisten nicht enteignet worden.

Da hingen an den Wänden die zahllosen weltberühmten Mucha-Bilder und Plakate seines Vaters Alfons, der mit seinen Plakaten für das Pariser Schauspiel-Idol Sarah Bernhardt als Kameliendame und für Gismonda die Belle Époque prägte und als erster Jugendstil-Grafiker galt.

Wir standen zu dritt und sprachen auf Deutsch über die Möglichkeiten, die sich jetzt für das Prager Theater boten. »Im Herbst soll ja das Musical *My Fair Lady* kommen«, sagte Jana Brejchova gerade, als die Damen spontan ins Tschechische kippten, weil sich aufreizende Weiblichkeit, mit jener Art von Busen, der vor ihr den Raum betrat, ins Bild schob.

Aus dem tschechischen Palaver meiner beiden Damen hörte ich nur ein »dobše šoustat« heraus und fragte prompt: »Sie ist ein toller Showstar? Spielt sie die Fair Lady?«

»Keine Lady«, prustete Olly heraus, »sie ist bekannt, dass sie gut Liebe macht«, und dabei klopfte sie mit der flachen Hand auf die Faust. »Weißt du, hat sie gefilmt mit Maximilian Schell, als er gedreht hat Kafka *Das Schloss*. Und da ist sie mit ihm auf Zimmer gegangen. Hat sie später selber erzählt. Hat er sich gesetzt an Klavier und hat präludiert Mozart und sie hat gelehnt auf Fliegel und hat dann gesagt: ›Aber ich bitt' Ihnen, Herr Schell, so jung sind wir doch beide nimma!‹«

Als ich mit Schell später nach dem Filmfestival von Nizza nach Genf flog, erzählte ich ihm die Prager Geschichte, aber er dementierte sofort. Nur als ich sie auch später seiner Schwester Maria in ihrem Haus in Wasserburg am Inn wiederholte, lachte sie aus vollem Hals: »Das ist bestimmt wahr, typisch Max!«

Über das Wort »šoustat« erfuhr ich viel später mehr durch Autorin Petra Stuiber im *Standard* durch ihre exzellente Studie über *Das tschechische Wien*. Darin hieß es: »Deftig ist nicht nur die böhmische Küche. Dass in Wien gern geschustert wird, hat wenig mit Handwerk zu tun, mehr mit šoustat – und das heißt dieses und sonst nichts!«

Rund zehn Millionen Menschen leben in der Wolkenkratzer-Metropole New York, und wer lief mir als Erster am Broadway, nachts um halb elf, über den Weg? Salzburgs Jedermann Maximilian Schell. Riesengelächter, denn schließlich hatten wir uns für New York schon telefonisch in Salzburg verabredet.

Gleich nach dem ersten Pastrami-Sandwich im Stage Deli – ein Ankunfts-Ritual für *Adabei* – war ich den Broadway runtergebummelt. Und in dieselbe Richtung pilgerte Max mit seiner Schwester Immy, die an diesem Abend auch erst eingeflogen war, und seiner Dunkelkammer-Liebe Filmcutterin Dagmar Hirtz. »Ich wollte ihnen gerade das Theater zeigen, wo Maria und ich am Broadway gespielt haben«, erklärte Max, der ganz leger im Sportsakko und – unerkannt – unterwegs war.

Das änderte sich schlagartig, als ich den Schell-Clan tags darauf im Russian Tearoom, wo sich mittags die Schauspieler und der Rest der Theaterwelt treffen, zum Lunch einlud. Max hätte sofort in dem Manhattan-In-Treff, wo sich die Leute anstellen, um einen Platz zu erhaschen, als Verbeugungsingenieur starten können.

Kaum waren wir platziert, kreuzte ein Herr mit schlohweißem Bart, weißer Mütze und blauer Arbeitsjacke auf. Ich hätte ihn so nicht erkannt: Hollywoodstar Rod Steiger, der mit Schell gemeinsam in New York *Die Erwählten* filmte. Rod sprach mit einem schweren russisch-jüdischen Akzent. »Er ist fantastisch«, begeisterte sich Schell. »Ich spiele einen jüdischen Liberalen, Rod ist der orthodoxe klassische Kontrahent. Und er steigert sich so in die Rolle hinein, dass er sogar in seiner Freizeit mit dem schweren jüdischen Akzent spricht und russisch isst. Erst wenn der Film abgedreht ist, wird sein Englisch wieder normal.«

Zwischendurch sprang Schell immer wieder auf, um alte Freunde zu begrüßen: Gerald Schoenfeld, einen der Könige vom

Broadway, Chef des Shubert Theater, in dem *A Chorus Line*, bestes Musical 1976, seit vier Jahren lief, Michael Kutza kam zum Shakehands. »Er ist der Chef des Filmfestivals von Chicago, wo meine *Geschichten aus dem Wiener Wald* mit dem Goldenen Hugo ausgezeichnet wurden.

Mit seiner Schwester Immy und Dagmar war er den ganzen Vormittag durch die Picasso-Ausstellung im Museum of Modern Art gezogen. Auch da half dem Oscar-Preisträger, dass er in Amerika zu den ganz großen Stars zählt. Während sich die Picasso-Fans im MoMa in Schlangen anstellten, kamen Max & Co. gleich rein.

Schell besaß immerhin selbst einen Picasso. »Mit einer persönlichen Widmung«, verriet er stolz. »Das freut mich, nachdem ich diese grandiose umfassende Sammlung seines Lebenswerkes gesehen habe, umso mehr. Das ist ja schließlich was, wenn man so ein Original selbst besitzt.« – Noch dazu mit der Widmung »Für Maximilian Schell – Picasso.«

Bei einem weiteren New York-Trip saß ich im Imperial Theater auf der 45th Street beim Broadway, wo Schell als homosexueller österreichischer Oberst Redl in John Osbornes Stück *A Patriot For Me* auf der Bühne stand. »Es ist einfach aufregend, am Broadway zu spielen«, betonte Max, als ich nach der Vorstellung in seiner Garderobe aufkreuzte. »Da kommen einfach die Leute – so wie du auch – hier rein, um zu gratulieren. Berühmte Freunde wie Leonard Bernstein, der sofort wieder fragte, wann wir endlich gemeinsam ein Konzert geben. Aber auch Sir Laurence Olivier«, freute sich Schell, »denn im Prinzip heißt berühmt sein gar nix. Man verkehrt – egal, wo man ist – nur mit seinen Freunden. Das zählt.«

In New York schnitt Schell in dieser Zeit auch seinen Film *Erste Liebe*, den er nach Iwan Turgenews Novelle in Ungarn gedreht hatte. »Eine romantische Liebesgeschichte vor dem Hintergrund einer nicht näher erläuterten Revolution«, sagte er darüber. »Der Film könnte auch in Österreich spielen.« Mit Ingmar Bergmans Kameramann und der jungen Engländerin Dominique Sanda drehte er drei Monate an dem Stoff. Sein Dichterfreund John Osborne übernahm gratis eine Rolle und rezitierte an einer Stelle sogar persönlich ein Gedicht. Maximilian Schell steckte 850 000 Dollar in diese Eigenproduktion, die unter Schweizer Flagge segelte.

»Es wird garantiert kein deutscher Sexfilm«, distanzierte er sich grinsend. »Film ist mir ein Anliegen. Und Kafkas *Schloss* zum Beispiel hat sich für mich innerlich gelohnt, abgesehen davon, dass es in den USA ein großer Erfolg ist. Dafür investiere ich gerne meine Filmgagen. Aber ich würde allerdings nicht einmal dafür in Sexfilmen spielen. Auch nicht für *Oh! Calcutta!* über die Bühne hüpfen. Das ist nichts für mich.«

Dabei störte es ihn keineswegs, dass er als Oberst Redl sowohl mit einer Dame als auch mit einem ranken Burschen mit schönem nackten Oberkörper auf der Bühne Bettszenen zu mimen hatte. Das war schließlich höchst delikat gelöst.

Doch nicht nur wegen dieser Szenen sprach man über Maximilian Schell in New York. Drei Mal war er bei der Johnny Carsons *Tonight Show*, der populärsten US-Talkshow. Beim letzten Mal erzählte Maximilian verschmitzt lächelnd, was denn so die Amerikanerin, eine Engländerin, eine Russin und eine Deutsche nach einem Liebesabenteuer zum Manne sagen. »Nur bei der Französin habe ich's nicht laut gesagt, sondern Johnny ins Ohr geflüstert«, freute sich Schell diebisch. »Der spielte den Schockierten, und seither will jeder Mensch in New York von mir wissen, was denn die Französin nachher wirklich sagt!«

Nur in einem Punkt konnten sich die Herren nicht einig werden: Ob der giftgrüne Schnapparm von »Draculas Bank« oder das schaurig-schöne Totengeripppe, das genüsslich das Geld einkassiert, effektvoller seien. Doch ansonsten waren Oscar-Preisträger Maximilian Schell und Helmut Qualtinger beim Einkauf in der Zauberklingel-Dependance im Wiener Prater ein Herz und eine

Seele. Ihre Motivsuche für die Verfilmung von Ödön von Horváths *Geschichten aus dem Wiener Wald* startete vom Gutruf aus. Mit von der Partie Filmproduktionsleiter Boris Otto Dworak. Und Quasi hatte auch mich eingeladen. Man schrieb Februar 1977, ein sonniger Tag. Maximilian Schell war geradewegs aus London angeflogen, wo er mit Riesenerfolg am West End die *Geschichten aus dem Wiener Wald* inszeniert hatte. Vom Gutruf ging's vorerst in die Schlösselgasse in der Josefstadt. »Horváths Bruder hat mir erzählt, dass Ödon sich beim Schreiben seines Stückes immer diese Stille vorgestellt hat«, verkündete Quasi unterwegs. Von stiller Gasse war allerdings keine Rede mehr.

Als wir dann nach einem Abstecher in den Prater – die Herren blödelten ungebremst in der Geisterbahn – und einer kleinen Mahlzeit beim Wegenstein – ein Jungschweinsbratl für Schell, Schnepfen für Qualtinger – wieder zum Runterspülen im Gutruf landeten, pochte Schell auf seine alte Freundschaft mit Qualtinger: »Wir haben ja gemeinsam in Prag *Das Schloss* von Kafka gedreht und *End of the game* nach Dürrenmatts *Der Richter und sein Henker*.«

Es hat dann allerdings endlos lange gedauert, bis *Geschichten aus dem Wiener Wald* – mit Birgit Doll als Marianne, Götz Kauffmann als Oskar, Adrienne Gessner und der hinreißenden Jane Tilden als Valerie, unglaublich sexy in ihrer Kombinage, ins Kino kamen. Die *Geschichten* kosteten damals 21 Millionen Schilling. Für Hollywood-Begriffe ein Lercherl-Schas. Aber auch bei einem Oscar-Preisträger sprudelte die Filmförderung, die sieben Millionen beisteuern sollte, schließlich war's ja ein rein österreichischer Film, nicht so toll.

Qualtinger zollte ein Jahr später Schell mächtig Respekt, dass er so hartnäckig gekämpft hatte: »Ich wär längst zum Hendlvater Jahn gepilgert und hätt' g'sagt: Schaun S', so viele Millionen brauch ich. Dafür heißt der Film auch *Geschichten aus dem Wiener Wald*, und im Vorspann zeigen wir ein ›Wienerwald‹-Beisl ...«

Ich war für die *Wiener Geschichten* an der Themse nach London geflogen, wo Maximilian auf Einladung seines Freundes Peter Hall, Chef des National Theatre, in englischer Sprache seine *Tales from the Vienna Woods* inszeniert hatte. Schell wirkte bleich, hohlwangig, mit schwarzen Bartstoppeln. In den letzten Tagen und Nächten hatte er bis zu 14 und 18 Stunden durchgearbeitet. Mittags zwei Sandwiches und etwas Tee. Die Besessenheit des Perfektionisten. Für die Regie bekam er 70 000 Schilling monatlich. 40 Prozent davon kassierte die Steuer: »Der Rest reicht kaum für fünf Monate Miete in London.«

Natürlich nicht nur eine Herausforderung, auch ein Risiko, gestand Schell von vornherein ein, »aber ich habe mich strikt an Horváth gehalten, an seine Regieanweisungen. Er nennt als Todsünde des Regisseurs – den Dialekt. Er will bei den *Geschichten* keinen Dialekt, sondern ein Hochdeutsch, wie es Leute sprechen, die Dialekt gewohnt sind. Das kommt dem Englischen, der Übersetzung, entgegen und steht für jede Großstadt. Er sagt: ›Das Stück spielt in unseren Tagen.‹ Das heißt nicht nur die 1930er-Jahre. Viel wichtiger ist der Schatten der Politik, die Inflation, die Krise.«

Die setzte Schell auch mit drei Maxim-Tableaus mit sieben splitternackten Damen, inklusive der Hauptdarstellerin der Marianne, Kate Nelligan, Londoner Star aus *Endstation Sehnsucht* und *Lulu*, um. Laute Bravo-Rufe und minutenlanger Applaus für den Regisseur.

Der honorige *Guardian* urteilte über *Tales from the Vienna Woods*: »Man kann mit Nachdruck vermerken, dass Maximilian Schells Inszenierung ein Triumph ist, ein atemberaubendes, flüssiges Stück Bühne.« Die stockkonservative *Times* rang sich zu der Erkenntnis durch: »Hier ist letztlich eine National-Theatre-Inszenierung wert, empfohlen zu werden: Die Einführung eines großen Autors und ein dramatisches Genre, neu für England …«

Gute Nachricht aus New York: Schwester Maria konnte am Broadway mit Pavel Kohouts Stück *Armer Mörder* einen fabelhaften Erfolg verbuchen. »Ich freu mich riesig für Maria«, sagte der kleinere Bruder. »Ich hatte nicht einmal Zeit, mit ihr zu telefonieren.« Und dann im gleichen Atemzug: »Ach ja, wer hat denn die letzte Abfahrt gewonnen? Der Klammer? Und der Walter Tresch aber schon die Kombination …«

Für Schell ist die Welt als Bühne gerade groß genug. Aber wenn's um Ski-Siege geht, weiß er noch immer nicht, ob er mehr Österreicher oder Schweizer ist.

Der *Wiener Wald* wurde für die Konkurrenz beim Filmfestival von Cannes nicht rechtzeitig fertig. Als ich Schell in Cannes traf, saß er mit Jacqueline Bisset auf der Carlton-Terrasse. »Setz dich zu uns«, lud mich Max ein, »Jackie und ich unterhalten uns gerade über Kochrezepte.« Zu den letzten Szenen ihres Filmes *Amo non amo* flog ich nach Rom.

»Jacqueline ist wunderbar«, schwärmte Schell auf Deutsch, während sie leicht die Stirn runzelte. Dabei ist Maximilian, soweit es das Schweigen über seine absolut existente Emotionswelt betrifft, eher zugeknöpft. »Sie hat für mich gekocht, und es war köstlich. Ich meine, für mich haben schon andere Stars gekocht, Sophia Loren und Marlene Dietrich. Sophia machte die Spaghetti mit Thunfisch, und sie waren immer schrecklich. Marlene, die ja immer etwas gegen die Deutschen hat, kochte deutschen Eintopf. Aber das Abendessen mit Jacqueline …«

»Ich habe wirklich noch nie so viel gearbeitet wie in diesem Jahr 1978«, sagte mir Max. »Es ist das intensivste Jahr, das ich je hatte. Ich habe noch fünf offene Drehtage für den Film *Lawinenexpress* mit Sophia Loren in Mailand. Während der Dreharbeiten kam Jacqueline zu mir nach München mit dem Drehbuch von *Amo non amo*. Ein Stoff, verspielt, verliebt, romantisch und zeitnah. Sie wollte mich als ihren Partner. Zu meiner Ehrenrettung muss ich sagen – ich hab wirklich das Drehbuch gelesen. Ich wollt' es auch.«

Keine Angst. Seinen *Jedermann*-Text kann er schon. »Dank

der Wiener Bürokratie«, sagte der Oscar-Preisträger, »hatte ich im letzten Jahr viel Zeit, das zu lernen, während ich um die Finanzierung von *Geschichten aus dem Wiener Wald* gekämpft habe. Aber auch das ist jetzt fixiert. Wir starten die Dreharbeiten in der Wachau am 20. August. Endgültig. Augenblick – das darf man in Österreich nie sagen – endgültig …«

Jacqueline Bisset funkte dazwischen: »Salzburg? Da soll ich dich besuchen? Da kommt man doch schwer hin.«

Durchaus möglich, dass Schell sonntags auf dem Salzburger Domplatz spielt, wochentags in einem kleinen Fischerdorf bei Rom filmt. »Ich spiele eine sehr emanzipierte Frau, eine Modeschöpferin, Max einen Architekten«, erzählte mir Jacqueline, deren letzter Film *Der große Grieche* ein Kassenschlager war. Darin spielt sie die Rolle der Jackie O., mit deftigen Anklängen an Ari O., den inzwischen verstorbenen Reeder-Milliardär.

»Privat habe ich eigentlich nie darüber nachgedacht, ob ich emanzipiert bin. Max, bin ich emanzipiert? Ich bin doch eigentlich ein Hausmütterchen. Aber – vielleicht bin ich sexuell emanzipiert …«

Der obligate Ansturm der Fotografen setzte abermals ein. »Das war schon beim Cocktail so wunderbar«, lachte sich Maximilian eins, »alle schossen wie wild Fotos von Jacqueline und mir. Aber wenn sie in Rage sind, dann sind sie taub. Ich werde es dir beweisen. Komm, Jacqueline, wir machen den Spaß noch einmal.«

Und dann sprach Maximilian Schell mit todernstem Gesicht, während sich die schöne Jacqueline neben ihm vor lauter Hetz zerwuzelte, den Satz, der – wäre er wahr – eine Weltsensation wäre: »Ladies and Gentlemen, ich darf Ihnen bekannt geben, dass Jacqueline Bisset und Maximilian Schell heiraten werden!«

Alle blitzten sie weiter. Keiner hörte im Trubel zu. Nur ich kann verraten, weshalb Jacqueline Bisset und Maximilian Schell so unbändig auf der Carlton-Terrasse in Cannes gelacht haben.

Vier Mal klatschten dort die Ohrfeigen, dass es Maximilian Schell den Kopf zur Seite riss. Dann rieb sich die schöne Jacqueline Bisset die schmerzende Hand, während Regisseur Armenia Balducci und Kameramann Carlo Di Palma im Chor »molto bello« jauchzten. Und Maximilian knurrte in meine Richtung: »Wehe, du machst daraus eine Schlagzeile – Jacqueline Bisset ohrfeigt Maximilian Schell!«

Natürlich stand es so im Drehbuch. »Üblicherweise«, witzelte Jacqueline Bisset, ehe sie zuschlug, »nehme ich lieber eine Pistole – wie im Western. Das ist viel leichter. Ich würde nie mit der Hand zuschlagen. Wenn ich mich wirklich mit einem Mann prügle, dann trete ich lieber mit den Füßen.«

Tja, man sollte es gar nicht glauben, was Damen bisweilen so im Sinne haben, wenn es um das geht, was man den Kampf der Geschlechter nennt.

Als Schell nach der Ohrfeigenszene auch noch Magenkrämpfe imitieren musste, starb er fast wie Jedermann, dazu stöhnte er mit weitaufgerissenen Augen und taumelnd: »Das hab ich bei Haeusserman in Salzburg gelernt.«

Vor den Ohrfeigen zeigte er allerdings Respekt: »Pass bloß auf deinen Ring auf«, warnte er Bisset, »wenn du wie Muhammad Ali schlägst, bin ich für den Rest der Nacht k. o.!«

Zwischen all seinen Filmen – von *Das schwarze Loch* bis *Deep Impact* – fertigte Schell sein viel beachtetes Porträt *Marlene*, bei dem ihm die sonst so unzugängliche Marlene Dietrich vor der Kamera Rede und Antwort stand. War dann auch für einen Doku-Oscar nominiert.

Später, knapp nach der Jahrtausendwende, drehte er *Meine Schwester Maria*. Eine Hommage an seine berühmte Schwester Maria Schell, die damals, schon gezeichnet von Demenz, in ihrer verträumten »Zwischenwelt«, wie es Maximilian im dazu passenden Buch nannte, lebte.

Sie hatte sich auf die Familien-Alm auf der Kärntner Pack zurückgezogen. Die liegt 1300 Meter hoch und war schon vom

Ururgroßvater her, der die Jagd liebte, im Familienbesitz. 160 Hektar mit eigener Jagd. »Besonders Hochwild, Auerhähne, gelegentlich eine Gams«, schilderte Maximilian, der neben dem Haupthaus von Maria ein 50 Quadratmeter großes Steinhäusl bewohnte, »kein Badezimmer, aber vor der Tür den Brunnen mit fließend Kaltwasser.«

Erst als die Versteigerung der Alm schon beantragt war und die Schulden Marias – darunter auch Steuerforderungen – die astronomische Höhe von 21 Millionen Schilling erreicht hatten, erfuhr Maximilian davon: »Und das auch nur, weil mich der Tod meiner Mutter nach Österreich zurückgebracht hatte. Natürlich war ich betroffen, dass sich Maria in solche Schwierigkeiten gebracht hatte. Aber noch mehr arbeitete in mir, dass mich niemand rechtzeitig über die Situation aufgeklärt hat. Ich finde es ganz und gar unwürdig, was da passiert ist. Man kann meiner Schwester doch nicht alles wegnehmen. Und wo soll sie dann hin, etwa ins Gefängnis? Es gab ja nur die Möglichkeit, die Alm mit allem, was drauf ist, zu versteigern. Mir ist nichts anderes übriggeblieben, als selbst einzutreten. Ich habe die Schulden getilgt, damit meine Schwester dort würdig weiterleben kann.« Dafür opferte er seine Millionen teure Kunstsammlung.

Seine Lieblingsgeschichte über Maria handelt von ihrer Begegnung mit dem russischen Glasnost-Poeten Jewtuschenko: »Die Story hat Jewtuschenko Maria selbst erzählt: Er war mit der Transsibirischen Eisenbahn unterwegs, stieg auf einem kleinen Bahnhof aus und ging in die Stadt. Unterwegs fand er einen Friedhof mit den merkwürdigsten Grabsteinen, die er je gesehen hatte. Neben den Namen und dem Todestag der Verstorbenen standen jeweils auch noch Zeitangaben: 16 Stunden, zwei Minuten, 34 Stunden, 40 Minuten, 17 Stunden, 26 Minuten …

Der Poet fragte, was die seltsamen Zeitangaben zu bedeuten hätten, und erhielt eine unglaubliche Antwort: ›Bei uns schreibt man auf den Grabstein nicht nur, wie lange der Mensch gelebt hat, sondern wie lange er auch wirklich glücklich war.‹«

Jewtuschenko, laut Maximilian, zu Maria: »Auf meinem Grabstein wird stehen: Er war in seinem Leben nur zwei Stunden über die Zeit hinaus, die er mit Maria Schell war, glücklich ...«

Er war in Los Angeles, nachdem er für die Lisa-Film von Karl Spiehs – »der einzige Produzent vom alten Schlag« – in Prag im Jänner und Februar 2005 *Die Liebe eines Priesters* mit Andrea Eckert, Erol Sander, Wolfgang Böck und der jungen Sonsee Neu und Maximilian als Priester Christoph gedreht hatte. In L. A. wartete schon der *Rosenkavalier*. Schell als Opernregisseur: »Hier ist ja Plácido Domingo Operndirektor«, pocht er auf eine dicke alte Freundschaft, »wir sind seit Salzburg Freunde. Nicht von der Bühne her, sondern vom Fußballfeld. Wir haben gemeinsam im Künstler-Team gegen eine ORF-Mannschaft gespielt. Da gab's einen Elfmeter. Ich sag zum Plácido: ›Geh, schieß ihn.‹ Bumms, daneben. Ich hin zum Schiedsrichter, Einspruch, Wiederholung. Kurz mit dem Tormann geflüstert und Plácidos Elfer war im Tor.«

Mit Domingo gab's kein Problem mit der Wiener Besetzung: »Gernot Friedel, der schon *Jedermann* inszenierte, kennt sich aus mit Richard Strauss, Kurt Rydl singt den Ochs, der grandiose Gottfried Helnwein kreiert das Bühnenbild, Adrianne Pieczonka hat die Marschallin schon in Salzburg gesungen«, ist Schell stolz auf seine Besetzung.

Neben der Oper bereitete er sich schon wieder auf seine nächste Rolle vor. Gero von Boehm holte ihn für die Titelrolle von *Giganten: Albert Einstein*. Nach Lenin für den *Stalin*-Film spielte er Einstein. Wie lange studierte er Einstein: »Mein ganzes Leben lang«, schmunzelte Maximilian, »so wie den Hamlet. Mich amüsiert natürlich, dass der Einstein durchgefallen ist, als er die Prüfung für die eidgenössische Technische Hochschule gemacht hat. Und jetzt denkt jeder, der dort durchfällt, er sei Einstein. Eine völlig neue Version der Relativitätstheorie.«

Und das alles schaffte er – ohne Zigaretten. Nicht ohne gespielte Eitelkeit rechnete er vor: »Ich rauche jetzt seit 4 Jahren, 3 Monaten, 6 Wochen, 17 Tagen, 16 Stunden, 43 Minuten und 32 Sekunden nicht mehr. Und ich vermisse es überhaupt nicht.«

Mitten aus den *Rosenkavalier*-Proben flog er völlig ungeplant zurück nach Wien. Zum Begräbnis von Schwester Maria. Er fand herzbewegende Worte zum Abschied. Bis hin zum letzten Applaus, den Schauspieler immer erwarten.

Seinen 80. Geburtstag am 8. Dezember 2010 feierte Maximilian mit einem Do & Co-Galadiner in der Wiener Albertina: Überraschungsgast – Plácido Domingo. Dazu Lisa-Filmproduzent Karl Spiehs, der mit seinem Thriller *Die Rückkehr des Tanzlehrers* Maximilian wieder auf Schiene geholt hatte, mit seiner Angelika, Regisseur Peter Patzak, Dürrenmatt-Witwe Charlotte Kerr, Kunstexpertin und Galerie-Chefin Elisabeth Michitsch, seine Ex-Lebensgefährtin, mit der er trotz der Trennung im Februar 2008 ständig Kontakt hält, sowie natürlich seine Tochter Nastassja aus der Ehe mit seiner russischen Kollegin Natalja Andreitschenko – die Ehe wurde 2005 geschieden – und last not least Mörbisch-Intendant Harald Serafin, bei dem Schell *Wiener Blut* inszenierte und dabei die deutsche Sopranistin Iva Mihanović, 47 Jahre jünger, ins Herz schloss. Die beiden heirateten im August 2013, die Ehe dauerte knapp ein halbes Jahr, Schell erwachte nach einer Bandscheibenoperation im Klinikum Innsbruck nicht mehr. In Preitenegg zog die Freiwillige Feuerwehr eine Ehrenrunde um den Hanslwirt, wo die Schells auch geheiratet hatten. Witwe Iva sang noch einmal ein *Ave Maria*, ehe der Sarg den letzten Weg zur Familiengruft, wo auch Schwester Maria und die Mutter beigesetzt sind, antrat. Zum Abschied gab es den finalen Abschlussapplaus für den großen Maximilian Schell. Er hinterließ kein Testament.

# Falco
## Die Weltspitze für »Amadeo«

Falco, einziger Wiener Sängerknabe mit weltweitem Flair, überlebte den 6. Februar 1998 nicht, als er mit seinem Mitsubishi Pajero, Kennzeichen GR 3570, auf der Kreuzung zwischen Puerto Plata und Sosúa in der Dominikanischen Republik in einen Autobus knallte. Er hatte 1,5 Promille im Blut, 2604 Nanogramm Kokain und 43,0 Milligramm Marihuana pro Milliliter Blut im toten Körper. Sein letztes Album *Out Of The Dark* verkaufte posthum 3,5 Millionen Tonträger. Letzter Song: *Muss ich denn sterben, um zu leben …*

Eine ganze Wiener Generation erinnerte sich an das legendäre Regenkonzert auf der Wiener Donauinsel 1993. Über 100 000 Popfans, die da klatschnass mit Falco und seinen Songs ausharrten. Rote Rathausmänner brüsteten sich immer wieder, die Erfinder der Donauinsel-Events zu sein. Selbst wenn sie Gratispelerinen verteilt hätten, würde keiner auf ihre Performance gesetzt haben.

Der Blitz schlug ein. Der Himmel stürzte als Bach auf die Donauinsel. Aber der einzige Wiener Sängerknabe von Weltruf, Hans Hölzel, vulgo Falco, hielt das Mikro eisern umklammert und fetzte seine Rap-Hits auf die triefend nasse Meute von mehr als 100 000 Pop-Fans nieder. Donauinsel 1993 Live: *Junge Römer, Der Kommissar, Ganz Wien, Jeanny, Titanic, Vienna Calling* bis *Helden von Heute.*

»Nur *Amadeus* haben wir nicht mehr geschafft, weil nach dem Blitzschlag bei *Nachtflug* die Bühne unter Wasser stand, resümierte Bandleader Thomas Rabitsch. »War höchst gefährlich. Und ein Teil des Equipments hatte per Kurzem den Geist aufgegeben.« Rabitsch hat später Falcos Auftritt auf der Donauinsel als

DVD produziert, umwerfend die begossene Verschmelzung von dem Star auf der Bühne, den Musikern und der Menschenmenge, die sich vom Regen nicht vertreiben ließ.

»… Because er hatte Flair«, titelte später Musikexperte Christian Schachinger im *Standard* über den ehemaligen Jazz-Bassisten, der von der Hallucination Company von »Wickerl« Adam kam und an einem Abend bat: »Geh, sag heut net, am Bass der schönste Mann Wiens – Hans Hölzel, sondern Falco Gottehrer.« Und tags drauf: »Den Gottehrer lass ma wieder weg.«

So blieb er Falco. Er vermanschte breiten Hackler-Slang mit weißen Naseweisheiten des anglophilen Jet-Set. Heraus kam eine tonlose, dandyhafte und verschnupfte Kunstsprache, die keiner Karikatur bedurfte. Sie nahm sich selbst gehörig auf die Schaufel: »Er war ein Superstar, er war populär. Er war so exaltiert, because er hatte Flair.« Falco selbst sagte mir, als er im weißen Rolls-Royce am Hamburger Palais d'Amour vorbeifuhr und die Busen-mädchen aus den Fenstern hingen und schrien: »Herr Kommis-sar, schau doch mal rein bei uns!«, er aber ein Haus weiter, vor der Ritze, Deutschlands berühmtester Zuhälter-Kneipe, ausstieg: »Hier wollte ich schon immer einmal feiern.« Und kassierte Gold für 268 000 Exemplare seiner *Emotional*-LP.

»Sonst fahr ich selber einen Mercedes 280, und Rolex is a klasse Uhr. Aber für mich kein Statussymbol. Das brauchen nur Leut', die sonst nix anderes zum Herzeigen haben. I rauch nur noch Davidoff, weißt eh, des sind die, deren Deckblätter auf den Oberschenkeln weißhäutiger Mädchen gerollt werden. Reizen könnt mich der Porsche 959 von Maestro Herbert von Karajan. Der schafft 340 km/h, aber mit dem permanenten Allradantrieb ist er ein echtes Schienenfahrzeug.« Der 959 kostete unter Verga-ser-Brüdern 420 000 DM, unter Liebhabern bald schon 1,4 Mil-lionen Mark. »Na und?«, sagte Falco, »i iß am liebsten eh a Beuschl.«

Ausgerechnet in den Wiener Sofiensälen – damals noch nicht abgebrannt – hörte Markus Spiegel, Chef der GIG-Records, zum ersten Mal die Drahdiwaberl-Showformation.

Ausgerechnet bei einem Konzert mit dem Motto »Selbsthilfe gegen die Sucht«. Denn da sang der exaltierte Typ im eleganten Designer-Anzug, Gel im Haar, seinen Hit *Ganz Wien* mit dem Refrain: »Im U4 geigen die Goldfisch' … alle Teuferl weißes Gwandl und weiß wie Schnee … Kokain und Kodein, Heroin und Mozambin machen uns hin, hin, hin.« Noch am gleichen Abend sprach Spiegel mit Drahdiwaberl-Chef Stefan Weber. »Die muss ich haben, die Partie. Samt diesem zu gut angezogenen Typ«, sagte der GiG-Chef und Falco-Entdecker. »Dann hab ich den Robert Ponger angerufen und hab ihm von diesem exaltierten, medienwirksamen Bassisten erzählt. Ein Showtyp für eine Single-Karriere.« Extra betonte Spiegel: »Lyrics und Musik von *Ganz Wien* hat Falco selbst geschrieben, es war, wie der Refrain beweist, ein Anti-Drogen-Song. Damals in den 1980er-Jahren war Koks einfach Mode, galt als Bewusstseins-Erweiterung, ohne abhängig zu machen wie H. Das wirkliche Problem, das Falco ein Leben lang hatte, war der Alk. Er war ein begnadeter Sturztrinker. Da durfte man keine Flasche Jack Daniels Whisky hinstellen. Drehst di um, is die halbe Flasche leer.«

Spontan komponierte Robert Ponger für Falco, der dann ebenso spontan die Lyrics schrieb, den *Kommissar*. Da haben sie zum ersten Mal probiert, auf Deutsch zu rappen. »Er hat Deutsch auf eine englische Art und Weise benutzt«, analysierte Produzent-Komponist Ponger. *Der Kommissar* landete in Österreich auf Platz 1, ebenso in Deutschland – ohne Fernsehauftritt.

An seinem 29. Geburtstag – am 19. Februar 1986 – unterzeichnete Falco einen neuen Vertrag mit der deutschen Plattenproduktion Teldec. Insider schätzten, dass die Garantiesumme dafür drei bis vier Millionen DM zum Klingen brachte. Leicht wehmütig seufzte damals GIG-Spiegel, der aus Falco den Hitparaden-

Stürmer gemacht hatte: »Ich hab's kommen sehn. Der Falke ist mir entwachsen«, gab er beim Austern-Schlürfen mit mir in der legendären Oyster-Bar zu. »Immerhin bleiben mir seine Österreich-Rechte und 64 metallene Scheiben, Gold und Silber, die wir mit GIG für ihn errungen haben.« Dass ausgerechnet in Amsterdam die große Szene wechselte, galt als bescheidene Geste für die Brüder Rob und Ferdi Bolland, Komponisten und Produzenten von Hits wie *Rock Me Amadeus*, damals noch Platz 29 der US-Charts, *Vienna Calling* und *Jeanny*: »Alles auf meiner *Falco III*, für mich ein grandioser Ausstieg.«

Ich war auch dabei, als Falco am 20. März 1986 erfuhr, dass *Amadeus* auf Platz 1 in den USA gelandet sei. Zelebriert wurde das mit einer Magnum-Flasche Champagner bei Oswald und Kalb, mit von der Partie allen voran Freund Billy Filanowski, GIG-Chef Markus Spiegel, Ö3-Chef Rudi Klausnitzer mit Gattin Isabella und *Freizeichen*-Girl Elisabeth Sereda.

»Fünf Minuten nach zwölf ruft mich mein Manager Bork aus München an und sagt: ›Gratuliere, du bist die Nummer 1 in Amerika!‹ – Sag i: ›Oida, ruaf mi späta an. I hab andere Surg'n.‹ – I hab nämlich grad mei Tochter Katharina umgewickelt.«

Damals war er ja noch ganz stolzer Papa.

Und es zählt zu den tragischen Seiten, dass dieser Hans Hölzel, der seinem Margaretener Stammbeisl, dem Fassl, stets die Treue hielt, in puncto Frauen nie in den Charts landete.

»Vis-à-vis vom Fassl war mei Elternwohnung. Als zwischen meinen Alten Krach geben hat, bin i zur Großmutter zog'n. Hier ins Haus. I bin a Margaretner und mit dem Gulaschgeruch von dem Beisl hier aufgwachsn. Mei Mutter hat des Milchgschäft drei Häuser weiter ghabt.«

Aber nachts trank er eben keine Milch.

Als Bella, die schöne Steirerin Isabella Vitkovits, schwanger wurde, war Falco vor Freude aus dem Häuschen. »Wenn's a Bua wird«, warf sich der Falke damals noch in die Brust, »dann heißt er Stefan Fidelius Federico Falco.« Es wurde eine Katharina Bianca, bei der Taufe in der Grinzinger Pfarrkirche dreieinhalb Monate jung, 5,5 Kilo schwer und 61 Zentimeter groß.

Als wir nach der Taufe mit Bellas Verwandtschaft beim Heurigen Friedl Schöll landeten und der Chmela Horstl sein *Ana hat immer des Bummerl* sang, da stieß ich Falco in die Rippen: »Hearst, die steirische Verwandtschaft, die schau'n alle aus wie der Wildschütz Jennewein. Lauter Krawodn.« Aber der damals stolze Papa achtete nur auf die Zukunft des Babys: »Ich habe jetzt die Pflicht übernommen, dass meine Tochter jungfräulich in den Stand der Ehe tritt.«

Umso härter traf ihn dann die Realität.

Ende April 1989 wurde die Ehe mit Bella nach knapp einem Jahr geschieden. Sie hatten nach der Geburt von Katharina Bianca in Las Vegas mit der schlichten Formel »I do« geheiratet. Stürmisches Auf und Ab gab's ja schon vorher. Der absolute Keulenschlag traf den stolzen Vater – er hat seine Tochter zutiefst geliebt – drei Jahre später. Da ergab ein Vaterschaftstest, zu dem die geschiedene Bella ihre Zustimmung gab, dass Hans Hölzel nicht der Vater war. Freund Billy Filanowski – die beiden waren seit alten Voom Voom-Tagen, als sie 16 waren, ein Herz und eine Seele – warnte schon frühzeitig: »›Jetzt hast du erst vor ein paar Wochen die Bella nach deinem Grazer Konzert in einer Disco kennengelernt und scho is sie schwanger. Des geht si net aus.‹ Er hat nicht auf mich gehört. Erst als ich ihm zum Vaterschaftstest geraten hab, es ging ja schließlich um viel Geld, wollt' er's selber wissen.«

Typisch für den Margaretener »Zimmer-Kuchl-Kabinett«-Abkömmling: Nach einer solchen kalten Dusche musste er erst einmal raus aus Wien. Mit Billy Filanowski ging's auf Weltreise: »Direkt nach Singapur. Dann ein Monat Sydney, zwei Wochen quer durch Australien«, schilderte Filanowski. »Ich bin gefahren, er wollt' den Linksverkehr nicht. Dann Tahiti und Los Angeles. Da hab i Golf gelernt und er hat mit Peter Wolf, unserm anderen Hollywood-Komponisten neben Harald Kloser, gearbeitet.«

Im Filmatelier Wien-Sievering war die Nielsen los: Brigitte Nielsen, mit Verlaub, geschiedene Stallone. 1,84 Meter blonde Hollywood-Dänin, die bei Gottschalk mit Strapsen in »Wetten, dass..?« für Aufsehen sorgte. Eine Germanin, die nach kurzer Hollywood-Ehe mit Rambo Superstar Sylvester Stallone rund 60 Millionen Schilling reicher war.

Mit Falco kurbelte sie in Wien den Videoclip für die gemeinsame in Berlin aufgenommene LP *Body Next To Body*. Musik: Hollywoods Oscar-Südtiroler Giorgio Moroder, Text von Falco: »Die Zeile *Body Next To Body* hab ich geschrieben, bevor wir uns getroffen haben.«

»I waaß net, die Alte«, urteilte Sangesbruder Falco nasal, »is halt scho a bissl z'vül. Eine überragende Frau – die hört nie auf. Sie ist jedenfalls in jeder Hinsicht eine gewaltige SIE!«

Aber der wirkliche Hammer ist die Zeile: »Von Rambo zu Falco – das is wie von John Wayne zu Wolf Albach-Retty. Besser als jedes Duett mit Peter Alexander …«

Hansi Hölzel, alias Falco, alias »Amadeus«, prackte vergnügt auf seine Schenkel. Schließlich saß er auch in der alten Filmgarderobe, die einst als das Sanktum von Hans Moser galt. »Ich wollt' ja«, grinste der Wiener Superstar, »nicht nur Rocker und Punker für unseren Video-Clip, sondern auch einen schmalbrüstigen, winzigen Boxer mit Lederfäustling. Aber da hat sich die Dame quergelegt. Dabei wär' das für den Clip – so a Schmächtling von Rocky-Ersatz mit Boxhandschuach – echter Slapstick gewesen.«

Brigitte Nielsen war am Samstagvormittag aus Rom angeflogen und fuhr sofort ins Sieveringer Wien-Film-Atelier, kaum dass sie die Koffer im Intercontinental abgestellt hatte. Bis halb zwei Uhr früh werkten Rudi Dolezal und Hannes Rossacher, die internationalen Clip-Spezies, mit den beiden Stars.

Obwohl die Nielsen erst um drei ins Bett kam, war sie Sonntag pünktlich um neun im Atelier. Sie kurbelte bis zur letzten Minute, um 17.40 Uhr ging bereits ihre Maschine nach Stockholm. Dazwischen blieb noch Zeit für einen Quickie. Da verschwanden die zwei.

Die Aufregung um die Strapse, die sie bei der Gottschalk-Show trug, verstand sie überhaupt nicht. Die nordische Walküre: »Ich bin ja schließlich nicht wie 'ne biedere Hausfrau …« Und der Falke gestand später im intimsten Freundeskreis: »Der *Body-Song* war flach, aber die Nielsen flachzulegen, war er's wert.«

Als geschiedener Junggeselle war Falco nicht zu bremsen – und bald auch kein Solist. Als er mit seiner Pretty Woman Sylvia »Süwerl« Wagner auf US-Trip ging, trat er eine Gerüchtewelle – »Wedding Bells nicht ausgeschlossen« – los. »Des sind G'schichten aus dem Wienerwald, Nr. 261!«, rief er mich aus Los Angeles an, »diesen Schmus nimmt doch schon lang niemand mehr ernst. Meine neusten ›Heiratsabsichten‹ kosten mich einen gelangweilten Abwinker. In Palm Springs zwei Wochen Regen. Aber jetzt sind auch Bandleader Thomas Rabitsch und Komponist Harald Kloser hier. Wir arbeiten grade am Konzept der *Nachtflug '93-Tournee*.«

Ansonsten lebte und liebte man in wilder Ehe mit Blick auf Marina del Rey, den größten Jachthafen der Welt, turnten sie in der freien Zeit in Arnie's World Gym, schmausten sie im Spago beim Kärntner Wolfgang Puck Sea-Food-Pizza. »Beim Schwarzenegger im Schatzi on Main gibt's Wiener Schnitzel mit Nudeln. Fettmacher. Da halt ich mich lieber an den beliebten Hausdrink Terminator. Staubtrocken sind hier höchstens die Kaisersemmeln.«

Diese traute Zweisamkeit dauerte knapp drei Jahre. »An der ›Süwerl‹ lag's nicht«, urteilte Intimus Billy, »die hat ihn wirklich gern gehabt. Sie war für ihn die Beste …«

Nichts wird so heiß gegessen … Ergo durfte es auch nicht verwundern, dass Falco (»Die Titanic sinkt in Panik«) bei Ex-»Pretty Woman« Silvia Wagner in ihrer Piano-Bar Prestige reinschneite. Was ihn an dem neuen Balanceakt mit »Süwerl« – jeder in der eigenen Wohnung – freute: »Sie steht endlich auf ihre eigenen Füaß. Und i steh' no immer auf ihre Füaß!«

Seine Geheimnummer ließ er alle drei Monate ändern, wenn die Anrufe zu viel wurden. »*Junge Roemer*«, sinnierte er, »ist vielleicht der beste Text, den ich geschrieben habe. Ich bin weg von der Subkultur, die sagt ›Eh alles Arsch, i durchstich ma de Ohrwaschln!‹ In Amerika hab i plötzlich dieses europäische Gefühl entdeckt. Und speziell Rom hat für mich Charisma, das Endzeitgefühl. Rom geht schon lange unter, aber wie's des tun, fasziniert mich ...«

Speziellen Wert legte er darauf, dass die »jungen Roemer« mit »oe« geschrieben wurden: »I schreib Hoelzel ja auch mit ›oe‹ und net mit ›ö‹ ...«

Nach der Wiener Oper wollten die Japaner auch den Wiener *Amadeus*-Star nach seinem US-Charts-Success auf Platz 1 hören. Auf nach Tokio. Mit Falco, Bandleader Thomas Rabitsch und GIG-Produzent Markus Spiegel flog auch ich 1986 als alter Japan-Experte mit.

Doch die japanischen Fans verwirrten den Wiener *Amadeus*-Star, der sein volles Programm von *Jeanny, Coming Home* bis zum *Kommissar* bot: »Ich hab noch nie so viel Blumen mit Brieferln bekommen. Man überhäufte mich mit Husten- und Reiszuckerln. Und in einem Brief war'n zwa Mädchenslips. Funkelnagelneu, noch mit dem Yen-Preispickerl. Sehr erotisch, denk i ma, weil außen stand drauf: ›For Falco – meine Lippen sagen nein, aber mein kleines Herz sagt ja.‹ Dazu war'n zwei Fotos von einem sehr siaßn Girl im Kimono und im Auto. Und a Briaferl, dass die heißen Höschen für die Isabella san. Nau, packst des?«

»An sich bin i a weltoffener Mensch«, sagte Falco, »zwar war i erst a Mal in Asien, mit'n Hanno Pöschl, und mit meinem Freund Billy Filanowski in Thailand. Sagt der Pöschl: ›Du muaßt essen, was die g'wöhnlichen Leut' auf da Straßn, am Standl, essen‹ – bis er selber an Engerling im Salat g'hobt hot. Salat mit Fleischeinlage. Aber gut, hab i ma jetzt in Japan g'sagt, du bist do ka Wiener Ignorant. Gib i ma, was die g'wöhnlichen Leut' da essen. Wos stelln's ma auf'n Tisch? A kochte Lungen, dass ma graust. Na, wo bin i gelandet? Bei McDonald's und in der Pizza-Hüttn. l bin halt do a Wiener Ignorant. Mit Sushi und Sashimi kannst mi vertreib'n. Kobe-Beef von de massierten, biergefütterten Küah, ja, aber bitte, kan rohen Fisch. Und scho gar kan Fugo, des is der giftige Fisch – a falscher Schnitt, und sie trag'n di auße.«

Wir rutschten auf den Knien herum. In Socken, natürlich ohne Schuhe. Diesmal dinierten wir im Nudel-Spezialitäten-Restaurant Mimiu, das Gespräch drehte sich um den Fugu – für Japaner eine Art Russisches Roulette. »Den Fugu zu essen, obwohl man weiß, dass er giftig ist, gilt in Japan als eine Art Sport«, dozierte Mimiu-Chef Uichi Satsuma, der speziell betonte, dass er mehr von Nudeln als vom giftigen Fisch verstehe. Mehr als 400 Restaurants waren damals auf Fugu spezialisiert. Fugu-Köche müssen eine besondere Prüfung ablegen, dürfen nur besondere Teile zubereiten. Niemals Fugu-Kaviar oder gar die Leber servieren.

Solotänzer Rudolf Nurejew ließ sich den Fugu nicht entgehen, als er mit der Wiener Staatsoper auf Japan-Tournee war. Quasi ein Russe, der Japanisches Roulette riskierte. »Natürlich gibt es Leute, die den Nervenkitzel suchen«, schilderte Satsuma-san. »Sie essen kleine Stückchen Leber, um zu spüren, wie der Körper lahm wird. Tödlich zu werden beginnt's, wenn die Oberlippe steif und gefühllos wird, der Speichel aus dem Mundwinkel tropft. Spätestens dann muss man aufhören.

Einer, der's nicht tat, war der berühmte Kabuki-Schauspieler Bandō Mitsugorō. Er erwischte beim Fugu-Roulette in einem

400 Jahre alten Giftfisch-Restaurant die Leber in Form einer Kugel. Was so eine Henkersmahlzeit kostet: »Von 25 000 Yen aufwärts ... 2500 Schilling.«

»Und was kostet ein Begräbnis?«, wollte Falco wissen. Da lachten sich die Japse fast zu Tode. Und der Falke entschied für seine Mannen: »Keiner isst mir Fugu, a falscha Schnitt, und sie trag'n di ausse. Jeder Zehnte geht beim Fugu drauf, hab i zu meine Musiker g'sagt. Mir san zehn – ana kratzt beim Fugu ab.«

Dafür zeigten die Japaner den Wienern in Osaka ganz stolz ihr Deutsches Bierhaus: »A Albtraum«, röhrte Falco auf, »da äffen die jedes deutsche Klischee nach. Da kommt dir noch im Nachhinein die Ganslhaut bei dem Gedanken, was passiert wär, wenn die Achse Tokio–Berlin g'haltn hätt. Die Kellnerinnen tragen Dirndln und die kleinen Japaner stemmen halbmeterhohe Bierkrüge, bis vom Sessl fall'n.«

In Nagoya, dem zweitgrößten Industriezentrum Japans, entdeckte die Falco-Truppe als größte Überraschung im Warenhaus Mitsukoshi ein Café Wien. Da hing doch tatsächlich ein Foto mit dem Bürgermeister Zilk und dem Wiener Kammerpräsidenten Dietrich bei der Kassa, neben einem Diplom, dass es sich hier um ein echtes Wiener Kaffeehaus handelte. Tatsächlich gab's dort Topfenstrudel, Apfelstrudel, die Schnitte für 45 Schilling. Gulasch und Wiener Würstel und eine Melange kosteten sagenhafte 60 Schilling.


Dann brach Hans Hölzel seine Wiener Zelte – die Wohnung im Siebenten, mit dem Klavier, mit den Gitarren und den knallroten Nitsch-Schüttbildern an den Wänden – vorerst ab. Obwohl ihn ein ganz neues Gebiet faszinierte: die Schule der Dichtung. Für Falco eine neue Herausforderung: Sprache. Bei seinen Lesungen hießen die Autoren Ernst Jandl, Gerhard Rühm, H. C. Artmann, Joe Berger und Charles Bukowski.

In der Dominikanischen Republik wollte er musikalisch neu durchstarten. Zufall, dass dort in Puerto Plata Serien-Produzent

Karl Spiehs eine neue Folge von *Klinik unter Palmen* drehen ließ, Grund genug zum Dreh zu jetten und auch noch Falcos Geburtstag mitzufeiern. Vom *Klinik*-Dreh bin ich dann direkt zu Falcos Villa im Hacienda-Ressort: Via de Lujo, Confreri Nr. 37.

Die Rollenverteilung entbehrte nicht einer absurden Ironie: Falco nahm als Don Rosario, Polizeichef von Puerto Plata, dem versoffenen Doktor Harald Juhnke den Führerschein ab. Wegen Trunkenheit am Steuer. Inzwischen mimte Juhnke staubtrocken den Besoffenen. Und Falco kämpfte, nicht minder trockengelegt, gegen üble Nachrede an: »Jetzt, wo sie den Juhnke ausgeschlachtet haben, bin ich dran: Besoffen am Volant, pistolenfuchtelnd, vollgepumpt mit Heroin, Kokain, Kodein, Koffein, Nikotin …«

»Ursprünglich«, sagte Falco, »sollte ich nach Klausjürgen Wussow die zweite Hauptfigur spielen.« Doch der Pop-Sänger war den ARD-Auftraggebern nicht attraktiv genug. So schrieb er die Musik für die *Klinik*. Doch vorher feierte er Mittwochabend seinen 40. Geburtstag. Ohne Verlobung. Seine schöne Kanadierin Caroline saß im kühlen Montreal. »Die Party hab ich abgeblasen«, gab Falco unumwunden zu, »dafür gebe ich mein Abschiedskonzert hier mit heimischen Musikern.«

Die Wiener Freunde von Niki Lauda bis Attila Doğudan flogen mit der Lauda Air dazu ein. Die Mama war schon vorher eingetrudelt. Und Caroline? »Frag sie selber«, sagte Falco mit seinem frischen, argen Cherokesen-Haarschnitt und wählte die Nummer in Montreal. Nicht ohne vorher einen seelischen Offenbarungseid abzulegen. »Ich leide wie ein Tier, dass sie nicht hier ist, und weiß, dass ich selber schuld bin. Ich bin manchmal so deppert, sauf mi nieder.«

Und dann war da Caroline am Handy. Sanfte Stimme, aber resolut: »Ich habe Falco nicht ›head over heels‹ – Hals über Kopf – verlassen. Da gab's endlose Gespräche vorher. Immer nur ein Thema: Alkohol. Und der ist einfach schlecht für ihn. Er ist ein wundervoller Mann, wenn er nichts trinkt. Und ich musste einfach ein Signal setzen, weggehen, um ihn zu überzeugen, wie ernst es mir ist. Aber wie soll ich mich verloben, wenn ich fürchten muss, dass er sich in drei, vier Jahren zu Tode säuft?« Caroline schwörte: »Ich würde mit ihm in einem Indianer-Reservat leben, wenn er ohne Alkohol auskommt. Er ist die Liebe meines Lebens.«

Der Schock der Trennung schien gewirkt zu haben. Falco war absolut clean. Aber der Wiener Schmäh kam ihm nicht abhanden. »Chérie‹, hab ich zu ihr gesagt«, grinste er, ›wenn ich so früh abkratze, dann bist du eine reiche Witwe.‹ Sie hat nur bös gefaucht: ›Ich will keine reiche Witwe werden!‹«

# Senta Berger
## Die Busengröße von der Loren

Was für ein unglaublicher Jahrgang: 1956/1957. Eine so geballte Ladung an weiblicher Schönheit und komödiantischen Talenten hat es bislang am Wiener Reinhardt Seminar nicht wieder gegeben. Senta Berger, Erika Pluhar, Marisa Mell, die damals noch Marlies Moitzi hieß, die Loni von Friedl, Maria Perschy, Heidelinde Weis und Hörbiger-Tochter Elisabeth Orth.

Ausgerechnet die rothaarige Hietzingerin, Senta Berger, flog mit 17 vom Seminar, weil sie mit Yul Brynner *Die Reise* gedreht hatte, ohne den Herrn Direktor gefragt zu haben. Ja, derf denn des sein?

Susi Nicoletti hielt ihre schützende Hand über das junge Talent, und Senta landete als jüngstes Mitglied im Theater in der Josefstadt. Sie machte die größte internationale Karriere in Hollywood, Roms Cinecittà und Paris. *Kir Royal* und *Die schnelle Gerdi* wurden nicht zuletzt durch sie Fernseh-Meilensteine.

Jedenfalls rühmten sich etliche Herren, Sentas Karriere losgetreten zu haben. Unbestritten, dass Regisseur Anatol Litvak sie neben Deborah Kerr 1958 für *Die Reise* vor die Kamera geholt hatte. Regisseur Steve Previn wollte Senta nicht nur nach Hollywood locken, sondern auch heiraten.

Aber drei Jahre nach Litvak drehte mein alter Freund, Produzent Euan Lloyd, in Wien mit Richard Widmark *Geheime Wege*, und auch er behauptete, Senta entdeckt zu haben. »Wir suchten damals eine blonde ›hooker‹ – eine Schnalle, wie man in Wien sagen würde, eine Nutte. Aber Widmark war keine gut genug«, verriet Euan. »Auf dem Weg zum Rosenhügel-Atelier, da geht dieses Mädchen mit dem tollen Hintergestell, schwingt ihr

175

Täschlein wie ein Strichfräulein. ›Das ist sie‹, schrei ich zu Widmark und spring aus dem Auto!«

»Mit einem schönen Hintern kommt ja meist ein schiaches Gesicht. Aber dieses Mädchen war auch noch schön wie ein Engel. Flammendes rotes Haar. ›Sind Sie Schauspielerin?‹, sag ich zu ihr, ›ich bin Filmproduzent.‹

›Na so ein blöder Schmäh‹, sagt sie. ›Schleichen Sie sich!‹

›Nein‹, sag ich, ›wir suchen jemanden wie Sie. Da drin im Auto sitzt Richard Widmark.‹

›Das ist doch wirklich zu blöd‹, konterte sie. ›Der Widmark – hier in Hietzing?‹«

»Niemand«, so schwor Euan Lloyd, »wird auf der Straße entdeckt. Nur Senta Berger.«

Nach Hollywood holte sie dann aber Bob Hope. Mit Hope kam nicht nur Hoffnung auf, sondern eine Lawine ins Rollen. Sechs große Filme in einem einzigen Jahr.

Bei *Sierra Charriba* traf sie Charlton Heston: »Weißt du, er ist zauberhaft, fast würde ich schon sagen: schüchtern«, schätzte Senta an ihm. »Alle hatten zunächst Angst, dass ich neben ihm zu jung aussehen könnte. Als er kam, trug er schon einen Bart für die Rolle, dann sah er mich und sagte: ›Der Bart muss ab, ich liebe zwar meinen Bart, aber Sie gefallen mir noch mehr, also werde ich mich rasieren.‹ Er wird wohl der einzige rasierte Mann in dem Film sein.«

»Ausgelöst wurde das alles durch meine kleine Rolle in dem Carl-Foreman-Film *Die Sieger* und indirekt durch Elke Sommer«, so Senta. »Eigentlich schaute sich ganz Hollywood den Film an, um Elke zu sehen. Dabei sahen sie dann auch mich, und schon wurde ich eingeladen, nach Hollywood zu kommen.« Nicht zuletzt lockte da eine Gage von 100 000 Dollar.

Dafür musste sie am 13. Februar 1975 beim Abflug noch eine Klippe nehmen: Ganze 2700 Schilling, knapp 100 Dollar, hatte Senta zu wenig, als sie in Schwechat nach New York eincheckte. Daran konnten auch Hollywoods verlockende Millionen-Gagen nichts ändern. Das für die Reise nötige Kleingeld und ein bisschen mehr hatte sie nämlich schon in Dollar gewechselt. Dann kam ihr Gepäck auf die Waage und der Mann am Counter sagte: »Das macht 4700 Schilling für das Übergewicht!« Senta bekam einen kleinen Schreck. Sie hatte nur noch 2000 Schilling in der Tasche. Aber bei so einem prominenten Fluggast ließ man sich weichklopfen. Senta durfte samt Übergepäck in die USA fliegen, und ihre Mutter kam nachmittags mit den restlichen 2700 Schilling.

Bei Bob Hope spielte Senta eine tschechische Skirennläuferin, die von einem Amerikaner aus dem Land geschmuggelt wird und dabei gestohlene Juwelen mitgehen lässt. Ost-Agenten jagen ihr den Schmuck ab, dafür kriegt sie dann ihren Ami.

»Als ich das Drehbuch las«, lachte Senta, »entdeckte ich die Passage, laut der ich in rasender Schussfahrt einen Hang nehmen musste. Dabei konnte ich nicht einmal Skifahren. Als mein Agent Karl Kohner gefragt worden war, ob ich denn Skilaufen könnte, hatte er nur gesagt: ›Sie ist doch Österreicherin!‹ Das hatte genügt.«

Kaum im Lande, wurde Senta 900 Meilen weiter nach Kalifornien geschickt, wo ihr ein Wiener Medizinstudent auf die Brettln half, und die Schussfahrt klappte prompt. In ihrem zweiten Film spielte sie in der Komödie *Die Kunst der Liebe* eine verliebte Französin, die sich sogar in die Seine stürzt. Kein Problem. Schwimmen konnte sie schon.

Sentas damalige Hollywood-Bilanz: ein Vertrag mit der Columbia-Film für vier Filme, einen Universal-Film in Arbeit und drei weitere Optionen. Strahlte sie: »Meine Gagen sind genauso hoch wie die von Romy Schneider. Jetzt kauf ich mir einen Nerz.«

Nach *Sierra Charriba* stand sie mit den Supermännern der Zelluloidbranche vor der Kamera: 1966 mit Kirk Douglas in Israel für *Die Schatten des Giganten*, 1967 filmte sie mit dem Teenager-Seufzer Dean Martin den komischen Thriller *Wenn Killer auf der Lauer liegen*, mit Robert Wagner ebenfalls in Hollywood als Gaststar in der TV-Serie *Ihr Auftritt, Al Mundy*, sie drehte mit Frank Sinatra und George Hamilton, John Wayne und Edward G. Robinson, bereits 1965 gewann sie einen Golden Globe als beste Nachwuchsdarstellerin. Auch Richard Harris und Yul Brynner – er drehte mit ihr seinen UNO-Film *Mohn ist auch nur eine Blume* – agierten im Film mit ihr.

Dass Senta gegen diese Glorreichen immun war, lag nicht zuletzt an Michael Verhoeven, in den sie sich 1963 verliebt hatte. Medizinstudent, Regisseur und Schauspieler, wie der Rest der Familie. Sie heirateten drei Jahre später, gründeten aber vorher eine eigene Sentana-Filmproduktion. Mehr als fünf Dekaden später darf man wohl behaupten, dass ihre Ehe, die Familie mit den beiden Söhnen, Simon Vincent, Jahrgang 1972, und Luca Paul (1979), die Balance zu Sentas arbeitsintensivem Stardasein garantierte.

Kaum hatte Senta Berger Hollywood abgegrast – auch Michael lebte mit ihr drüben – da lockte Cinecittà mit Paraderollen wie *Als die Frauen noch Schwänze hatten* und *Roma Bene – Liebe und Sex in Rom*. »Hollywood war am Niedergang«, urteilte Senta, bereits in Rom etabliert. »Man bot mir eine Rolle mit 100 000 Dollar Gage. Klamauk, Klamauk, hahaha, schon wieder ein Japs erschossen. Der Film war zu blöd. Die Lollo hat dann die Rolle gespielt – was hatte sie davon? Nur das Geld! Und ich fragte mich: Was machst du hier noch?«

Italien feierte sie als »la Berger«, obwohl Senta behauptete: »Die Zeit der Sexbomben ist passé.« Die Leute gingen ihretwegen ins Kino.

Nicht nur auf die Oberweite kommt es an. Schmunzelnd und voller Selbstironie sprach Senta Berger von Busengröße: »Als ich 1976 meinen ersten Film in Berlin gedreht habe, da war ich ganz aus dem Häuschen«, gestand sie, »der Kostümbildner hatte meine Maße genommen und mir gratuliert: ›Sie haben genau die

Maße von Sophia Loren. Wir haben doch hier für sie die Kostüme für *Prinzessin Olympia* geschneidert.‹ Da war ich nicht wenig stolz, obwohl mir sonst mein Busen eher peinlich war.«

Sentas wohlproportionierter Stolz schmolz allerdings dahin, als sie dann der Loren in Cinecittà zum ersten Mal persönlich begegnete: »Ich bin nämlich ganze 1,67 Meter groß, die Loren aber 1,77. Und die zehn Zentimeter machen unerhört viel aus.«

Senta bemühte sich, mit Erfolg, die Maße der Loren abzubauen: »Wir Sexbomben von damals waren ja gegen die heutige Pornowelle wahre Taferlklassler. Mein zweiter Film hieß *Meine Frau das Callgirl*. Der Titel wurde von der Freiwilligen Film-Selbstkontrolle verboten. Auch der zweite Titel *Immer Ärger mit dem Bett* wurde als obszön verworfen. So streng waren die Bräuche. Das italienische Kino hat mich geschluckt, absorbiert. Italien ist ein klassisches Kinoland, in dem es eigentlich nur gute Restaurants und das Kino gibt. In jeder Krise. Man kennt keine Ausflugsziele und keine Kinderspielplätze, die Klubs sind teuer und die Diskotheken für die Reichen. Im Sommer gibt es das Meer und das Kino, im Winter das Kino. Daher resultiert, dass jedermann ›la Berger‹ kennt.«

Aber Rom hatte auch seine Tücken: Was helfen schon 200 Quadratmeter Dachterrasse im 6. Stockwerk – ohne Lift. »Drei Mal wurde eingebrochen«, seufzte Senta, »und offen bleibt die Frage, ob die Tipps dafür nicht aus dem Gefängnis vis-à-vis kamen, wenn die Wohnung unbewohnt wirkte. Man kann halt dort in einem Haus ohne Hausmeister nicht leben. In der Nähe kein Spielplatz, kein Grün. Aber wer hält auf die Dauer italienische Poststreiks und versagende Müllabfuhr aus. Mir sind auch die Leute einfach zu korrupt. Ich hatte eine Flugreservierung telefonisch gemacht. Als ich rauskomme zum Flughafen, sehe ich, wie ein römischer Kavalier dem Schalterbeamten 10 000 Lire schmiert, und schon hatte er meinen Platz.«

Als Senta ihrem Kollegen Mario Adorf, der ständig in Rom lebte, darob ihr Leid klagte, meinte Mario trocken: »Tröste dich,

ich könnte nicht mehr in München leben. Ich wüsste nie, wen man nicht bestechen darf.«

Schließlich haben Michael und Senta doch eine größere Villa in Geiselgasteig gekauft:»Wir fragten uns, wo kann wer arbeiten und trotzdem nicht dort wohnen? Und das passte auf mich, wenn ich vielleicht auch ohne Wohnsitz in Rom nicht alle Chancen herausholen kann, die sich bieten würden. Doch was soll's. Michael fühlt sich dort schlecht, meine Eltern fühlen sich dort schlecht …«

Vieles von dem, was Senta über Rom fühlte, traf auch auf Wien zu. Nur dass sie hier nicht einmal die Basis für ihre Filmkarriere gefunden hätte.»Vielleicht«, sinnierte die Wienerin aus Leidenschaft,»ist das so wienerisch an mir, dass ich was zum Raunzen brauch. In Wien lebt man gut, beim Demel ein Stück verbotene Torte, ich trinke gern Kaffee. Richtig süchtig bin ich aufs Dorotheum, auf die Museen und Galerien. Aber vielleicht gefallen mir Wien und Rom auch nur so gut, weil ich dort nicht leben kann.«

»Ich hatte in Trastevere eine 5-Zimmer-Wohnung mit einer 200-Quadratmeter-Dachterrasse. Himmlisch, aber viereinhalb Meter vis-à-vis waren die Gitter eines Gefängnisses. Und ich musste immerzu daran denken, wie die armen Teufel da drüben danach lechzten, mich im Bikini in der Sonne zu sehen.«

Da klang wohl ihre soziale Ader durch. Zu Sentas TV-Show *Achtung Männer – wir kommen* schrieb ich über sie:»Senta, bei der die rote Haarfarbe bis in die Gehirnzellen vorgedrungen ist.« Sie forderte schon damals 1970:»Ein sozialer Staat muss vor allem kostenlose Kindergärten und kostenlose Schulen bauen.« Sie setzte sich für Schwangerschaftsunterbrechungen ein, weil Ehepaare selbst bestimmen sollten, wann und wie viele Kinder sie haben möchten.»Meine Mutter war 41, als ich zur Welt kam. Als einziges Kind«, schilderte sie,»nicht zuletzt so spät, weil meine Großmutter auf einem Küchentisch bei einer Schwangerschaftsunterbrechung verblutet ist. Sie gehörte nicht zu den Frauen, die sich keine Kinder wünschen, weil sie ihre schlanke

Linie bewahren oder keinen Busen wollen. Sie war nach neun Schwangerschaften einfach zu erschöpft, um ein zehntes Kind zur Welt zu bringen. Deshalb vertraute sie sich einer ›Expertin‹ an.« Für Sentas Mutter, damals erst 14, der totale Schock.

Die Verhoevens planten ihre Kinder. Bis hin zu den Vornamen. Ein Mädchen hätte Theresa geheißen. Für die Buben ließen sie sich sogar einen holländischen Kalender kommen: »Verhoeven ist ja schließlich auch ein holländischer Name.«

Michael hatte längst für seinen Film *Paarungen*, ursprünglich *Wer im Glashaus lebt* – ich hatte ihnen den Zugang zu Hundertwassers Glasatelier hoch über dem Graben vermittelt – Einladungen zu den Filmfestspielen in Berlin und Mar del Plata erhalten. Bei beiden Festivals gab's Probleme mit der Zensur. »Wir waren unserer Zeit voraus«, glaubte Senta als Produzentin, »es ging um eine freizügige Liebesszene. Im Vergleich zur heutigen Pornowelle eine Liebe unter Taferlklasslern. Titel wie mein Film *Immer Ärger mit dem Bett* wurden verboten, so streng waren die Bräuche.«

Niemand zweifelt mehr am Regisseur Michael Verhoeven. Er drehte beeindruckende Filme wie *Die weiße Rose* mit Lena Stolze als Sophie Scholl, bis zur Erfolgsserie *Die schnelle Gerdi*. Spätestens seit *Kir Royal* an der Seite von Franz Xaver Kroetz als hinreißende Lebensabschnitt-Liebste hat Senta Berger die deutschsprachigen Bildschirme fest im Griff.

»Momentan bin ich nur Ehefrau. Ich habe mein Stargeschäft zugesperrt für die nächsten drei Monate. Ich will momentan nix vom Film hören«, lachte Senta Berger 1967 beim Kurzbesuch mit Gatten Michael in Wien. Sentas Wiener Programm: moderne Kunst und alte Möbel, viel Familie und wenig Theater. *Vom Teufel geholt* mit Käthe Gold und noch die Nurejew-Galapremiere des *Don Quixote*-Balletts in der Staatsoper.

»Ich habe endlich einmal Ruhe gebraucht«, gestand mir Senta beim Tafelspitz im Halali, »immerhin habe ich heuer vier große

Filme gedreht. Jetzt möchte ich endlich unser Haus in München einrichten.« Wien, so meinten die beiden, sei nämlich ein gutes Pflaster, wenn es um Möbel und Bilder gehe. »Wir ärgern uns heute noch grün, dass wir nicht die beiden Schiele-Bilder bei der Herbstauktion im Dorotheum ersteigert haben.«

Bei dieser Auktion im Sommer 1966 herrschte bereits Sauregurkenzeit. In den leeren Sesselreihen fanden sich nur einige lustlose Steigerer. Viele Kunstwerke gingen nach knapper Preiserhöhung, manche schon beim Rufpreis weg.

So etwa wurde ein weiblicher Rückenakt von Gustav Klimt – Ruf: 4000 Schilling, Schätzwert 12 000 Schilling – bereits bei 5500 Schilling an den Mann gebracht, für Klimt ein sehr schwacher Preis. Selbst Kubin-Blätter floppten, auch ein Chagall ging billigst weg.

Auch die Ergebnisse, die für zwei Schieles erzielt wurden, passten zu diesem Dilemma: Egon Schieles *Mädchenakt mit grünen Strümpfen*, der unter der Nr. 341 für 40 000 Schilling angeboten wurde und von Dorotheums-Experten auf 120 000 Schilling Wert geschätzt wird, brachte bare 85 000 Schilling. Schieles Graphitstiftzeichnung *Zwei Frauen* – Ruf: 25 000 Schilling, Schätzwert 70 000 Schilling – ging bei 35 000 Schilling weg, ohne dass auch nur ein Auktionsbesucher mitgesteigert hätte. Beide Bilder waren bereits durch Sensalauftrag angesteigert worden und fanden keine weiteren Interessenten, die mitgeboten hätten.

Glück für Senta und ihren Michael, dass jeder sein »Muh«-Zimmer hat. Deshalb hatten sie sofort in Wien Prof. Susi Nicoletti angerufen. Sie waren gerade zwei Monate und ein paar Tage verheiratet, als sie den Rat von Susi Nicoletti befolgten: »Muh-Zimmer, das heißt, ich darf in Michaels Zimmer nicht Muh machen, er nicht in meinem. Da kann man sich einmal zurückziehen, wenn es knistert. Und die Susi meint, das bleibt in einer Ehe nicht aus … Im Muh-Zimmer darf man einen Kopfstand machen, aber nicht weiterkeppeln.«

Sie hatte sich das Rauchen abgewöhnt, und zum ersten Mal in ihrem Leben verpasste sie ein Flugzeug. Eindeutiger Beweis, dass das Muh-Zimmer noch nicht gefragt war. »Vor lauter Lachen, einfach verpasst«, strahlte Senta, »Michael und ich haben beim Frühstück Karl Valentin gelesen und uns dabei zerkugelt. Die Maschine nach Berlin sollte um halb drei gehen. Und auf einmal war's schon zwei. Da habe ich die nächste genommen.«

Woraus ersichtlich ist, dass man im Hause Verhoeven-Berger nicht nur lustig lebt, sondern auch sehr spät frühstückt.

Natürlich flog ich nach Berlin, als Senta Berger den britischen Thriller *Das Quiller-Memorandum* als weiblicher Star drehte. Die männlichen Hauptdarsteller – erste Garnitur: Sir Alec Guinness, der New Yorker George Segal, der mit Richard Burton und Liz Taylor *Wer hat Angst vor Virgina Woolf?* drehte, dazu als Agent Quiller der Schwede Max von Sydow, der daneben noch bei Ingmar Bergman *Die Stunde des Wolfs* filmte.

Vom Flughafen Tegel fuhr ich sofort in eine Gegend, die eher an einen alpenländischen Heimatfilm erinnerte: Ganghoferstraße/Ecke Donaustraße. Und das im Berliner Bezirk Neukölln. Aber an dieser speziellen Adresse fand sich ein optisch höchst ergiebiges Hallenbad im Stil von anno 1910 mit falschen griechischen Säulen und ähnlichem Tralala.

Unter dem Bildnis eines Coleodonta antiquitatis, zu deutsch: Eiszeitnashorn, agierte Senta als Schwimmlehrerin. Der berühmte englische Bühnenautor Harold Pinter schrieb das Drehbuch der Zwölf-Millionen-Mark-Produktion. Regisseur war der Engländer Michael Anderson, dem mit *In 80 Tagen um die Welt* und *Operation Crossbow* mit Sophia Loren der große Wurf gelungen war.

»Ich laufe laut Drehbuch dem Agenten Quiller, der gerade in Berlin eine Gruppe Neonazis und ihren Chef jagt, über den Weg. Das Wort Neonazis wird nie ausgesprochen«, schilderte mir Senta ihre Rolle. »Eigentlich ist das kein politischer Film. Dass

Quiller Jagd auf Neonazis macht, bildet den Hintergrund für eine ungewöhnlich spannende, psychologisch dramatisch gebaute und ganz auf Überraschung zugeschnittene Story. Ich spiele dabei diese sehr zwielichtige Volksschullehrerin, von der man glauben muss, dass sie zu den Neonazis gehört. Das Drehbuch Harold Pinters ist eine wahre Wonne, da ist kein Wort zu viel. In diesem Film gibt es keine Pistolen, keine Revolver. Es strapaziert die Nerven genug, wenn ein Mann die Stiege hinaufgeht und der Kinobesucher weiß, da oben lauert einer.«

Berlin war einfach in Mode für Agenten und ihre Zelluloid-Taten. Seit *Der Spion, der aus der Kälte kam* (1965) mit Richard Burton zogen die Engländer zum dritten Mal – auch der Agenten-Thriller *Finale in Berlin* wurde hier gerade gekurbelt – an die Spree, um das Gruseln zu lehren. Im speziellen Fall wurde als Gänsehauterreger auch ein lang gepflegter deutscher Gruß in abgewandelter Form benützt. Mitten im englischen Text grüßt einer jedenfalls mit den schlichten, deutschen Worten: »Heil, Herr Reichstagsführer!«

Mit den Realitäten des Ost-West-Alltags von Berlin sah sich Sir Alec Guinness, von der Queen geadelter »Lady-Killer«, konfrontiert, als er zum ersten Mal seinen Fuß auf Ost-Berliner Boden setzen wollte. Vom Mercedes 250 SE aus. »Schon deshalb nahm ich meine relativ kleine Rolle in *Das Quiller-Memorandum* an, um das Fluidum dieser geteilten Stadt selbst zu erforschen«, versicherte mir Sir Alec nach seiner Rückkehr vom Brandenburger Tor. »Wir wollten mit dem Auto rüber. Aber schon am Checkpoint Charly war Schluss. Die Vopos ließen uns nicht passieren, weil unser Lenker ein Westberliner war. Also bin ich mit meinem Begleiter, dem Journalisten David Lewin, zu Fuß hinüber. Man muss das alles selbst einmal erlebt haben. Wir sind zu Fuß durchs Brandenburger Tor, dann ›Unter den Linden‹ bis zum Alexanderplatz. Es sind zwei verschiedene Welten. Dann versteht man ganz plötzlich, weshalb Berlin ein so spannungsgeladenes Fluidum aufweist.«

Nahezu verblüffend war, dass der »Mann mit den 1000 Gesichtern«, der nicht nur als Schauspieler, sondern auch wegen seiner Maskierungen berühmt war, in Berlin von kaum jemandem angestarrt wurde. Nur wenige erkannten ihn, wenn er privat am Ku'damm seinen Tee trank oder abends in seinem Lieblingsrestaurant, dem französischen Maître, in der Meineckestraße speiste.

»Sir Alec ist ein wunderbarer Kollege, so bescheiden«, lobte denn auch Senta Berger. Als ich sie fragte, wie viele Filme sie gedreht habe, seit ihre Karriere startete, nahm sie alle vier Hände und zählte und zählte. Dann kam sie drauf, dass vier Hände und 20 Finger nicht reichten: »Das *Memorandum* ist mein 28. Film. Ich bin ein fleißiges Lieschen.«

Nicht zu vergessen, dass sie vom Theater kommt. Mit Klaus Maria Brandauer stand sie 1979/1980 in *Tartuffe* an der Wiener Burg, aber auch in Hamburg und am Schiller-Theater auf den Brettern. Und dann spielte sie natürlich von 1974 bis 1978 die Buhlschaft, zuerst mit Jedermann Curd Jürgens, dann die Fortsetzung mit Maximilian Schell. »Wenn man in Österreich als Schauspielerin etwas gelten will, dann muss man eben auch die Buhlschaft gespielt haben«, gestand sich Senta wahrend der Proben mit Curd Jürgens ein. Da fühlte sich die schöne Hietzingerin wieder als Österreicherin: »Ich habe schließlich, wie auch meine Söhne, sowohl die deutsche als auch die österreichische Staatsbürgerschaft. Das verdanke ich Bruno Kreisky.«

Dass zwischendurch Christiane Hörbiger für sie als Curds Buhlschaft einspringen musste und sie erst wieder bei Maximilian Schell ihren Vertrag erfüllte, lag an einer schweren Operation: »Ich hatte eine Eileiterschwangerschaft und habe meine Schmerzen lange verschwiegen. Das ist das Lampenfieber, wurde mir gesagt. Aber zum Glück bin ich ja mit einem Arzt verheiratet. Es war fast zu spät, weil für mich beruflich das Motto gilt: »Schmerzen gibt es nicht – geweint darf nicht werden.«

So hatte es Senta auch schon bei den Proben mit Curd gehalten. Da lief Senta am Domplatz aus Angst vor dem Tod laut schreiend von der Bühne, kam auf der abschüssigen Rampe ins Schleudern, stürzte und rutschte Kopf voran auf Händen, Brust und Knien gute drei Meter über die Bretter, die ihr sonst die Welt bedeuten. Herz hatte sie. Sie war gleich wieder auf den Beinen: »Schon gut, nix passiert.« Dabei hatte sie auf der Hand eine Blase, und beide Knie waren bis auf den Knochen blutig abgeschürft.

*Jedermann*-Regisseur Ernst Haeusserman ächzte: »Hals- und Beinbruch wäre sehr schlecht schon jetzt bei den Proben …«, während Senta sich entschuldigte: »Perfekter geht der Abgang aus Angst vor dem Tod wirklich nicht. Schade, dass ich mir das nicht für die Premiere aufgehoben hab.«

Ein Bett, erst vor fünf Tagen im Wiener Dorotheum für 700 Schilling samt den Matratzen ersteigert, im Mittelpunkt der gläsernen Prachtkuppel mit greifbar nahem Stephansdom platziert, war das wichtigste Requisit. Dazu eine Pistole, von der man erst später weiß, dass sie mit Platzpatronen geladen ist, und 48 Schachteln mit 3er-Zigaretten der Tabakregie. Die Requisiten für die Szene: Frau kommt vorzeitig heim und erwischt ihren Ehemann mit einer anderen im Bett. Ausgangspunkt zahlloser großer Dramen und kleiner Tragödien. Die zahllosen Variationen des Themas, die nachfolgen, bleiben jedem selbst überlassen.

Michael Verhoeven kurbelte 1970 im Wiener Hundertwasser-Atelier, sechs Stockwerke hoch über dem Graben, eine Version, die bislang nie aufschien: Der Mann in der Konfliktsituation zwischen Frau und Freundin, zwischen bürgerlicher Existenz und nicht realisierten Träumen, erkennt den Graben, zwischen dem, was man will, und dem, was man nicht tut. Der Graben ist nicht nur eine Wiener Straße, sondern Zäsur, Trennung, Kluft.

Die beiden Frauen sind zum Arrangement bereit, doch der Mann verlässt beide. Zum ersten Mal konsequent.

Schlank, rothaarig und im schwarzen hautengen Baumwolllei-
berl dynamische Sensualität versprühend, spielte Senta Berger,
wie auch im Privatleben, die Rolle der Ehefrau. Die blonde
Schwedin Marianne Blomquist tänzelte in einem roten Seiden-
fetzerl barfuß als die Freundin herum. Wenn man sie so
anschaute: ein eher schlampertes Verhältnis. Seinen männlichen
Hauptdarsteller hatte Regisseur Verhoeven von seinem letzten
Film o.k. mitgebracht. Hartmut Becker war einer der Soldaten
und erntete gute Kritiken.

Die Requisiten – neben dem 700-Schilling-Bett noch eine
antiquierte Polstergarnitur und ein silberner Jugendstil-Spiegel,
dessen Preis von 700 Schilling auf 1300 Schilling geklettert war –
hatten Senta und Ehemann zwei Tage vor Drehbeginn im Dorotheum ersteigert. Am Höhepunkt der Krise darf Igor, der Ehemann mit zwei Frauen und einem Monatseinkommen von
38 000 Schilling, nachdem er sein Telefon abgemeldet und seinen Arbeitsposten gekündigt hatte, die Möbel total zertrümmern. Zwischendurch raucht er auch noch drei 3er auf einmal,
räumt die 48 3er-Packungen sinnlos aus und schreit, während er
die Glimmstengel auf die Straße wirft: »Ich schmeiße kleine
weiße Bomben auf Wien.«

Mit dem Titel *Paarungen* wurde der Film dann zum Filmfestival nach Berlin eingeladen. Aber die deutsche Freiwillige Selbst-
kontrolle lehnte den Film als »unsittlich und schockierend« ab.
Es ging da um eine eher nackte Liebesszene, aber Michael Verhoeven weigerte sich: »Ich kann die Szene nicht beschneiden, sie
ist dramaturgisch bedingt.« Senta, die 4,5 Millionen Schilling
eigenes Geld investiert hatte, leistete Schützenhilfe: »Es ist ein
künstlerischer Film. Niemand löst das Problem, indem er Zensur übt.«

Zwar hatte das Festival von Mar del Plata die *Paarungen* eingeladen, aber auch die Argentinier legten sich wegen der anstößigen Liebesszene quer. Da half auch nicht, dass Weltstar Senta
Berger persönlich zum Festival kam. »Ich habe die Szene rausge-

nommen«, seufzte Regisseur Verhoeven, »sonst hätten sie den Film gar nicht gezeigt.«

Die Zertrümmerungs-Szene ließ sich auch Maler Friedensreich Hundertwasser nicht entgehen.

Ich hatte die Fäden gesponnen, und Freund Friedensreich hatte sein Atelier der Sentana-Filmproduktion nur gegen Ersatz von Strom und etwaiger Reparaturen kostenlos überlassen. Ganz fixe Pläne hatten die Filmer für den letzten Drehtag: Auf dem großen Bett genossen sie ein »Sleep-in«. Und danach wurde auch dieses Riesenbett zertrümmert. »Es war schon teuer genug, diese Schabracke von außen zum Atelier hochzukriegen«, erklärt Senta dazu, »das Zertrümmern kommt jedenfalls billiger, als wenn wir es jetzt wieder an Seilen nach unten geschafft hätten.«

Zum 70. Geburtstag am 13. Mai 2011 bescherte sich Senta ihr eigenes Kochbuch: *Rezepte meines Lebens*. Mit 97 Jahren hatte ihre Mutter Resi – sie wurde 99 – ihren letzten Apfelstrudel gezogen: »Jetzt bist du dran …«

# Helmut Berger
## Der Kuckuck auf dem Lotterbett

1972 war der deutsche Film fest in österreichischer Hand. Gelassen registrierte *Adabei* dies Faktum bei der Münchner *Soiree der Stars*, die *Rififi*-Star Carl Möhner (Graz) auf die Beine gestellt hatte. Da tanzten die größten Kintopp-Namen – abgesehen von den Pariser Importen Jean-Claude Brialy, Pierre Brice und Eddie Constantine – mit österreichischem Zungenschlag: Helmut Berger (Salzburg), die grandiose Visconti-Entdeckung, in Rom und Hollywood gefragt, Senta Berger (Wien-Hietzing), in Italien ein Star in der Größenordnung Sophia Lorens, Curd Jürgens (Wiener Ex-Burgmime), Christine Schuberth (Wien-Hietzing), als »Mutzenbacherin« Deutschlands größter Kassenfüller, an der Seite ihres Produzenten Karl Spiehs (Ternitz-Niederösterreich), die Regisseure Franz Antel (Wien), Franz »Zwetschi« Marischka, ebenso wie F. J. Ulli Gottlieb (Wien), Veit Relin (Linz), mit Gattin Maria Schell, bei der man eigentlich auch Wien in Klammern dazusetzen müsste. Das Einzige, was mich davon abhielt, war ihr Bruder Maximilian Schell, der mich mit der Frage begrüßte: »Na, was sagst zu unseren Skifahrern?« An diesem Abend fühlte sich Max nämlich wieder als Schweizer, dessen Ski-Asse siegreich waren.

Das schönste Kleid des Abends – gelb-grün-schwarz mit Fransen und Pumphosen – trug für mich Senta Berger. Ein Modell von Ossie Clark, London. »Ossi wie der Ocwirk«, lachte Senta, denn sie hatte trotz Cinecittà Wien nicht vergessen.

Der blonde Helmut Berger wich an diesem Abend nicht von der Seite seiner Verlobten Marisa Berenson, dem schönen *Vogue*-Model, das zwischen Paris und New York pendelte, Enkelin der römischen Modeschöpferin Schiaparelli. Nur ein Mal tanzte Marisa mit Jean-Claude Brialy, da rutschte ihr kleiner süßer Busen aus dem raffinierten Abendkleid, dessen Oberteil nur aus zwei Trägern bestand.

Kaum saß Marisa wieder neben ihrem schönen Herzbuben, nahm mich Senta zu den beiden: »Helmut, darf ich dir Roman Schliesser vorstellen, ein lieber Freund und guter Journalist ...«

»Ich scheiß auf Journalisten, gut oder nicht«, distanzierte sich Helmut Berger.

»Und ich, Herr Berger«, konterte ich, »scheiß auf unhöfliche Flegel, egal ob Filmstar oder nicht!«

War nicht gerade die feine, englische Art, aber auf einen groben Klotz gehört ein grober Keil. Zeigte auch Wirkung. Denn als ich im weiteren Gedränge des Abends wieder an Helmut Berger vorbeimusste, klang er fast zahm: »Komm her, du Arsch, hab dich nicht so zickig. Setz dich zu uns.« Also setzte ich mich dazu, ich wollte schließlich doch Marisa Berenson kennenlernen.

Daraus wurde eine jahrelange Berg- und Talfahrt bis hin zu einer Kussattacke auf der Terrasse vom Hilton Roma, mit Wiener Zwischenstopps – samt Marisa Mell – beim Wiener Demel. Dass Helmut Berger zwischendurch auch einmal drei Jahre lang verheiratet war, spielte da kaum eine Rolle, höchstens, als es um sein von Visconti geschenktes Lotterbett aus Messing ging, auf dem sogar ein Kuckuck pickte.

Ein Lotterbett im wahrsten Sinne von klassischer Rarität. Nicht nur wegen der Ornamente. Das gefederte Gestell hatte eine wahre Völkerwanderung prominenter Damen und Herren erlebt. Das Bett als Schlachtfeld, eine Walstatt bisexueller Leidenschaft.

Helmut Berger hatte es von seinem Entdecker und der großen Liebe seines Lebens, Starregisseur Luchino Visconti, der ihn als traurigen »Ludwig II.« verherrlichte, ihn in *Die Verdammten* in die Rolle Marlene Dietrichs als »Blauen Engel« schlüpfen ließ. So überwältigend, dass die Dietrich ihm ein Rollenfoto mit Widmung schickte: »Wer von uns beiden ist die Schönere?«

Und auf diesem Bett klebte plötzlich der Kuckuck. Seine Ehe mit der hinreißenden Römerin Francesca Guidato war nach nur drei Jahren passé. War ja vorauszusehen. Die wirkliche Überraschung bestand ja eigentlich darin, dass Helmut Berger, Filmstar, Exzentriker und schlechthin die Inkarnation des Ausgeflippten überhaupt das Ja-Wort gehaucht hatte, »Si, si!« – wahrscheinlich aus einer Laune heraus. Wie so viele Verrücktheiten in seinem Leben. Aber die Tatsache bleibt bestehen: Der schöne Salzburger, geboren als Helmut Steinberger, damals auch schon 53, hatte im November 1994 die römische Francesca vor einem Standesbeamten geehelicht.

Francesca, die als Schauspielerin und Schriftstellerin kaum über Cinecittà hinauskam, hatte eine elfjährige Tochter mitgebracht, Elizabeth. Ihr Vater war der brasilianische Kickerstar João Batista. Schwer vorstellbar, dass Helmut Berger auch in die Rolle des liebenden Stiefvaters zu schlüpfen vermochte.

Nicht zuletzt krachte die Ehe, weil Francesca das Geld für sündteure Kleider, Parfums, Maniküre, Pediküre und Friseure rauswarf. Jedenfalls wurde Berger bei der Scheidung dazu verdonnert, seiner Ex monatlich 50 000 Schilling Unterhalt zu zahlen. Was er, wie nicht anders zu erwarten, nicht tat. Francesca rief die Gerichte an, der Gerichtsvollzieher kreuzte samt Möbelpackern auf. Möbel, teure Bilder, Briefmarken und das Lotterbett wurden gepfändet. Unter Polizeischutz, denn bei Berger weiß man ja nie, wie er reagiert.

So hochintelligent er auch ist, sein Lebensstil ist außerhalb jeder bürgerlichen Norm. Exzessiv, ausgeflippt, mit Grenzen, die zwischen Champagner, Pillen und Koks verfließen. So hatte Marisa Mell, seine Grazer Geliebte, Freundin, Wohnungsnachbarin und Spießgesellin in der römischen Guido Banti 34, Helmut 1977 das Leben gerettet. Vollgepumpt mit 30 Valium und einer Flasche Whisky kam er in die Intensivstation. Aber es war kein Selbstmordversuch, trotz der Depressionen nach Viscontis Tod.

»Helmut ist ein zärtlicher Liebhaber«, schrieb Marisa in ihren nie veröffentlichten Memoiren *Es muss nicht immer Sünde sein* (Arbeitstitel), »ich war heiß auf ihn. Als ich meiner Mutter erzählte, ich hätte ein Verhältnis mit Helmut, war sie gar nicht glücklich. Als ich ihm das sagte, lief er schnurstracks zum Telefon, rief meine Mutter an: »Kannst du, bitte, deiner Tochter sagen, sie soll das Mundwerk halten, nicht unsere Intimitäten ausplaudern. Sie ruiniert meinen Ruf als ›Gay Lover‹ …«

Lange bevor es schick wurde, sich zu »outen«, hatte Berger kein Hehl daraus gemacht, dass er's sowohl mit Damen als auch mit Knaben trieb. Auch ein gewisser Exhibitionismus gehörte dazu. Es konnte glatt passieren, dass er vor Gästen die Bettdecke von der nackten Marisa riss und jauchzte: »Seht mal, wer bei mir im Bett liegt. Ist sie nicht wunderschön …?« Marisa blieb jedenfalls die Erinnerung an Viscontis Messing-Bett: »Es klapperte manchmal zum Wahnsinnigwerden.«

Sicher war's für Helmut Berger eine Art Schock, dass er im Testament seiner großen Liebe, Visconti, nicht bedacht wurde. Zumindest schien's am Anfang so. Als Berger dann erfuhr, dass er Viscontis Privatjacht geerbt habe, schnaubte er indigniert: »Was soll ich mit einer Jacht? Jachten langweilen mich zu Tode. Ich will Liechtenstein.«

Aber das wahre Erbstück, Viscontis Bett, blieb ihm. Nach Visconti landeten auf diesen Matratzen auch noch Marisa Berenson, Ursula Andress, Amanda Lear, Linda Blair, die Helmut trotz *Exorzist* einen »süßen Satansbraten« nannte, Florinda Bolkan und Bianca Jagger. Sie hatte sich Berger beim Filmfestival in Cannes geangelt. Gemeinsam mit dem schönen Helmut teilte die Ehefrau des Ober-Rolling Stones Mick Jagger auf Zimmer 133 des Carlton das Bett. Ehemann Mick war auf Tournee in den USA unterwegs.

Beide schliefen bis in den Abend hinein. »Gefrühstückt« wurde oft erst abends um sieben. »Es hat halt wieder sehr lange gedauert, wir sind erst mittags um zwölf von der letzten Nacht her ins Bett gekommen«, erklärte Helmut völlig ungeniert, während er mit Bianca im Bett lag. Dann verschwand er zuerst im Bad und hinterdrein Mrs. Jagger. Berger rief sie übrigens zärtlich »Blanche«.

Der schöne Salzburger genoss in Cannes außerdem noch seinen großen Erfolg als Schauspieler in dem Film *Die romantische Engländerin* von Joseph Losey.

Als Bianca und Helmut mit einem zweimotorigen Chris-Craft-Boot nach Monte Carlo unterwegs waren, um an Bord des Niarchos-Schiffes Atlantis zu gehen, brach auf dem Motorboot ein Feuer aus. Berger und seine Rolling-Stones-Aphrodite mussten Schwimmwesten anlegen. Ein Matrose löschte die Flammen und reparierte den Motor wenigstens so, dass sie im Schneckentempo zum nächsten Hafen kamen.

Reederkönig Stavros Niarchos, dem der größte Privatdampfer im Mittelmeer gehörte, war entzückt, dass Bianca Jagger zu seinem Fest in einem blauweißen Basketball-Anzug mit der Rückennummer 5 anrückte. Weil die beiden am nächsten Tag bei einer Party von Hollywoodstar Ann-Margret in Saint-Tropez versumpften, verschliefen sie den Abflug von Nizza nach Rom. Ganz offensichtlich hatte Helmut Berger da eine Dame gefunden, die genau zu seinem Lebensstil passte.

Auch Mick Jagger wurde Bergers erotischen Ansprüchen gerecht. In seiner Autobiografie *Ich* verrät der Autor: »In diesen T-Shirts und Elefantenhosen alles eng und groß.« Nach einer Amoktour durchs Pariser Nachtleben vom Le Flore bis zum Crazy Horse landeten die beiden im Morgengrauen im Bett von Biancas Suite im Plaza Athénée – zu müde für einen flotten Dreier.

Geweckt wurden sie durch das blöde Gequatsche anderer Gäste im Gartenrestaurant. Und nach den nachgeholten Leibesübungen zu dritt pieselten die bösen Buben auf Köpfe und Sonnenschirme von Madame Rochas, von Yves Saint Laurent und einer Baronesse Rothschild. Sehr zum Verdruss des humorlosen deutschen Hoteldirektors. Nach der Erfahrung der Trio-Nacht entschied Helmut: »Ich mag Mick sehr gern, aber Bianca noch lieber.«

Das Rätselraten, ob schöne Frauen oder gar Herren bei ihm mehr Chancen hätten, hatte Berger da schon längst beendet: »Ich habe das Versteckspiel satt«, hatte er römischen Reportern eröffnet, »ich sage offiziell, dass ich bisexuell bin. In der Liebe bin ich von notorischer Untreue, denn ich will mich keineswegs binden. Ich wechsle meine Verlobten wie die Hemden. Glücklich bin ich nie gewesen. Das Glück erscheint mir wie ein Wahnbild …«

Die Verlobung mit Marisa Berenson dauerte zwar am längsten, aber geheiratet hat sie dann einen anderen. Erstes Vorzeichen eines Gewitters: Bei einem gemeinsamen Urlaub im Jet-Set-Planschbecken Saint-Tropez versuchte sie ihren Verlobten durch einen Flirt mit einem italienischen Grafen eifersüchtig zu machen. Lover Helmut ließ eine Flasche Roederer Cristal knallen, breitete Marisas sündteure Couture-Kleider am Boden aus und schnitt dann mit einer großen Schere ihre textilen Träume in bizarre Streifen.

»Ich war jahrelang verrückt nach Helmut, und er nach mir. Ich habe jahrelang geglaubt, dass wir heiraten. Damals war ich einen Tag sehr glücklich, einen Tag sehr unglücklich. Ich hatte immer das Gefühl, dass er ganz oben auf der Leiter stünde und ich nur am Fuß der Leiter lächeln dürfe. Dann begriff ich: Helmut ist ein großes Kind, ein Mensch, der nie bereit sein wird, Verantwortung zu tragen. Die Zeit mit ihm war ein Martyrium für mich«, begründete Marisa, weshalb sie ihn verlassen habe, »aber durch Traurigkeit muss man hindurch, durch Leid wird man reifer. Jetzt fühle ich mich reif für einen richtigen Mann. Und das ist David Rothschild. Seine Liebe zu mir ist wie ein wärmender Mantel.«

Dann war da die attraktive Florinda Bolkan, die sich mit dem Sager legitimierte: »Raquel Welch hat Busen, ich habe Hirn.« An der Seite von Richard Burton hatte sie auch schon Liz Taylor zur

Weißglut gebracht. Helmut Berger flog mit ihr 1973 zu den Synchronarbeiten für den Karl-Spiehs-Film *Reigen* (Regie: Otto Schenk) nach München. Mit Florinda, die er zärtlich »Flo-Flo« nannte, bezog er in der Nobelherberge Vier Jahreszeiten das durchgehende Appartement 219. Auf meine Frage, wie tief der Flirt diesmal gehe, gab der Salzburger Weltstar eine diplomatische Antwort: »Florinda hat eine Schwäche für blonde, blauäugige Männer. Ich bin blond und blauäugig.«

Ausgelöst wurde meine Neugier, weil Helmut und die langbeinige Florinda in München vorwiegend in Sachen Hausrat unterwegs waren. Wenn er nicht synchronisierte, kauften sie händchenhaltend und busselnd Küchengeräte, Bettzeug, Porzellan, ein Radio samt Tonband und Insektenkiller. Alles allerdings für Florindas Villa in Porto Rotondo (Sardinien), wo Helmut gerade mit »Flo-Flo« einen Monat lang Ferien gemacht hatte.

Erst gab's Ohrfeigen für die Dame, dann ein blaues Auge für Helmut Berger. Und das verteilt über zwei Kontinente. Bei den Dreharbeiten für *Reigen*, einem Lieblingsprojekt von Karl Spiehs, waren Weltstar Sydne Rome, die Roman Polański für seinen Film *Was?* entdeckt hatte, und Helmut Berger laut Drehbuch gemeinsam im Bett gelandet. Dass sie das Rollenspiel auch ohne Drehbuch fortsetzten, intensivierte ihre Bettszene für den Film. Als sie dann in einer Drehpause weiterflirteten, verpasste Emilio Lari, der italienische Verlobte von Sydne, rasend vor Eifersucht seiner Zukünftigen ein paar kräftige Ohrfeigen.

Aber der Flirt der beiden Stars fand bei ihrem nächsten gemeinsamen Film, dem Thriller *Mörder-Roulette*, auf Santo Domingo seine Fortsetzung. Eine Kussszene zwischen Helmut und der nackten Sydne im Meer fiel so echt und herzhaft aus, dass sich Emilio, inzwischen Sydnes Ehemann, erneut wütend gab. Das Ziel seiner Eifersucht war diesmal nicht seine Frau, sondern ihr Galan, den er verprügelte. Was ihm prompt eine Klage Bergers einbrachte. War ja nicht das einzige Mal, dass Helmut

Berger in eine handfeste Keilerei verwickelt war, bisweilen kassierte auch er die blauen Augen.

So war Berger zur Wiener *Reigen*-Premiere im Februar 1974 mit einem blauen Auge angetanzt. 24 Stunden lang hatte er als verschollen gegolten, weil er sich für die Dreharbeiten in Santo Domingo impfen lassen sollte. Als Berger gemeinsam mit seiner Partnerin Sydne Rome in der Klinik aufkreuzte und die Injektionsnadel sah, ergriff er die Flucht.

Als er wieder auftauchte, war sein Gesicht lädiert. Daran war allerdings ein alter Freund aus Roms Number One, dem Nachtclub der römischen Schickeria, der wegen Rauschgifthandels gesperrt worden war, schuld. Number-One-Ex-Chef Paolo Vassallo hatte Helmut Berger heimgesucht, um sich von ihm 700 000 Lire (21 000 Schilling) auszuleihen. Als ihm Berger nur 3000 Schilling (rund 100 000 Lire) geben wollte, geriet Vassallo so in Rage, dass er auf Berger losprügelte.

Nachts um 2.41 Uhr läutete mein Telefon. »Pronto, pronto«, meldete sich die Stimme am anderen Ende der Leitung. »Was sagst du, was die Idioten mit mir aufführen?« Helmut Berger – und zwar direkt aus Rom.

»Hör einmal, wieso aus Rom?«, fragt man da schlaftrunken. Schließlich verdonnerten sie den Berger: 20 Monate auf Bewährung, des Landes verwiesen. Ciao, bella Italia! – wo der Salzburger seine Weltkarriere unter den Fittichen von Luchino Visconti mit Filmen wie *Die Verdammten* und *Ludwig II.* gestartet hatte.

»Spinnst du?«, räsonierte Helmut Berger, »ich mache weltweit Schlagzeilen – ausgewiesen aus Italien – und sitze in Rom. Bewege mich, arbeite, reise ein, reise aus. Und niemand sagt mir, dass da ein Prozess gegen mich läuft. Niemand hat mich einvernommen, niemand hat mich vorgeladen. Das Ganze passiert in Florenz, und ich sitze in Rom.«

In erster Instanz hatte ihn ein Gericht wegen Kokainbesitzes – angeblich 15 Gramm – zu 20 Monaten Gefängnis sowie 400 000

Lire Geldstrafe (damals 4120 Schilling) mit anschließendem Landesverweis verdonnert.

Es war ein eigenartiges Telefonat, so mitten in der Nacht. Aber Helmut Berger musste sich's von der Seele reden. »Ich war gerade in Paris, als ich die Schlagzeilen über mein Urteil lese. Dass ich ein Pusher bin. Ich habe nie in meinem Leben Kokain genommen. Ich habe mein Glas Weißwein, gib mir mein Glasel Rotwein. Ich pfeif auf Haschisch. Ich hasse jede Art von Spritze. Ich weiß auch genau, aus welcher Ecke dieser Schmarren kommt. Natürlich habe ich diese Party, die man mir da anlastet, in meiner Wohnung gehabt. Aber das Kokain, das da gesnifft wurde, hat dieses Millionärsbubi aus Florenz, der Gianluca Polvani, mitgebracht. Jetzt belastet mich der Typ. Und ohne jede Einvernahme, ohne jede Vorladung zum Prozess – nix hab ich da bekommen – verdonnert man mich. Ich lese, ich bin ausgewiesen und sitze dabei seelenruhig in Rom, fahre hin und her, arbeite hier. Die können mich nicht verurteilen, ohne dass ich eine Aussage mach. Ich kann mir doch nicht in diesem Land, das ich liebe, eine Karriere von 30 Jahren ruinieren lassen.«

Ganz stubenrein dürfte der Prozess in Florenz ja nun tatsächlich nicht über die Bühne gegangen sein. Denn der Richter, der Berger verdonnerte, hatte für ihn den nächstbesten Verteidiger auf dem Gang des Gerichtsgebäudes aufgegriffen.

Helmut Berger ersuchte dann den Wiener Staranwalt Dr. Josef Wegrostek, ihm zu helfen. Dr. Wegrostek: »Ich habe Dienstag mit dem Anwalt in Florenz, Terence Ducci, Via de Conti 3, Kontakt aufgenommen. Wir erheben Einspruch gegen das Urteil, in einem anderen Verfahren auch Einspruch gegen die Landesverweisung von Helmut Berger. Davon hängt ja vor allem seine Arbeitsgenehmigung für Italien ab. Merkwürdig find ich's ja schon, dass da ein Verfahren seit dem Jahre 1979 anhängig ist, jetzt schreiben wir 1986, Helmut Berger in all diesen Jahren in Rom gelebt und gearbeitet hat und man ihn nie zu dieser Causa einvernommen hat. Zum Glück ist das Urteil noch nicht rechtskräftig.«

Mit einer eleganten, kleinen Ausrede – »Ich treffe meinen alten Freund Elton John bei seinem Stadthallen-Konzert« – trudelte *Denver Clan*-Gaststar Helmut Berger ein. Statt in der Stadthalle beim Konzert saß er dann aber mit seinem Anwalt, Dr. Sepp Wegrostek, beim Promi-Heurigen Martin Zimmermann in der Armbrustergasse. Nebst einem Schwung schöner Weiblichkeit.

»Ich treff den Wegrostek heute zum ersten Mal«, verriet mir Helmut Berger, »wir hatten bisher nur telefonischen Kontakt.« Aber der Anwalt hatte bereits das präzise Urteil in Händen: Helmut Steinberger – so der präzise Name des gebürtigen Salzburgers – wurde wegen Kokainbesitzes zu einem Jahr und acht Monaten Zuchthaus sowie 400 000 Lire (4120 Schilling) Geldstrafe verurteilt. Das Urteil erging auf Bewährung, man hatte Steinberger mildernde Umstände zugesprochen, war aber mit der Ausweisung aus Italien besonders hart.

»Es ging damals um 15 Gramm Kokain«, beurteilte Dr. Wegrostek den Fall, »wegen dem würde es in Wien nie so ein Urteil geben. Außerdem war die Party im September 1979. Die Sache ist verjährt.«

Im Urteil hieß es: »… so stammen die Beweiselemente zu Lasten des Steinberger (Helmut Berger) von den Erklärungen des Polvani …«

Gianluca Polvani fasste zwei Jahre und acht Monate Knast sowie zwei Millionen Lire Strafe aus, Berger wurde in zweiter Instanz freigesprochen, womit auch die Ausweisung aus Italien verfiel.

»Ich kauf mir unbedingt ein Appartement in Wien«, begeisterte sich der Wahl-Römer bei seinem nächsten Wien-Trip mit Marisa Mell genüsslich, »hier in Wien ist ja wirklich etwas los. Polizisten rennen nackt durch die Straßen und werden von Funkstreifen eingefangen, Baryshnikow tanzt an der Oper, Kommerzialräte sind kriminell, in Pornos verstrickt und politisch gleichermaßen engagiert, ich will auch ein Kommerzialrat Berger werden, denn überall schwingt Erotik mit. Mein Gott, tut's mir leid, dass ich da nicht dabei bin. Dagegen ist Rom ja direkt flau.«

Die Wien-Euphorie Bergers ging in Gesellschaft von Marisa bei »Bloody Mary«, Orangensaft und G'spritzten, die er durcheinandertrank, beim k. u. k. Hofzuckerbäcker Demel in Szene. Demel-Chef Serge Kirchhofer schleppte das Gästebuch an. Marisa entdeckte, etwa zur gleichen Zeit, zu der Berger entdeckte, dass seine Hose geplatzt war und essenzielle Teile seiner Männlichkeit ausgerechnet beim Demel das Freie anstrebten, dass vor ihnen Senta Berger dem Gästebuch wohlgeformte Sätze anvertraut hatte. Helmut, der Berger, jauchzte abermals auf: »Der Kommerzialrat Berger, die Senta Berger, Helmut Berger, Berger, Berger über alles …«

Viel artiger klingt da Senta (auf Demel-Chef Serge Kirchhofer gemünzt) im Gästebuch: »Wenn Tradition gepflegt wird von einem, der Tradition in Frage stellt, kommt Exzellentes, Vorzügliches, abgrundtief Süßes dabei heraus – wie hier im Demel.«

Dem war nichts hinzuzufügen. Marisa setzte schlicht ihr Autogramm unter Senta Bergers Namen, Helmut kritzelte: »Danke für die ›Bloody Mary‹ …«

Zwar nicht in Wien, dafür aber in Kitz wollte Berger ein zweites Domizil besitzen. Aber ehe er das funkelnagelneue Haus, das er in Kitzbühel gebaut hatte, beziehen konnte, sollte es schon unter den Hammer kommen. Das Bezirksgericht Kitzbühel setzte die Versteigerung des auf 2,8 Millionen Schilling geschätzten Objekts für den 21. Februar 1978 fest. Helmut hatte Kreditschulden von rund einer Million bei einer Wiener Bank, die auf Versteigerung drängte. Weitere 400 000 Schilling machen die Handwerkerrechnungen aus, die Ellen Schönherr, die Ex-Gattin des TV-Showmasters, die die andere Haushälfte besaß, inzwischen für Berger bezahlt hatte.

»Er ist halt ein schlamperter Bursch, aber er muss doch wissen, dass er da alles verliert«, wunderte sich da Ellen in

Kitzbühel. »Mich trifft das, weil mir Helmut als Nachbar weitaus lieber ist, als ein Herr Müller, der's jetzt womöglich ersteigert.«

Aus diesem Grunde hatte Ellen Schönherr Berger, der sich in Kitz ein Winterdomizil erträumte, auch den Vorschlag gemacht, gemeinsam mit ihr zu bauen: »Ich hatte das Grundstück schon zehn Jahre und die Baupläne fix und fertig. Drei Häuser – unabhängig voneinander – unter einem Dach. Helmut war begeistert. Sein Haus im Haus ist 234 Quadratmeter groß. Drei riesige Schlafzimmer, ein Living Room, zwei Bäder, Esszimmer, Küche, Diele, ein Büro für seinen Sekretär. Dazu noch 700 Quadratmeter Garten, Balkone und Terrassen.«

Zwei Jahre vorher war Berger zu Weihnachten das letzte Mal in Kitz auf seinem Grund und Boden: »Nur die Küche wurde seither eingerichtet, der Rest steht leer«, sagte Ellen Schönherr. »Ich habe in der Zwischenzeit auch alle anfallenden Kosten, wie Strom und Heizung, getragen. Natürlich hätte ich nie eine Versteigerung ansetzen lassen. Weihnachten wollte er heuer wieder nach Kitz kommen, musste aber nach New York, sagte er. Vielleicht knotzt er aber auch bei Freunden in Gstaad.«

2,8 Millionen Schilling war das Haus in Kitz wie erwähnt wert. Bergers Kredite und Schulden für das Objekt beliefen sich auf 1,5 Millionen, Rufpreis bei der Versteigerung: 1,4 Millionen. Grollte Hausherrin Ellen Schönherr: »So a Depp, wenn ihm das Geld ausgangen is, hätt' er ja was sagen können.«

»Ich hab dasselbe Problem wie die Sophia Loren und der Carlo Ponti«, erläuterte mir Berger auf Rückfrage. »Wegen Kitz will ich jedenfalls nicht ins Gefängnis. Ich weiß, dass man in Österreich staunt, dass ich da die Raten für mein Haus in Kitz nicht rechtzeitig abgestottert habe. Aber denkt denn niemand daran, dass ich keine Lire ausführen kann – das sind doch ganz läppische Summen, um die es da geht. Aber wenn ich einen Koffer voller Geld über die Grenze schmuggle, geh ich ins Gefängnis, bin ich fällig wie die Loren. Der Ponti will französischer Staatsbürger

werden, dass er wieder nach Italien einreisen darf, sonst packt
ihn die Steuer. Lieber lass ich das Haus versteigern.«

Versteigerung für 1,4 Millionen: »Das ist mir scheißegal«, resignierte Helmut Berger, »hab ich halt einen Film gratis gedreht.
Als ich mit dem Bau begonnen habe, waren 100 000 Lire noch
4000 Schilling wert. Jetzt sind es leider nur noch 1800 Schilling.
Ich habe angesucht, dass ich für meine Eltern Geld nach Salzburg überweisen darf. Abgelehnt. Was soll ich also mit dem
Haus?«

Sehr schien ihn der Verlust nicht zu treffen: »Vergessen wir's
doch einfach. Mir ist sogar wurscht, ob nach der Versteigerung
für mich was bleibt. Morgen kauf ich ein anderes Haus – woan-
ders halt. Ich bin mit 34 viel zu jung, um da Besitz nachzuheulen.
Ich kenn da überhaupt keinen Schmerz.«

Um eine Million Schilling ging es auch, als Helmuts Mutter,
Hedwig Steinberger, sich das Leben nehmen wollte. Sie schnitt
sich die Pulsadern auf und schluckte Schlaftabletten. Franz, ihr
Mann, fand sie in einer großen Blutlache, aber noch rechtzeitig.
Helmut Berger flog sofort von Rom an das Bett seiner Mutter in
der Neurologie der Salzburger Landesnervenklinik.

Seine Eltern waren Gastwirte, führten in Salzburg die Jeder-
mann-Bar und das Gasthaus Bauernstüberl sowie eine Pension.
Sohn Helmut zog es früh nach London, wo er Sprachen – Englisch, Französisch und Italienisch – lernte. Mit 18 war er ausgebil-
deter Hotelfachmann. Danach nahm er neben den Sprachen in
London und Paris Schauspielunterricht. Sein Geld verdiente er
als Barkeeper, Dressman und Fotomodell, bis ihn Visconti unter
den Statisten von Cinecittà entdeckte.

»Wir haben auf Teneriffa ein Lokal eröffnet und mit dem Bau
eines kleinen Hotels begonnen«, erklärte Franz Steinberger.
»Durch einen betrügerischen Geschäftspartner gingen wir in
Konkurs. Nach einem gerichtlichen Vergleich war noch immer
eine Million Schilling zu zahlen. Wir mussten deshalb eine

Hypothek auf unser Salzburger Haus aufnehmen. Meine Frau war deshalb völlig verzweifelt, denn sie sah das Haus immer als das Erbe Helmuts an.«

Als Helmut seine Mutter in der Klinik besuchte, schäumte er: »Sie lag mit lauter Irren im Saal und trug ein Anstaltshemd mit Nummer.« Bald danach lag sie in einem Zweibettzimmer, das täglich 1500 Schilling kostete. Dafür zahlte Helmut Berger, der auch die Hypothek übernahm.

Man holte ihn 1983 als einzigen Europäer zur Hitserie *Der Denver-Clan* nach Hollywood. Drei Monate drehte er in der Rolle des Peter De Vilbis, eines reichen, eleganten, ebenso dekadenten einzigen Sohn einer österreichischen Baronesse und eines portugiesischen Geschäftsmannes. »Ich spiele in zehn Folgen mit. Ich habe in diesem Sommer zwei Filme in Spanien gedreht. Zum Glück habe ich auch Ferien in Saint-Tropez gemacht. Ich fühle mich topfit. So eine amerikanische TV-Serie ist zwar Knochenarbeit«, schilderte Helmut aus Hollywood, »aber mit dem *Denver Clan* ist alles weltweit für Filme geebnet.«

Noch dazu hatten die Amis an dem sonst so wilden Salzburger, der sich bei der Arbeit als diszipliniert erwies, einen Narren gefressen: »Ich bin der neue Liebhaber von Pamela Sue Martin. Wir hatten schon drei Kuss- und Knutschszenen,« schilderte er, »daraufhin hat man mich sofort bis Februar 1984 unter Vertrag genommen.«

Nicht von ungefähr, dass der fesche Salzburger zu seiner Rolle kam: »Ich bin seit vielen Jahren mit den wichtigsten Damen des *Denver-Clans* befreundet – mit Joan Collins und Linda Evans. Und die haben mich vorgeschlagen.«

Auf Erfolg reagieren Amis ganz schnell. In New York lief ab seinen ersten *Denver*-Folgen Viscontis Original-*Ludwig II.*-Fassung – 257 Minuten lang – mit großem Erfolg. Und auch die Herrenmode-Industrie nahm den eleganten Europäer zur Kenntnis. »Helmut wurde zum Best Dressed Man of the Year gewählt«, wusste seine Wiener Freundin Kris Krenn. Als sich Berger den Preis dafür, eine große Standuhr mit Lapislazuli, abholte, hielt er eine Laudatio auf Europas Herren-Couturiers: »Ich bedanke mich bei Yves Saint Laurent, von dem meine Anzüge stammen, ich umarme Giorgio Armani, dem ich meine Jacken und Pullover verdanke, sowie Cartier, von dem ich alle meine Accessoires habe. Hätte ich diese Herren nicht, würde ich jetzt nackt vor Ihnen stehen.«

Ein einziges Mal habe ich Helmut mit flatternden Nerven, hochgradig nervös erlebt. Schuld daran war Niki Lauda. Erst als Niki Lauda weg war, da bestellte sich Berger ein Wiener Schnitzel. Dabei hatte er eine Stunde vorher seine Spareribs fast unangetastet zurückgeschickt.

»Die haben herrlich geschmeckt«, rühmte Berger, der für ein TV-Interview angeflogen war, »aber ich war viel zu nervös, dass ich Niki Lauda kennengelernt habe. Da kann ich doch nichts essen. Das ging mir genauso, als ich das erste Mal mit Liz Taylor zum Dinner ging.«

Für Berger war Niki Nazionale ganz Italiener: »Lauda ist für mich der wahre Rennsport-Champion. Auch wenn sie jetzt bei Ferrari einen Berger haben.«

Nach Wien kam Berger, der Römer, auch um hier seinen Geburtstag zu feiern. Mit »Blue Danube«-Lady Kris Krenn landete er in Franzi Thells In-Treff Motto, wo ich im gemütlichen Beislgarten mit Niki Lauda hockte. Berger, nach einer heißen römischen Nacht auf Mineralwasser getrimmt, plauderte aus der *Denver Clan*-Schule: »Mir ging die Sonne in Kalifornien auf die Nerven. Also flog ich zu Weihnachten kurzerhand nach Europa. Dann sollte ich wieder in Los Angeles drehen, aber ein Freund sagte: ›Lass uns zum Karneval nach Rio fliegen …‹ Also flog ich nach Rio und rief Los Angeles an: ›Ich bin in Rio!‹ Da waren die plötzlich sauer: ›Wir denken, Sie vertragen keine Sonne? Aber in Rio ist nur Sonne‹, haben sie gefaucht. In der nächsten Folge ließen sie mich dann mit dem Flugzeug gegen eine Felswand prallen. Und der Spaß war vorbei …«

Gemeinsam wollten Niki Lauda und Helmut Berger tags darauf zum Konzert der Bee Gees in die Wiener Stadthalle pilgern. »Flott – da feier ich die Halbzeit meines Lebens«, grinste Helmut Berger. Was Niki Lauda verwirrte: »Du bist doch noch nicht 50?« »Das nicht«, lachte Geburtstagskind Berger, »aber ich werde ja nicht älter als 90!«

Dafür holte der französische Regisseur Bertrand Bonello ihn 2014 als alternden Modeschöpfer Yves Saint Laurent für seinen Film *Saint Laurent*, der im Wettbewerb um die Goldene Palme des Filmfestivals von Cannes landete. »Ich liebe die Dekadenz«, deponierte Bonello und verwies dabei auf seinen Bordell-Film *Haus der Sünde*, von der Kritik als grandioses Sittengemälde aus wogenden Brüsten, Parfum und Puder gefeiert. Gegen Ende hin wird *Saint Laurent* zum Totentanz mit üppiger Mode und der Opernstimme der Callas unterlegt. »In dieses Mosaik passte für mich Helmut Berger, der ja ebenso ausschweifend gelebt hat, wie mein Saint Laurent. Er hat diese dekadente Aura, die Aristokratie und den verblassenden Charme des Verfalls, den die Rolle verlangt.«

Das passte wohl auch dem Visconti-Star von dereinst. Als Saint Laurent füttert er in einer der lustigsten Szenen des Films die französische Bulldogge Moujik IV. gepflegt mit Löffelchen voller Kaviar.

Der Flug zum Cannes-Festival hatte für den Salzburger, der anschließend in Saint-Tropez auch seinen 70. Geburtstag feiern wollte, allerdings katastrophal begonnen: Die AUA-Maschine aus Salzburg landete mit Verspätung in Wien-Schwechat. Anschluss nach Nizza verpasst. Acht quälende Stunden musste Helmut Berger am Vienna Airport bis zum Weiterflug warten.

Früher, als Weltstar, hätte er kurzerhand einen Privat-Jet geheuert.

# Maria Perschy
## Vom Unglück verfolgt wie Romy

A uch sie zählte zum legendären Jahrhundert-Jahrgang des Wiener Reinhardt Seminars. Genau wie Senta Berger, die Weltkarriere machte. Auch sie machte Karriere in Hollywood, Frankreich, London und Madrid: Maria Perschy. Aber es ist fast tragisch zu nennen, wie ihr Starruhm verblasste, wie Männer und Katastrophen ihr Leben in keineswegs ruhmreiche Bahnen lenkten. Was für ein Kontrast zu Senta, die auch mit über 70 zu unseren schönsten weiblichen Stars zählt.

Maria Perschy, in Eisenstadt geboren: »Geburtsdatum 23. September 1938, genau wie Romy Schneider, wir könnten Zwillingsschwestern gewesen sein.« Die schöne Burgenländerin, die mit 17 Jahren bei Susi Nicoletti am Wiener Reinhardt Seminar startete, hatte es 1958 mit ihrem zweiten Film, *Nasser Asphalt* mit Horst Buchholz, geschafft, in Hollywood Aufmerksamkeit zu wecken. Ihr erster Film dort: 1964 mit Rock Hudson *Ein Goldfisch an der Leine.*

Vorher hatte sie auch schon in Roms Cinecittà *Call-Girls* und in London *Weiße Fracht für Hongkong* und *Der Henker von London* gedreht. Prompt bekam sie einen Hollywood-Vertrag: »Aber die alten Studio-Bosse hielten mich an der langen Leine. Ich bekam pünktlichst meine Gage, aber keine Rollen. Das habe ich nicht ausgehalten und bin vertragsbrüchig geworden. Das verzeiht Tinseltown nicht.«

Sie war trotzdem gefragt, drehte in London und in München zur gleichen Zeit. In Madrid folgten auf Spanisch gleich zwei Filme: *Die Hexe ohne Besen* und *Das Geisterschiff der schwimmenden Leichen.*

Aber daneben taumelte sie von einem Malheur, einer Katastrophe in die nächste: »Das habe ich mit Romy Schneider gemeinsam, unsere Parallelen sind geradezu beängstigend geworden ...«

»Als ich bei einem meiner ersten Interviews erwähnt habe, dass Romy und ich den gleichen Geburtstag hätten, da hat sich ihre Mutter Magda Schneider furchtbar aufgeregt, ich sollte nicht so schwindeln auf Romys Kosten. Inzwischen sind die Parallelen zwischen uns noch krasser geworden. Der einzige Unterschied – Romy ist tot, ich lebe.«

»Auch ich war bereits einmal klinisch tot. Mein Herz stand still und das EKG zeigte einen geraden Strich. Das hat vielleicht eine knappe Minute gedauert, zweieinhalb Stunden kämpften die Ärzte und holten mich zurück. Für mich war das eine ganz seltsame, merkwürdige Situation. Ich hatte ein Gefühl, so als schwebe ich, habe alles gehört, was um mich passiert ist. Es lag an drei Bandscheiben. Ich war linksseitig gelähmt, konnte den Kopf nicht drehen, musste sieben Monate lang ein Stahlmieder tragen.«

Deshalb ihre Parallelen zu Romy: »Wir hatten beide eine große Liebe, die jeweils sieben Jahre dauerte – Romy war mit Alain Delon, ich mit Joachim Hansen – und ohne Happy End zerbrach. Wir hatten jeweils zwei kaputte Ehen, jede hat einen Mann durch Selbstmord verloren. Als Romy im siebenten Monat eine Fehlgeburt hatte, kam meine Tochter Mariana – sie ist sehr schön geworden – als Frühgeburt im siebenten Monat zur Welt. Ich starb fast, als ein Benzinkanister in meinen Händen explodierte, Romy Schneider überlebte den Verlust einer Niere nur sehr kurz. Und als Romys Sohn tödlich verunglückte, lag ich gerade zwischen Leben und Tod im Spital.«

Als Maria in Hollywood als *Ein Goldfisch an der Leine* startete, war sie noch total verliebt in Joachim Hansen, der als »Stern von Afrika« am deutschen Filmhimmel glänzte und in Salzburg lebte. »Erst später kam ich drauf, dass er mit jedem kleinen Mädchen von der Friseuse bis zur Statistin ins Bett gehüpft ist. Er hat mich vorn und hinten bedient, während ich zehn Monate in Hollywood war«, klagte Maria Jahre später. »Mein Agent wollte, dass ich länger bleibe. Ich wollte mit der Leonardo da Vinci, erster Klasse, über den Atlantik nach Europa zurück. Da rief mich Joachim aus Salzburg an: ›Wenn du nicht sofort kommst, dann fahr ich mit einem Mädchen zu Pfingsten weg. Sie ist noch Jungfrau.‹ Das hat mir genügt. Ich bin sofort geflogen, der Empfang in Salzburg war sehr kühl – am nächsten Morgen stand die Jungfrau mit dem Koffer vor der Tür …«

Zwei Jahre lang war Maria dann mit dem Schweizer Olympiasieger Roger Staub – er gewann 1960 in Squaw Valley die Goldmedaille im Riesenslalom – verlobt. Schon 1958 hatte der sympathische Schweizer in Badgastein drei Medaillen geholt: Silber in der Abfahrt, Bronze im Riesenslalom und Bronze in der Kombination. Damals stand er im Schatten von Toni Sailer, mit dem ihn eine lebenslange Freundschaft verband. Roger entwickelte auch die Roger-Staub-Mütze, eine Kopfbedeckung, die den ganzen Kopf bedeckt und nur die Augen freilässt. Die machte wegen ihrer Augenschlitze Mode – vor allem bei Bankräubern. Aber auch diese Beziehung Marias endete – zu wenig Skilauf, zu viel Filmarbeit, wenngleich auch kein Bankraub.

Zehn Jahre lang war die Perschy in Madrid im Exil, verheiratet mit dem amerikanischen Synchron-Regisseur Stanley Torchia, dem Vater ihrer Tochter Mariana. Nach sechs Jahren kriselte es in der Ehe, und dann kam die Katastrophe, die Maria wochenlang ins Madrider Centro de Quemados y Cirugia Plastica verbannte. »Ich wusste, dass es eine gefährliche Aufnahme war«, schilderte Maria später, »man hatte meine Kleidung mit Öl übergossen. Etwas davon kam in mein Haar und lief über mein Gesicht. Und dann sagte irgendein Mensch, das könne man nur mit Benzin wegwaschen. Ich beugte mich über den Benzinkübel und hielt gerade die Hände vors Gesicht, als das Benzin – bis jetzt weiß ich nicht, wieso überhaupt – explodierte. Ich war eine lebende Fackel, mit Decken hat man die Flammen erstickt. Es ist ein Wunder, dass ich nicht bei lebendigem Leib verbrannt bin.«

Das alles für einen Werbespot, den Ehemann Torchia für einen Pappenstiel an Gage drehte. Freunde Marias wussten: »Das Geld hat immer sie verdient. Maria war die Erfolgreiche in dieser Ehe. Sie verdiente pro Film 800 000 Schilling. Ihr Mann war als Regisseur erfolglos.«

Sie hatte Verbrennungen zweiten und dritten Grades erlitten, die plastischen Chirurgen wirkten Wunder. Es blieben keine sichtbaren Narben zurück und gleich nach der Klinik stand Maria schon wieder vor der Kamera – für *El espectro del terror*.

Drei Jahre später, mit 37, heiratete Maria Perschy ein zweites Mal: »John, mein jetziger Mann, war ein Freund meines ersten Mannes. Er rief mich an, als es mir schäbig ging, kam in die Klinik. Er war Drehbuchautor, und deshalb gingen wir nach Hollywood zurück – wohlgemerkt seinetwegen«, so Maria Perschy, »und er hat mich zum Schreiben gebracht. Ich habe für MGM drei Kurzfilme in deutscher Fassung geschrieben und inszeniert und dazu die Kommentare gesprochen. Das macht mir Spaß und die zahlen 4200 Schilling pro Stunde. Ich habe Autografen, Briefe von Brahms und Clara Schumann, für Auktionen übersetzt und werde deutsche Filme für Amerika synchronisieren.«

Es gab noch einen weiteren zwingenden Grund für Maria, in Hollywood zu bleiben: »Noch heuer werde ich Schwiegermutter. So schnell kann man gar nicht schauen, wie aus Kindern Eheleute werden«, resignierte sie am Telefon aus L.A., »seit drei Monaten wohne ich allein im Haus. Meine Tochter Mariana heiratet am 10. August 1985 präzise um 2 Uhr nachmittags. Und wenn ein Mädl so verliebt ist, bist du als Mutter einfach machtlos.«

Mariana Torcha, Marias Tochter aus ihrer Ehe in Madrid, ist gerade 17 – der Mann, den sie heiraten will, 37: TV-Star Burt Ward, der mit der *Batman*-Serie als Robin, the Boy Wonder, berühmt wurde.

»Das ist alles passiert, während ich in Wien war, um für den *Jonathan Seagull*-Film zu werben. Als ich zurückkam, war's schon passiert. Mariana war mit einer gleichaltrigen Freundin in der Tanzklasse. Der Vater der Freundin, eben Robin der Wunderknabe, holte die Mädchen ab, und da hat's auf Anhieb gefunkt.«

Der letzte Schicksalsschlag, der sie traf, war der grauenhafte Selbstmord ihres zweiten Ehemanns John Melson, Regisseur und Drehbuchautor: »Hochintelligent, aber manisch depressiv«, schilderte mir Maria im Wiener Bristol, ein Jahr nachdem Mariana geheiratet hatte und sie zurückkam, um an Vienna's English Theatre *Dial M for Murder* zu spielen. Frisch gewürgt, strahlte die Lady damals: »Der Knödel ist aus'm Hals«, nachdem sie mit flatternden Nerven – passt ja, wenn man Mordopfer spielt – und leicht britischem Akzent die Premiere überstanden hatte.

Für English-Theatre-Chef Dr. Franz Schafranek eine Galapremiere mit Promis von Prof. Hans Jaray, Marias Lehrer am Reinhardt-Seminar, Starpianist Rudi Buchbinder mit seiner Agi, Einzi Stolz und Franz Antel bis Burg-Dame Annemarie Düringer. *Dial M*-Regisseur Cyril Frankel sang ein Loblied auf seinen Star: »Ich weiß, wie sie leidet, wenn sie gewürgt wird. Sie hatte doch diesen Autounfall in Hollywood und musste nach dem Peitschenschlagsyndrom eine Halsstütze tragen. Dann wurde in ihr Haus eingebrochen, in London holte sie sich eine Lebensmittelvergiftung, und als sie nach Wien flog, stürzte ein ganzer Stoß Koffer am Airport auf ihre Füße. Man wollte sie schon im Rollstuhl zur Maschine schaffen. Kein Wunder, dass sie diese flatternde Hysterie so grandios beherrscht.«

Wenn es Menschen gibt, die Unglück regelrecht anziehen, dann gehört zweifelsohne Maria Perschy dazu. »Ich bin regelrecht geschockt, kann es noch immer nicht fassen«, so Perschy, als ich sie abermals in Los Angeles traf. »Mein Prozess ist geplatzt, bei dem es immerhin um 300 000 bis 500 000 Dollar ging. Eine Katastrophe, an der mein Anwalt schuld ist.«

Es ging um den Unfall, den Maria schon vor fünf Jahren in L. A. hatte. Sie stand vor einer Stopp-Tafel, als ein anderer Wagen auffuhr: Peitschenschlagsyndrom. »Was viel schlimmer war«, klagte die Perschy, »ich hatte auch eine Wirbelsäulenverletzung. Zwischen dem vierten und fünften Wirbel war der Nerv eingeklemmt. Ich musste im AKH operiert werden, meinen 50. Geburtstag feierte ich bei der Rehabilitation. Und da ich nur in Amerika versichert bin, musste ich alle Kosten selbst tragen. Ganz abgesehen von den Rollen, die ich absagen musste. Aber als Schauspieler spielt man seine Beschwerden nicht hoch, sonst sagen alle: ›Die kannst du nicht engagieren, die fällt womöglich aus.‹«

»Ich hatte mich an eine angesehene Anwaltskanzlei gewandt. Zwei Wochen vor Prozessbeginn verpasste man mir einen neuen Anwalt, der dem Vertreter der Gegenseite, einem gerissenen Versicherungsanwalt, einfach nicht gewachsen war. Die amerikanischen Prozesse, die man im Fernsehen sieht, kann man ruhig vergessen. Mit einem dummen Anwalt hat man keine Chance. Dieser Anwalt brach mitten in der Verhandlung plötzlich zusammen«, schilderte Klägerin Perschy. »Die Verhandlung musste unterbrochen werden, der Anwalt der Gegenseite rief einen Arzt. Zwei Tage später, vor dem Schlussplädoyer, brach mein Anwalt abermals zusammen. Die Nerven gingen ihm durch. Als ihm der Richter die Krise nicht abkaufte, lief er aus der Verhandlung. Worauf der Richter den Prozess abbrach. Ich habe von dieser Klage keinen müden Dollar gesehen.«

»John und ich hatten uns bereits vor zwei Jahren getrennt, waren aber noch verheiratet. Als er sagte, er fliege nach Mexiko, ahnte ich Schlimmes. Er hat sich ausgelöscht, alle Drehbücher, Skripten verbrannt. Er litt an Muskelschwund und hatte Angst, er könne nicht mehr schreiben. Gleichzeitig nahm er Medikamente und trank zu viel – ich versuchte, ihm zu helfen. Vergeblich. Er zahlte alle offenen Beträge, den letzten Dollar fürs Auto. Er flog nicht nach Mexiko, sondern blieb in Malibu. In einem Motel rasierte er sich säuberlich und schnitt sich zum Schluss mit dem Rasiermesser die Halsschlagader und die Kehle durch. Man fand ihn Stunden später tot in einer Blutlache.«

In Wien konnte die Perschy auch nach ihrer Gala am English Theatre als Schauspielerin kaum mehr Fuß fassen. Als sie in Wien ihren 60. feierte, gratulierte Mariana aus Los Angeles mit einem eleganten Seiden-Blazer und einer Halskette: »Aber Großmutter werde ich noch nicht.« In Ober St. Veit hatte sie sich eine 130 Quadratmeter große Wohnung mit eigenem Gartenzimmer zugelegt. Sie blieb immer optimistisch: »Komisch ist für mich nur, dass ich bei den Deutschen mehr gefragt bin, als daheim beim ORF. Bei der ›Pilcher‹-Verfilmung *Melodie der Herzen* spiele ich eine reiche Engländerin, die auf ihrem Landsitz – Olivia Silhavy spielt die Hauptrolle – ein bisschen verkuppelt. Ich habe keinen einzigen Roman von Rosamunde Pilcher, die in England fast unbekannt ist, gelesen. Aber Louise Martini hat gerade parallel einen anderen Pilcher-Roman verfilmt, die Lady ist TV-konform.«

»Und wie ist das so mit 60? Maria Perschy lachte aus vollem Hals: »Jetzt beantrage ich meine Senioren-Netzkarte, und nachdem mich der ORF nicht als Schauspielerin will, bin ich wohl reif für den Senioren-Club.«

Sie tingelte nur noch ab und zu fürs Fernsehen und wurde schließlich von ihrem Schicksal eingeholt. Sie erlag 2004 dem jahrelangen Kampf gegen ihr Krebsleiden, mit 66 Jahren. Von Film war da keine Rede mehr.

»Ich habe ein sinnvolles Leben gefunden«, betonte sie voller Stolz in ihren letzten Jahren. »Ich bin Spezialistin für Autografen, alte Briefe, handgeschriebene Dokumente, als Chefin der Europa-Abteilung für Literatur und klassische Musik bei Scriptorum, dem kalifornischen Autografen-Spezialisten. Ich habe gerade Briefe für 1,5 Millionen Schilling (60 000 Dollar) bei der Fachauktion in Mecklenburg ersteigert, darunter ein Karl-Marx-Brief für 14 000 Mark. Vier Seiten Manuskript von Sigmund Freud über das pathologische Nervensystem wurden mit 32 000 Mark gerufen – bei 85 000 stieg ich aus.«

Dafür ersteigerte sie drei Briefe, die Englands Außenminister Chamberlain an Adolf Hitler schrieb, für 110 000 Mark: »Gespenstisch. Alle drei beginnen mit der Anrede: ›My dear Führer‹, und zwei davon schrieb er am 23. September 1938. Dem Tag, an dem Romy Schneider und ich geboren wurden.«

## Yul Brynner
## *Glatze mit Wiener Liebe*

Die Schlagzeile hatte es natürlich in sich: »Armer Glatzkopf Yul – in Wien fressen ihn die Motten«. Das war selbst für einen Hollywoodstar höchst deftig. Schuld daran war allerdings Hollywood-Klatschtante Hedda Hopper, die »nationwide syndicated« in ihren Kolumnen verkündet hatte, als am Wiener Rosenhügel *Die Reise* mit Regisseur und Produzent Anatole Litvak gedreht wurde: »Das Film-Team mit Deborah Kerr, Yul Brynner, Jason Robards, Anouk Aimée und Robert Morley logiert in einem mottenzerfressenen Hotel, dem Imperial, wo bis vor Kurzem noch die Russen hausten. Wenn nicht ab und zu Kurt Kasznar, ein gebürtiger Ungar, für sie ein Gulasch kochen würde, müssten sie eigentlich hungern.«

Man schrieb zwar erst 1958, aber nach dem Staatsvertrag von 1955 war die rot-weiß-rote Seele besonders empfindlich. Deshalb die Express-Schlagzeile. Und wer eignete sich besser für den Mottenfraß als der glatzerte Yul?!

Kaum war die Zeitung am nächsten Tag auf dem Markt, da läutete bei mir 5 nach 10.00 Uhr das Telefon. »Mister Schleisser?«

»Yes!«

»This is Yul Brynner. Ich denke, wir müssen miteinander reden …«

Also fuhr »Mister Schleisser« – korrekte englische Aussprache für Schliesser – zum Rosenhügel, wo Yul als sowjetischer Offizier vor der Kamera stand. Ganz zivil, in einer Drehpause, im Hintergrund als Kulisse ein Sowjet-Panzer, paffte ich dann als strikter Nichtraucher an einem Glimmstengel. Gewissermaßen die Friedenspfeife mit Weltstar Yul Brynner. Dazu seine Beteuerung:

»Hedda Hopper flog für zwei Tage zum Shooting an. Wir hatten keine Ahnung, was sie schreiben würde. Das mit den Motten ist natürlich absoluter Unsinn. Auch das Essen – kein Problem in Wien. Im Gegenteil …«

Kaum war mein Brynner-Interview gegen den Mottenfraß auf der Straße, da meldete sich Frances Martin, die Tochter der grandiosen Jane Tilden, telefonisch: »Roman, ich muss dich unbedingt sehen!« So hockten wir dann im Café de l'Europe, damals Treff der Wiener Jeunesse dorée, mit Blick auf den Graben, und die bezaubernde, süße Franzi aus Hietzing eröffnete mir: »Ich bin ja so was von verliebt. Total verliebt …«

»Nau, sag schon. In wen?«

Kunstpause.

Dann mit einem roten Kopf, der zum 1. Mai gepasst hätte: »In Yul Brynner! Wir sind zusammen …«

»Bist du wahnsinnig«, jauchzte ich auf, »ausgerechnet mir musst du das verraten! Das ist eine ganz heiße Story!«

»Aber geh«, wischte Franzi alle Bedenken beiseite, »das schreibst doch ned, du bist doch mein Freund.«

Die Hietzinger Liebelei wurde nie zum Thema der Gazetten. Keine Fotos. Dabei genoss Brynner privat Wiens Konzertangebot von Ella Fitzgerald und Oscar Peterson bis zu Crooner Johnny Ray in der Wiener Stadthalle. Da blieb er vorsichtshalber an einer halboffenen Türe stehen. Er wollte nicht, dass man ihn sah. Seine Begleiterin: Frances Martin. Sie kreuzte noch schnell die Hände vor ihrem Gesicht, ehe ein Reporter blitzte. Am selben Tag hatte Yul selbst wie wild bei den Dreharbeiten mit Deborah Kerr und Robert Morley in Fischamend, wo russische Uniformierte die Reisenden aus einem Bus holten, fotografiert.

Er war an seinem drehfreien Tag zu der ungarischen Flüchtlings-Story nach dem Drehbuch von George Tabori angerollt. Mit seinem neuen Mercedes-Coupé, auf dem Kopf den eleganten Ausseer-Hut, den er sich in Wien zugelegt hatte. Den nahm er keinen Augenblick von der Glatze und schwor dabei: »Ich habe ja Haare. Ich verwende sie nur zur Zeit nicht.«

Yuls Lieblingshut spielte dann noch eine besondere Rolle. Von Frances erfuhr ich, dass ein Weekend-Ausflug mit Yul nach Schloss Fuschl zu Pfingsten mit Brynners funkelnagelneuem Mercedes 300 SL mit einem Haufen Blech geendet hatte. Allerdings traf den Filmstar, der das silbergraue Coupé erst wenige Wochen zuvor in Wien gekauft hatte, keine Schuld. Das bestätigte mir ein Rückruf in Fuschl. Er saß ganz friedlich bei einer Schale Tee in der Hotelsuite, als der Wagen in Trümmer ging. Dass seine Wiener Liebste bei ihm war, verschwieg ich damals. Die genervte Schlossherrin überbrachte die Hiobsbotschaft. »Mr. Brynner, es ist etwas Schreckliches passiert«, stammelte die Gräfin, »Ihr Wagen ist demoliert.«

Brynner hatte den Autoschlüssel dem Portier des Schlosshotels übergeben und ihn gebeten, das Coupé waschen zu lassen. Eine halbe Stunde später besah er sich mit der zitternden Schloss-Chefin die Bescherung: eine Garage mit zertrümmerter Rückwand. Dahinter ein Abhang, und am ersten Baum klebte der Mercedes als ein Haufen Schrott. Weiter tiefer ein demolierter Ford Taunus 15 M. Der Portier hatte den Mercedes vor die Garage gefahren, wo sein eigener 15 M eingestellt war. Dann gab er dem 20-jährigen Bellboy den Mercedes-Schlüssel, er sollte das Coupé waschen und bekam die Order: »Wenn Sie fertig sind, rufen Sie mich, damit das Auto nicht in der prallen Sonne bleibt.« Der Bellboy erledigte den ersten Teil des Auftrags, doch dann juckte es ihn, einmal am Volant eines Mercedes 300 SL zu sitzen. Er klemmte sich hinters Steuer, legte den Gang ein, trat aufs Gas, und schon hatte er die Bescherung. Rumms, sprang das Auto los, krachte gegen den Taunus und beide durch die Garagenwand.

Glatzkopf Yul blieb ganz ruhig. Einzige Reaktion: »Was ist mit meinem Hut passiert?« Der lag am Rücksitz, hatte keinen Tepscher. Yul nahm ihn und drückte ihn auf die Glatze.

Gleich mit drei Partys feierte das Filmteam von *Die Reise* Abschied von Wien. Regisseur Anatole Litvak lud ins Palais Auersperg – ohne Tiere, bis auf Gänse und Störche, mit denen man am Neusiedler See gedreht hatte. Auch Luftballons waren nicht gefragt, denn tags zuvor hatten Deborah Kerr, Robert Morley und Kameramann Jack Hildyard – der für seine faszinierende Kameraführung für *Die Brücke am Kwai* mit einem von insgesamt sieben Oscars ausgezeichnet wurde – zur *Britannia rules the Danube*-Party gebeten. Litvak feierte noch dazu seinen Geburtstag, und just bei der Demel-Torte explodierte ein Luftballon.

Party Nummer 3 aber wurde von den »Russkis« inszeniert: Mit echten Piroggen und Strömen von Wodka in der Privatwohnung der russischen Baronin und Filmberaterin Budbergova am Opernring. Yul Brynner sang russische und Zigeunerlieder, zupfte fünf Stunden lang seine Gitarre. Der Wodka blieb nicht ohne Wirkung. Am Höhepunkt der Party schoss einer der »Russen« aus dem offenen Fenster. Wenngleich mit einer Platzpatrone. »Das kommt sicher wieder in die Zeitung«, röhrte Oscar-Glatzkopf Brynner auf, »und wer wird schuld sein? Natürlich ich …« Das traf durchaus zu, wenn auch in anderem Sinne. Trotz der Wodka-Turbulenzen saß eine gedrückte, traurige Frances Martin in der Russen-Runde. Für sie war's ein Abschied von Yul. Und sie war schwanger.

Lark Brynner, Yuls erstes Kind, kam noch vor Jahresende 1958 zur Welt. Wäre das publik geworden, was für ein weltweiter Skandal! Zwar tuschelte ganz Hollywood, dass der »King« auch Marlene Dietrich und Judy Garland beeindruckt haben soll, aber ein uneheliches Kind… Pah!

Diesmal hielt ich nichts geheim. Ich war einfach als Reporter gescheitert. Zwar zeichnete sich ab, dass Frances Martin nicht nur guter Hoffnung war, sondern kurz vor der Geburt stand. Ich verfolgte ihre und Mama Tildens Spur bis zu einer gewissen Adresse in Paris, doch dort plankte man ab. Keine Madame Tilden, geborene Marianne Wilhelmine Tuch, keine Mademoiselle

Martin. Einziger weiblicher Gast, eine Mrs. Blackburne. Wie sollte ich auch ahnen, dass Jane Tilden, die auch mit Kammerschauspieler Erik Frey und dem Komponisten Alexander Steinbrecher verheiratet war, unter dem Namen ihres dritten, britischen Ehemanns, John Joseph Blackburne gemeldet war?

Es war Anfang Mai 1966, als ich meinen alten Freund Yul am Flughafen Orly wiedertraf. Er schob seinen Ausseer Hut ins Genick, auf dass die hohe Stirn noch höher werde, ohne aber zu zeigen, dass diese Stirn bis in den Nacken reichte, und sagte dann im herzlichsten Pidgin-English: »Well, hello, long time no see …«

»Deine Vorliebe für österreichische Hüte hast du, scheint mir, noch immer nicht abgelegt, Yul«, feixte ich. Da enthüllte er grinsend die ganze Stirn. Bis zum Nacken. »Das ist mein alter Hut«, lachte Brynner. »Hier, lies die Marke, den habe ich vor acht Jahren gekauft und seither keinen anderen mehr getragen.«

Yul war der UNO-Sonderbeauftragte, der mit einer AUA-Caravelle eine Flugzeugladung Weltstars zur Gala-Weltpremiere des UNO-Films *Mohn ist auch eine Blume* nach Wien eskortierte: Angefangen von 007-Star Sean Connery, Rita Hayworth, Stephen Boyd, Jack Hawkins, Claudine Auger, Harold »Odd Job« Sakata, der 007-Killer mit der Melone, bis zu Senta Berger. Aus Rom flog dann auch noch Gina Lollobrigida an. Dazu Regisseur Terence Young und Produzent Euan Lloyd.

Der »teuerste Glatzkopf der Welt« war der Protektor der *Mohnblumen*-Crew. »Alle Stars«, betonte Brynner, haben für eine symbolische Gage von einem Dollar gespielt. Wir hoffen, dass der Film für das UN-Hilfswerk Millionen einspielt.«

In der AUA-Caravelle plauderten wir nur kurz. Yul und Gattin Doris spielten intensiv Scrabble, nur nebenbei erfuhr ich, dass sie Chilenin ist und deshalb ihr Schoßhündchen Pancho hieß. »Yul«, bat ich, »wenn du etwas Zeit für ein Interview hättest …«

»Machen wir«, versprach sein wohlklingender tiefer Bariton, »nach dem Essen.« Es kam nicht dazu. Denn nach dem Service saß ich gerade bei 007-Weltstar Sean Connery und hörte mir an, dass er von James Bond die Nase gestrichen voll habe: »Ich bin durch als 007, ich habe genug von James Bond«, verkündete er ganz locker und leger. Ich werde im Juli noch einmal einen Ian-Fleming-Stoff verfilmen und als James Bond vor der Kamera stehen. Für *Man lebt nur zweimal.* Meine letzte James Bond-Rolle.«

»Gibt es dafür einen besonderen Grund?«

»Sagen wir, die Produzenten werden zu frech. Ich möchte endlich Sachen machen, die mich persönlich befriedigen«, betonte Connery, »Theater, Fernsehen und ausgesuchte Filmrollen. Im Herbst werde ich am Broadway zum ersten Mal Regie führen, bei dem Theaterstück *Das Geheimnis der Welt* mit Shelley Winters in der weiblichen Hauptrolle. Natürlich verdiene ich damit viel weniger Geld als mit James Bond. Aber früher ist es mir viel dreckiger gegangen. Und mehr Whisky als heute kann ich auch nicht trinken.«

Bei einer »Bloody Mary« traf ich an der Bar des George V. den Star mit dem weitesten Anmarschweg und dem ungewöhnlichsten Reisegepäck. Harold Sakata, den Killer aus dem 007-Thriller *Goldfinger*. Er war von Honolulu, wo er ein Haus hat, viereinhalb Stunden nach Los Angeles unterwegs gewesen, dann weitere elf Stunden nach Paris. Dabei hatte er 14179 Kilometer zurückgelegt. Oder wie Sakata sagte: »Two Oceans I flew.«

Eigentlich hatte ich erwartet, sein Händedruck würde irgendwelche Schraubstock-Assoziationen bei mir auslösen. Aber er war sanft wie Rehleder. Ein Softy von 108 Kilogramm, der 1948 Olympia-Silber für die USA im Gewichtheben geholt hatte. 007-Produzent Harry Saltzman sah ihn im Fernsehen als Catcher und besetzte ihn als den Bösewicht, der mit der Melone killt. *Mohn*-Produzent Euan Lloyd telegrafierte Sakata noch: »Vergessen Sie nicht Ihren Hut …«

Mr. Odd Jobb gilt bei *Goldfinger* zwar als Koreaner, aber seine Eltern sind Japaner. »Ich komme aus einer großen Familie, sechs Brüder und drei Schwestern. Der Name Sakata deutet darauf hin, dass meine Vorfahren Samurais waren.« Er braucht kein Schwert und hält Harakiri für einen veralteten Sport. Dafür durfte er als Judomeister den schwarzen Gürtel tragen.

»Mr. Sakata, wie war das mit der Melone? Wie lang haben Sie da trainiert, ehe der erste tödliche Wurf saß?«

»Genau fünfeinhalb Monate, und das täglich…« Er winkte dem Barkeeper, tuschelte mit ihm.

Drei Minuten später hielt ich die legendärste schwarze Melone der Welt in der Hand. Ein etwas strapazierter Apparat, aber beste Qualität. An der Unterseite der Krempe schmiegt sich, von acht Nieten gehalten, ein flaches Stahlband, die Ränder messerscharf geschliffen. »Wenn das die Halsschlagader trifft, braucht man kein Leukoplast mehr.«

Nach der Killer-Melone konzentrierte ich mich tags darauf wieder auf den Ausseerhut. Nach der Galapremiere von *Mohn* in der Wiener Stadthalle traf ich Yul im Roten Salon des Rathauses wieder. »Hello«, sagte er, »do you know Rita Hayworth?«, und reichte mich an die Dame weiter, die einmal Hollywoods heißeste Rothaarige war. Sie hatte sich zwar im Pariser George V. die Falten des Los-Angeles-Fluges aus dem Gesicht geschlafen, war aber einem Nervenzusammenbruch nahe, weil ihre Kleider nicht auffindbar gewesen waren und sie keine passende Trockenhaube für ihr Haar bekam.

Sonntagvormittag wollten Yul und Gattin Doris die Spanische Hofreitschule besuchen, bekam ich gerade noch mit: »Ruf mich im Imperial an. Ich habe die Pferde-Show zwar schon fünf oder sechs Mal gesehen, aber jetzt will auch Doris unbedingt hin.«

Mein Anruf fiel kurz aus: »Wir sind gerade im Weggehen zur Hofburg. Wo kann ich dich erreichen, ich melde mich. Wir palavern noch …«

Solche Sprüche kennt man. Noch dazu, wenn ein Star für nur 27 Stunden anreist und offiziell ein Riesenprogramm bewältigen muss. Doch nachmittags läutete in der *Express*-Redaktion mein Telefon: »This is Yul«, tönte die bekannte tiefe Stimme.

Ganz selbstverständlich. Meine Hartnäckigkeit hatte sich gelohnt.

»Ich habe im vorigen Jahr pausiert und nur ein einziges Mal gefilmt. Da spendeten Frank Sinatra und ich unsere kompletten Gagen für ein Jugendzentrum. Ansonsten habe ich Ferien gemacht. Den Laden einfach zugemacht. Das muss man zwischendurch«, lachte Brynner.

Resultat: Die Produzenten bombardierten ihn mit Angeboten und somit drehte er in einem Jahr sechs Filme. »Gerade erst habe ich *Die Rückkehr der glorreichen Sieben* fertiggestellt. Ich glaube, der ist noch besser als *Die glorreichen Sieben*. Ich habe wie beim ersten wieder lauter unbekannte Schauspieler genommen. Burschen mit prächtigen Gesichtern. Nach *Die glorreichen Sieben* haben Steve McQueen und James Coburn schlagartig Karriere gemacht. Auch die neuen Gesichter wird man sich merken.« In *Spion zwischen zwei Fronten* unter der Regie von Terence Young spielte Yul dann einen deutschen Oberst mit Monokel: »Ein Pariser Optiker stellte das Monokel nach Maß her.« Anschließend auf dem Programm: *Der doppelte Mann* in London, die Außenaufnahmen waren bereits in St. Anton geschossen worden. Und ab September stand *Der Kampf* auf dem Kalender (Regie: Ken Anakin), ehe es für Yul nach Burma ging: »Da führe ich als ›Bandula oder Elefanten-Bill‹ mit einer Elefanten-Herde einen Einmann-Krieg gegen Engländer und Japaner. Mit Elefanten kann ich schließlich umgehen – seit meiner Zeit als Zirkusartist.«

Seine Frau Doris reiste die längste Zeit mit ihm herum. »Außerdem kommen mich mein Sohn Roc, der in Dublin Literatur studiert, oder meine Tochter Victoria, die gerade drei geworden ist, besuchen. Ich bin nämlich«, gestand Yul Brynner am Telefon ein, »ein Mensch mit ausgemachtem Familiensinn.«

Das wusste man sogar in Wien. So war ich auch gar nicht verwundert, dass Frances Martin und Jane Tilden als Zuhörer unter dem Kristallluster im Wiener Palais Schönburg saßen, als Yul

Brynner hier *Gypsy Songs*, seine erste Langspielplatte mit Zigeunerliedern aufnahm.

Dass Brynner singen konnte, wusste man schon lange. Mit dem Musical *The King And I* hatte er den Broadway und London, später mit der Verfilmung mit Deborah Kerr fünf Oscars und damit die ganze Welt erobert. Für die Paraderolle als König von Siam hatte er sich die Glatze rasieren lassen, die er dann als weltberühmtes Markenzeichen beibehielt. »20 Jahre lang sind mir die Schallplattenproducer nachgelaufen«, erzählte mir Yul in einer Aufnahmepaus im Schönburg. Sein Sohn Rocky, damals 20 Jahre und Student der Filmregie, hatte ihn schließlich weichgeschlagen: »Eine Schande, Dad, dass du nur einen Gypsy Song immer trällerst. Eines Tages wird kein Mensch mehr die alten Melodien und Texte kennen.«

Da telegrafierte Brynner – laut Pass Schweizer Staatsbürger – von seinem Haus bei Lausanne, wo er mit seiner chilenischen Frau lebte, seinem alten Freund Alyosha Dimitrievich. Der sperrte einfach seine Pariser Zigeuner-Restaurants zu und flog nach Wien.

Alyosha wusste als einer der wenigen alles über Yul: »Ihn kenne ich, seit ich zwölf Jahre alt war«, erzählte mir Brynner, »er war zu mir wie ein älterer Bruder. Bei ihm lernte ich Gitarre spielen und all die Lieder, die ich jetzt kann. Damals, als ich gerade anfing, im Zirkus aufzutreten.«

Tatsächlich stammte Yul Brynner zur Hälfte von Zigeunern ab. Seine Mutter war, ebenso wie seine Großmutter, eine waschechte Zigeunerin. Deshalb sprach er auch »Romani«, die weltweite Zigeunersprache. Sein Vater aber war ein Schweizer, wenngleich kein biederer. Er galt als schweizerisch-mongolischer Erfinder, war Schweizer Konsul in Russland, heiratete die russische Arzttochter Marussia Blagowidowa, und als Yul 1920 in Wladiwostok geboren wurde, trug man ihn als Juli Borissowitsch Briner ins Geburtenregister ein.

Mit Alyosha schrieb er die alten Texte, die's nur vom Hörensagen gab, in kyrillischer Schrift nieder: »Wir haben jetzt 14 Lieder aufgenommen, zu denen es keine geschriebenen Noten gibt«, erläuterte Yul. »Wir singen die alten Melodien nach Gehör. Manchmal, wenn wir die Aufnahmen wiederholen, kann es passieren, dass die zweite Fassung ganz anders klingt.«

Sein Konsum an Zigaretten war emporgeschnellt. Ab und zu griff er in langen Intervallen zur Whiskypulle, um direkt aus der Pulle einen herzhaften Schluck zu machen. Yul hatte eine tiefe, modulationsfähige Stimme. Jauchzend, schluchzend, mit Zwischen- und Halbtönen, die man wohl an keinem Konservatorium erlernen kann, sang er die feurigen, oft auch sentimentalen Melodien der alten Roma. Er griff dabei selbst in die Saiten einer der sieben Gitarren, die er mit einem gecharterten Privatjet nach Wien mitgebracht hatte. Gemeinsam mit Alyosha und Sergei, der die dritte Gitarre spielte, hörte er die Aufnahmen prüfend ab.

Dass diese erste Brynner-LP ausgerechnet in Wien aufgenommen wurde, erklärte Brynner mit der speziellen Akustik des prunkvollen Saales im Palais Schönburg: »Schon Robert Schumann hat diesen Raum wegen seiner besonderen Akustik geschätzt«, grinste er. Wahrscheinlich aber war's nicht nur die Akustik. Yul hat sich in Wien immer wohlgefühlt.

Als ich 2010 in Wladiwostok war, pilgerte ich natürlich zum Dom Bryner, dem Geburtshaus Yuls, der sich zwischendurch mongolisch Taidje Khan genannt hat. Als der Vater in den 1930er-Jahren die Familie verließ, ging die Mutter mit Yul zuerst nach China, dann nach Paris.

Das Stammhaus in Wladiwostok war bestens renoviert, nicht unweit von der Endstation der Transsibirischen Eisenbahn, einem lausigen Bahnhof. An der Fassade prangte ein kupfernes Porträt des Weltstars – mit Zigarette in der Hand. Als schwerer Kettenraucher, er paffte packerlweise Schwarze Sobranie, starb Yul mit 65 an Lungenkrebs. Übrigens am selben Tag wie Orson Welles. Sein Vermächtnis: ein Film gegen das Rauchen.

PS: Frances Martin, geschiedene Lippert, übernahm in Kitzbühel das Appartement ihrer Mutter Jane. Ihre Tochter Laki lebt als Frau Walleczek im Burgenland.

# Fritz Gulda
## Totgesagte leben länger

Als Fritzi Gulda tot war, läutete noch das Handy. A scheene Leich' ist eine Sache, aber Scherz mit dem Tod – und sei's der eigene – das ist unverzeihlich. So bekam's Friedrich Gulda, Mann am Klavier genialer Klangfassung, Mozart-Intimus, Sonnen-Jazzer und Ibiza-Fan, am eigenen – wieder lebendigen – Leib zu spüren. Er hatte sich selbst totgesagt – welche Sünde. Die noch größere Sünde – er überlebte es. Das darf man weder Freunden, geschweige denn Feinden antun.

»Der Doktor hat g'sagt: ›Wenn wir Ihre Halsschlagader net putzen, wird sie sich noch mehr verengen, und dann passiert, was ma schlechthin a Schlagl nennt.‹ Also hab i ma denkt, wann des so kritisch is – ma waß ja nie, wia so a Operation ausgeht – meld' i mi glei selber ab. Is ja a klasse Vision: Da sitz i mit dem Mozart da obn aufn rosa Wolkerl, und wir wischerln auf den Endler.«

Im Rincón De Pepe in Ibizas Fressstraße von Santa Eulalia stocherte der Maestro mit seinem Rambo-Kapperl auf dem Haupt in g'schmackigen Tapas und sinnierte über seinen perfekt (?) eingefädelten Coup: »In Zürich hab ich am Flughafen das Fax mit meinem Tod loslass'n. Des war 20 Minuten vor fünf. Aber man glaubt ja net, wia schnell die Medien heutzutag' san. Ich sitz im Zug nach Frankreich, wo ich dann mit meiner Freundin untertaucht bin, auf amal geht mei Handy. Da war's kurz nach fünfe. I denk doch net, dass alles scho publik is. Also meld ich mich – is mei Schwester. ›Fritzi‹, sagt's, – sie is die anzige, die no zu mir Fritzi sagt – ›Fritzi, grad war in den Nachrichten, dass d' gsturb'n bist!‹ Sag i sufurt: ›Wann di einer anruaft, du waßt von nix. Ka Wurt, auch dei Mann net!‹ Dann hab i des Handy ab'dreht.«

Die Medien haben ihm den »dummen Scherz« schwer nachgetragen. »Aber«, sagte Gulda, »seitdem weiß ich, wer meine wirklichen Freunde sind.« Ist natürlich eine zweischneidige Angelegenheit. Denn die Kritik fand nach seinem Todesdementi seine »Resurrection Party« in Salzburg eine »Auferstehung zum Einschlafen«. Erst um 00.01 Uhr war der Maestro seinem knallroten Ferrari GTS entstiegen, zog mit hoch erhobenen Armen ins Auditorium. Der Maestro im Originalton: »Seid's ihr 80 oder 100? Hört's ihr mi, oder seid's ihr terrisch?« Es waren eben nur 54 zahlende Gulda-Fans ins Rock House gekommen. Die der Maestro in pro & contra teilte: »Ich begrüße meine Freunde. Meinen Feinden möchte ich zurufen: Ätsch. Zu früh gefreut.«

Natürlich begann unsere Freundschaft im Strohkoffer von Max »Mäcki« Lersch – wo sonst? –, der Brutstätte des Art Club mit Malern von Fritz (später Friedensreich) Hundertwasser, Josef Mikl, Ernst Fuchs, Wolfgang Hutter bis Hollegah und Prachensky, Dichtern wie Konrad Bayer und H. C. Artmann und natürlich Helmut »Quasi« Qualtinger, wo Fritz Gulda mit Joe Zawinul, Uzzi Förster und Hans Koller fast jede Nacht jazzte. Und da ich kein Musikkritiker wie Franz Endler war, kreuzten sich unsere Wege höchst amikal 47 Jahre lang.

Wiedersehen mit meinem alten Freund Joe Zawinul feierte ich auch im Mai 1966 beim 36. Geburtstag Guldas, der im Wiener Konzerthaus zum *Internationalen Wettbewerb für modernen Jazz 1966* geladen hatte. Als Chef einer Jury, zu der mit Joe Zawinul als Juroren Art Farmer, J. J. Johnson, Cannonball Adderley – in dessen berühmter Band Joe seit fünf Jahren Pianist war – sowie Mel Lewis und Ron Carter aus New York anflogen.

»Der Fritzl hat a thing für zwei Pianos komponiert. Damit geben wir alle, wie in alten Zeiten, a Konzert. Aber ich hab's ka Minut'n bereut, dass ich nach New York bin. Schon in der ersten Woch'n hab i mi in Harlem in an schwarzen Keller ans Klavier gesetzt, da hab i glei beim Maynard Ferguson, dem Jazztrompeter, im Ensemble g'spült. Seither war i all over the world – bis Japan. Ob i jetzt ›hot‹ oder ›cool‹ spiel? Sagen wir, auf alle Fälle besser.« Seit drei Jahren war Joe da mit seiner farbigen Frau Maxine verheiratet, sein Sohn Erik war gerade erst fünf Monate alt: »Die Maxine kocht ausgezeichnete Wiener Küche, meine Mammsch hat ihr die Rezepte g'schickt.« Joes aktuelle Platte: *Money in the pocket.* »Mit Schallplatten und Konzerttourneen kannst als Jazzmusiker 100 000 Dollar und mehr verdienen im Jahr.« Das waren damals sagenhafte 2,5 Millionen Schilling Jahresverdienst.

Ums liebe Geld ging es auch, als es zwischen Gulda und Joe zum handfesten Krach kam. Friedrich Gulda, der keiner Konfrontation aus dem Weg ging, hatte sich ausgerechnet mit seinem Jazz-Intimus angelegt: »Der erzählt depperte jiddische Witz' und macht hinterher a Konzert im KZ Mauthausen«, empörte sich Friedrich Gulda. »Na, hab i da g'sagt, er is a Antisemit. Auf zehn Millionen Schilling hat er mi verklagen wolln. Der wollt' den Bundespräsidenten Klestil als Zeugen, weil er mit dem am Erdberg in d' Schul' 'gangen is. Wir haben uns mit 80 000 Schilling verglichen. Und der Tag wird kommen, wo's Telefon läut', und wir sag'n: ›So a Bledsinn – red' ma wieder.‹«

Sie haben ja nicht nur an ihren Klavieren musikalische Konversation gepflegt. »Alle Leut' ham ma durchgehechelt«, sagte der Gulda, »bis i zum Joe sag: ›Red' ma von was G'scheiterem. Red' ma von uns!‹ Sagt der Zawinul: ›Ja, red' ma von mir!‹ …«

Zumindest ein prominenter Musiker behauptete sogar, der Gulda sei ein Schnorrer. Dass er ein sparsamer Typ war, gelinde ausgedrückt, wussten seine Freunde. Ich jedenfalls schluckte die Rechnung in der Fressstraße von Santa Eulalia fast immer stillschweigend. Aber nach einem Münchner Konzert landete Gulda einmal mit seinen Wiener Haberern »Quasi« Qualtinger und »Fatty« George in einem Jazzkeller. Ganz nebenbei wandte sich Fatty an

Gulda: »Was ist, Fritz, zahlst mir ein Coca-Cola?« Aber der Fritz verschwendete seine Pianisten-Gagen keinesfalls. Auch für Coca-Cola nicht, wenn's ein anderer trank. Also zahlte er auch für Fatty kein Coke. Er lud ihn auch auf nichts anderes ein. Sollt er sich's doch selber zahlen.

Als man aufbrach, verlangte Gulda seine Rechnung. Sie machte nicht viel mehr als 2,85 Mark aus. Doch Gulda hatte kein Kleingeld. Ergo zückte er einen Hunderter und streckte ihn der Kellnerin hin. Wie aus einem Mund trompeten da Fatty und Freund Quasi: »Es stimmt schon, der Rest ist für Sie …«

Zehn Jahre lang war Gulda mit der Volkstheater-Schauspielerin Paola Loew verheiratet, hatte zwei Söhne mit ihr, David und Paul. Die Trennung passierte eher leise, und als Gulda ein Jahr später von seiner Japan-Tournee zurückkehrte, war in seiner Begleitung eine zierliche Japanerin Yuko Wakiyama, die er in Japan geheiratet hatte. »Wia da Fritzl Hundertwasser«, lachte er, »der hat auch eine japanische Yuko daheim. Der hat sich auch nackert auszogen, vor der Stadtrat Sandner. Nau, und i hab halt bei einem Konzert nackert die Blockflöte blasen.« Mit Yuko hatte er dann Sohn Rico, der ebenso wie Paul unter Vaters strenger Fuchtel Pianist wurde.

Yuko Gulda verdankte Wien jedenfalls eines seiner ersten japanischen Sushi-Sashimi-Restaurants. »Die Yuko wollte auch in Wien ihren rohen Fisch essen, und weil das in so kleinen Portionen immer problematisch ist, hat's in der Ungargasse ihr eigenes Sushi-Restaurant aufgemacht.«

20 Jahre später – die Ehe war im verflixten siebten Jahr vorbei – landete dort nach seinem umjubelten Konzert mit den Wiener Philharmonikern, nach Brahms *Zweiter* und Mozarts *Linzer* Symphonie, Maestro Carlos Kleiber mit Lust auf Sashimi. Sohn Rico, der als Student der Akademie natürlich Kleiber von daheim kannte, machte dem Papa stolz davon Meldung.

»Der Kleiber war ja, gemeinsam mit Otto Schenk, der an der Oper inszenierte, bei uns daheim zu Gast. »Wir haben ein paar

Schnapserln trunken«, schilderte Friedrich Gulda. »›Was macht's ihr zwei mitanand?‹, frag ich. ,Den *Rosenkavalier*‹, sagt der Schenk. Worauf ich den Carlos aufforder': ›Also gib mir den Auftakt, und i spiel's.‹ Mit de Händ hat er herumgefuchtelt. Vielleicht war's da Schnaps. ›Hearst‹, hab i g'sagt, ›Carlos, mit dem Auftakt kan kana spiel'n.‹ Seither redt er nimmer mit mir.«

Mit der sogenannten Hochkultur hatte Friedrich Gulda nichts am Hut. Speziell Maestro Herbert von Karajan, Salzburgs musikalischer oberster Gott, brachte ihn in Rage. Mitte der 1980er-Jahre hatte Karajan verboten, dass Nikolaus Harnoncourt bei den Festspielen dirigiere. Gulda, der sich vom Establishment oft verarscht fühlte, blieb seiner Devise »Verarscht die Verarscher« treu. Er unterschrieb bei den Salzburgern einen Vertrag für drei Konzerte. Was er dabei dem Festspiel-Establishment unterschlug: Er plante eines der Konzerte auf dem Domplatz mit Harnoncourt als Dirigenten. Und es funktionierte: »So hat der Harnoncourt doch noch zu den Festspielen dirigiert. Mir ham's den machttrunkenen Deppen zeigt. Und jetzt weiß auch der Karajan, dass er mir nix zu verbieten oder zu erlauben hat.«

Schon 1969, als ihm die Wiener Musikakademie den Beethoven-Ehrenring verlieh, wetterte er in seiner Dankadresse gegen Direktoren und Professoren, den verknöcherten und verstaubten Ausbildungsbetrieb. Tage später gab er den Ehrenring zurück.

Ganz in seinem Element fühlte sich Friedrich Gulda in seinem Domizil in Weißenbach am Attersee: »Da setz' ich mich in meinen Keller und arbeit' an *Paradise Island*, das ist eine Aneinanderreihung von Tanz, Liedern, Laserspektakel, a richtige Popshow mit rotem Faden. Passt am besten in die Stadthalle, wird die Sponsoren a paar Millionen kosten. Das Buch schreibt meine Liebste, die Dr. Ulrike Rainer. Das is wie mei Platt'n *Concerto for Myself*. Zur Zeit vom Mozart und Beethoven war das auch ka

Barbarei, wenn's alles durcheinander g'spielt ham. Und des war'n ja schließlich a kane Trotteln ...«

Herzdame Ulrike Rainer, Doktor der Theaterwissenschaften, hatte vor dem *Paradise Island*-Script noch für das Fernsehen den Konflikt um das Gustav-Mahler-Häusl vom benachbarten Steinbach umgesetzt: »Dort hat der Mahler die 2. und 3. Symphonie komponiert. Dann hat der Wirt, dem das g'hört, der Göttinger, zwei Häusln für seine Gäst' einebaut. Die Denkmalschützer war'n wild, und schließlich wurde auf ihre Kosten das Mahler-Häusl 20 Meter versetzt, aber die Leut' scheißen jetzt am gleichen Fleck, wo der Mahler komponiert hat.«

Der Titel der TV-Story lautete übrigens: *Ein stilles Örtchen.*


»Das ist mein Beitrag zum Abschluss des Mozart-Jahres«, ätzte Starpianist Friedrich Gulda mit Genuss, »ich bewege mich ja damit zwischen Mozarts Fäkal-Humor und Thomas Bernhards Kritik!«

Es ging dabei um Guldas Antwort an Musikkritiker Franz Endler, der nach einem Gulda-Konzert geschrieben hatte, sein Mozart-Spiel sei »grandios« gewesen. Guldas eigenes *Concerto for myself* hingegen »ein Furz«.

Das gar nicht so feine Wort »Furz« – Mozart hat es oft geschrieben – erzürnte den Maestro so sehr, dass er ankündigte, so lange Endler Kritiker in Wien sei, werde er hier nicht mehr spielen. Per Fax ließ er Dampf ab, und bestätigte persönlich, was er da gereimt hatte. Womit sich *Adabei* in die Niederungen der Hochkultur begeben durfte – Friedrich Gulda im Originalton:

Gut gefurzt ist halb geschissen,
Darum sei fäkal verrissen
Das Konzert von diesem Gulda,
Wofür schließlich ist mein Stuhl da?
Also dachte der Furzendler,
Wird unsterblich wie Furtwängler,

Denn der Name wird ihm bleiben,
Noch die Nachwelt wird drauf speiben
Und wird auch auf ihn so kacken
Wie ein Haufen von Kosaken.
(Furz! Das war ein Schüttelreim!
Möge er ihm leuchten heim.)
Doch vorher wird er geschasst
Mach' er sich darauf gefasst,
Und kein Mensch wird ihn vermissen,
Soll sich schleunigst nur verpissen.
Jäh sich dann die Lage ändert
Seine Laufbahn ist beendlert.
Schluß ist's mit dem Wadlbeißen
Geht der Endler endler scheißen.

Noch 1999 gab Gulda im Wiener Konzerthaus eine *Paradise Night* mit seiner Band, die er liebevoll »meine Paradeiser« nannte, als Auferstehungsfest nach der von ihm lancierten Todes-Falschmeldung. Da tanzten auch noch die »Paradise Girls« mit. Vorher hatte er noch für seine Mozart-Klavierkonzerte – mit Claudio Abbado am Pult – eine »Goldene« kassiert.

Polygram-Chef Wolfgang Arming sparte dabei nicht mit Komplimenten, pries Gulda als genialen Musiker.

»Naja«, gab sich der Fritzi hinterher privat ganz bescheiden, »ich hab halt das absolute musikalische Gedächtnis. Ich hab ma zum Beispiel den Notentext von den Waldszenen vom Robert Schumann a paar Minuten lang ang'schaut und danach auswendig gspielt. I hab a des absolute musikalische Gehör und wahrscheinlich an weiteren Horizont als die meisten. Aber i hätt' nie zu mir Genie g'sagt. Aber i kann's net verhindern, wenn's a anderer sagt …«

Auf Ibiza machte Gulda die Nacht zu seinem Tag. Was nicht ausschloss, dass er nachmittags ans Meer fuhr. In seinem Plastiktascherl – »Hab i ma net vom Prawy abg'schaut« – hatte er meist seine letzten CDs mit. Galant überreichte er sie Maria Lahr, Ibiza-Fan wie Friedrich. Das Meer und die Aussicht inspirierten den Maestro sogar zu profanen Texten. Die Schönheit der Sonneninsel genoss er auch ohne Piano fortissimo. So saß er auf dem Plaza del Sol mit Traumaussicht und ließ sich zum Schüttelreim *Der verliebte Beduine* inspirieren: »Ob er wohl in der Wüste küsste – wenn er von dieser Küste wüsste?«

Zum Café solo sagte man dann noch artig »Adios, also, man sieht sich …« Sagte der Gulda: »Wiaso, i bin ja gsturbn. I sitz da obn auf mein' rosa Wolkerl …«

Auf seinem rosa Wolkerl landete er knapp ein halbes Jahr nach unserem letzten Sommer auf Ibiza. Als Kettenraucher, nach mehreren Bypass-Operationen, nach einem Herzinfarkt in seinem Domizil in Weißenbach am Attersee. Zu seinem 70. Geburtstag war für den 15. Mai noch ein Konzert mit den Wiener Philharmonikern im Wiener Konzerthaus geplant. Dazu kam es nicht mehr. Er verabschiedete sich am 27. Jänner 2000 stilecht: am Geburtstag von Wolfgang Amadeus Mozart.

## Zarah Leander
### Zarah, aber mit Z

K üss die Hand, Gnädige Frau!«, gab ich mich galant und bremste mich mit den Lippen vor ihrem Handrücken ein. Ganz so, wie es sich gehört. Sie aber grabschte nach meinen Fingern, hielt sie fest und drehte sich zu Fred Adlmüller: »Fred, ist der was für mich …?« – Zarah Leander, einer der großen Filmstars, den wir Volksschulknaben mit kecken Sprüchen wie »Hoch die Rökk, hoch die Rökk«, »Ida Wüst, oder net?« und völlig unsinnigerweise mit »Zarah Leander, hupf übers G'lander« verehrt hatten.

Mit reifen 53 probte sie im Herbst 1964 am Wiener Raimund Theater unter der Regie von Karl Farkas *Eine Frau, die weiß, was sie will*. Modezar Adlmüller hatte mich angerufen: »Zarah spielt in ein paar prachtvollen Kostümen von mir. Interessiert Sie ein Interview?«

Schon war ich im Raimund Theater, die Fingergrabscherei ließ sich schnell bereinigen. Mit einem Wodka, gutem russischen Stoli, schwedischer Absolut war damals in Wien noch nicht angesagt. Aber Wien war für Zarah schon immer ein gutes Pflaster. Max Hansen holte sie für *Axel an der Himmelstür* 1936 ins Theater an der Wien als weiblichen Star Gloria Mills, die eine Persiflage auf Greta Garbo spielte. »Damals haben sie mich 62 Mal vor den Vorhang geholt«, kippte Zarah bestätigend den zweiten Wodka seit Beginn des Interviews.

Auch ihren ersten deutschsprachigen Film – Deutsch hatte sie von ihrem Kindermädchen und ihrem Klavierlehrer gelernt – drehte sie in Österreich: *Premiere* mit Attila Hörbiger und Theo Lingen unter der Regie von Géza von Bolváry. Erst 1936 kam die UFA mit einem dicken Angebot. Zarah durfte ihre Drehbücher selber auswählen, kassierte die Hälfte ihrer Gagen in schwedischen Kronen. Schon ein Jahr später hielt Propagandaminister Joseph Goebbels fest: »Die Geschäftserfolge mit ihr sind enorm.« Kein Wunder, dass sie zur Nazizeit der höchstbezahlte weibliche Filmstar wurde. Mit Filmen wie *La Habanera, Es war eine rauschende Ballnacht, Die große Liebe, Das Herz der Königin, Das Lied der Wüste, Damals* ...«

»Eine Stimme von fast männlicher Färbung«, schrieb ein Kritiker über ihre Lieder, »eine unsagbar weiche Stimme, die wie ein tiefer warmer Strom den Hörer umfließt ...«

Kein Wunder, dass ihre Lieder *Du darfst mir nie mehr rote Rosen schenken!, Ich steh' im Regen, Der Wind hat mir ein Lied erzählt, Eine Frau wird erst schön durch die Liebe, Nur nicht aus Liebe weinen* und *Davon geht die Welt nicht unter* wahre Ohrwürmer wurden.

Unvergessen blieb die Leander für Kostümausstatter Nr. 1, Lambert Hofer senior, der die Oberweiten von Sophia Loren und Pascale Petit auswendig wusste, den Bauchumfang von Helmut Qualtinger und die Unterhosen von Glatzkopf Yul Brynner kannte.

»Eine imposante Lady«, schmunzelte Hofer senior über Zarah. Kunststück, bei 119 Zentimetern Oberweite, die höchst beachtliche Taille von 96 Zentimetern und bei Kostümproben stets das Glas Wodka griffbereit.

Auch ihre sonst herzhaften schwedischen Manieren, die keineswegs zimperlich waren, kannte man. Mitten im heißen August war die Leander bei einem Empfang im Wiener Rathaus gewesen, um vom Bürgermeister eine Auszeichnung zu empfangen. Gleich hinterher kam sie zur Kostümprobe. Hofer senior: »Ungeniert zog sie ihr Kleid aus und stand da – so wie Gott sie geschaffen hatte. Splitterfasernackt. Der Hitze wegen hatte sie auf jedes Dessous verzichtet. Sie war ohne Höschen zum Bürgermeister gefahren.«

»Aber ich blieb immer schwedische Staatsbürgerin«, kippte

Zarah einen neuen Wodka. »Zu sehen, ich meine Visage und Figur, gibt's bei mir ja nicht mehr viel, aber zu hören«, dröhnte sie mich nach dem fünften Glas Wodka an. »Ich singe auf einem Klodeckel, aber auch vor einem Parkett voller Könige. Aber es gibt ja nicht mehr viele Könige.«

Drei Mal war sie verheiratet, ist Mutter zweier Kinder. Ihr dritter Mann, Kapellmeister und Jazzpianist Arne Hülphers, mit dem sie sonst auf ihrem Gut Lönö in Schweden lebt, war natürlich mit in Wien.

»Was soll ich auf Lönö? Dort ist es so scheißvornehm. Auch meine Gäste gehen vor mir auf die Knie. Ich sitze wie eine alte Spinne in der Ecke und freue mich darüber. Aber ich brauche keine reine Luft. Ich brauche den staubigen Mief der Bühne!«

Beim neunten Wodka, falls ich noch richtig mitzählen konnte, resümierte sie: »Ich war ein Star, ich bin ein Star, ich werde immer einer sein. Ich lebe, wie ich will, ich rauche, wie viel ich will, und trinke, was ich will. Ich lebe, weil der Tod ohnedies früh genug kommt. Ich werde ihn mit dem Wodkaglas in der Hand erwarten und ihm zuprosten …« Kippte den neunten Wodka, stand auf und ging kerzengrade hinaus.

So zwischen dem dritten und vierten Wodka hatte ich sie politisch ausgehorcht: »Nein, es gibt kein einziges Foto von Hitler und mir. Man hat mir gesagt, meine Lieder wie *Ich weiß, es wird einmal ein Wunder gescheh'n* seien als Durchhalteparolen gedacht gewesen. Nicht aus meiner Sicht. Ich habe mich politisch nie vermarkten lassen. Mit Goebbels hatte ich zwangsläufig zu tun. Als Propagandaminister unterstand ihm die UFA. Seine höchste Ehrung, er wollte mich zur Staatsschauspielerin ernennen, habe ich abgelehnt.«

Und nach einem kleinen Schluck als schwedische Zuwaage: »Goebbels ließ mich rufen, lobte mich über den grünen Klee und rückte dann heraus: ›Wir haben da nur ein kleines Problem – ihr Vorname. In Deutschland wird er zwar mit *z* ausgesprochen, im

Schwedischen aber mit *s* – Sarah. Ein Name wie er im heutigen Deutschland nicht mehr geduldet wird. Sie sollten ihn ändern: Zarah ist jüdisch …!‹

›Und‹, sagte ich, ›was ist mit Joseph …?‹«

# Klaus Kinski
## Fitzcarraldo bis Paganini

In 8000 Metern Höhe, im Flugzeug zwischen Berlin und Hamburg, zementierte ich meine Freundschaft mit Klaus Kinski. Am Abend zuvor waren wir bei der Berliner Premiere von *Der letzte Ritt nach Santa Cruz* (1963) gewesen – mit Karl Spiehs als Produzent, Regisseur Rolf Olsen und Marisa Mell, dem weiblichen Star des Films –, jetzt war ich Kinskis Sitznachbar, endlich eine Chance für ein Interview. Noch in Berlin hatte ich Klaus nach seinem nächsten Dreh gefragt. »Keine Ahnung«, schnaubte er, »irgendwas mit Brezel oder Rätsel ...« Drei Tage später fiel für ihn in London die erste Klappe für *Die Gruft mit dem Rätsel-Schloß.*

»Scheiß auf'n Interview«, wehrte Klaus ab, »schreib doch, was du willst, kennst mich ja.« Aber ich beharrte wenigstens auf einem Original-Zitat: »Würdest du an der Wiener Burg spielen?«, fragte ich ahnungslos, nie gehört von Torquato Tassos Handküsschen. Prompt kam die Antwort: »Der Haeusserman sollte die Beatles an die Burg engagieren. Wenn er das tut, übernehme ich gratis die Conférence der Pilzköpfe und trage dabei die gleiche Frisur. Allerdings müsste Herr Kortner Regie führen. Mit gleicher Haartracht.« Die Kombination Kinski, Beatles, Kortner und Wiener Burg war saftiges Futter für den deutschen Boulevard, der prompt bei *Adabei* mitnaschte, und seither hatte ich bei ihm immer eine offene Tür.

Am Burgtheater hatte ich Klaus Kinski nie erlebt, als er als Versuchsballon seines Talentes im Jahr 1956 eine Vorstellung als Torquato Tasso spielen durfte. Auch seinen Kortner-Film *Sarajevo*, in dem Kinski den Attentäter Čabrinović verkörpert und bei dessen Dreharbeiten er eine heftige Liebschaft mit seiner Tiroler Filmpartnerin Erika Remberg begann, kannte ich nicht. Unsere Pfade – Kinski damals hoch zu Ross – kreuzten sich zum ersten Mal auf Gran Canaria bei den Dreharbeiten für *Der letzte Ritt nach Santa Cruz*. Schon damals war Klaus Kinski nicht nur in der Branche als schwierig, exzentrisch und unbeherrscht verschrien.

»Keine Spur! Bei mir ist er lammfromm«, wiegelte Karl Spiehs ab, der mit dem Hollywood-Schauspieler Edmund Purdom, Mario Adorf, Marisa Mell und Sieghardt Rupp (Regie: Rolf Olsen) den Verschnitt zwischen Winnetou-Filmen und Italo-Western produzierte.

Spiehs hatte Kinski-Erfahrung: »Ich hab den Klaus schließlich vor einer Taschenpfändung durch einen Gerichtsvollzieher auf offener Bühne in der Wiener Stadthalle gerettet. So was vergisst Kinski nicht«, grinste Spiehs, damals Produktionsleiter der Stadthalle. Zwar hatte Kinski, im westpreußischen Zoppot als Klaus Günter Karl Nakszynski geboren, schon einige Filme gedreht, *Hanussen* mit O. W. Fischer, damals der größte Star im deutschen Film, oder *Ludwig II.*, in dem Kinski den grenzdebilen Bruder des Bayern-Königs spielte – aber das Geld reichte nie. So verfiel Kinski auf Rezitation – Villon, von ihm selbst neu übersetzt, Rimbaud, Bertolt Brecht und das *Neue Testament*. Glänzende Kritiken, aber nicht überall zündete die Rezitations-Tournee quer durch Deutschland. Absagen in Kiel, Marburg, Göttingen und Aschaffenburg.

Robert Jungbluth, später Bundestheater-Chef, heizte Kinski auf: »Klaus, du musst etwas Spektakuläres machen, damit mehr Leute kommen.« Kinski sorgte für Spektakuläres, warf einen brennenden Kerzenleuchter ins Publikum, weil einer gehustet hatte. Riesen-Schlagzeile für *Bild*, und die Kassen wurden gestürmt.

»4000 in der Stadthalle. Sensationell für eine Lesung!«, betonte Spiehs. »Ich steh noch beim Portier, da kommt einer mit Aktentasche und zeigt seinen Kuckuck – Gerichtsvollzieher, will zu Kinski auf die Bühne zur Taschenpfändung. Ich sofort zu Klaus in die Garderobe: ›Gib sofort die Gage her, die wollen dich pfänden.‹ Kinski greift in die Hosentasche, drückt mir ein Geldbündel in die Hand. 5000 Mark, die Abendgage. Der Herr Exekutor hat in der Kulisse g'wartet bis zum Ende der Rezitation. Als er dort seinen Kuckuck zückte, schrie Kinski los: ›Keine müde Mark kriegen Sie!‹ Die Lautsprecher waren noch nicht abgeschaltet – eine Zugabe fürs Publikum, das gerade hinausströmte.«

Dass Kinski kein Burgschauspieler wurde, lag wohl an seinem Torquato Tasso. Er durfte für Albin Skoda einspringen, an seiner Seite Ewald Balser, Judith Holzmeister, Alma Seidler, Fred Hennings, von Raoul Aslan gut, aber langweilig inszeniert, wie Christian David in *Kinski. Die Biographie* (2006) registrierte. Damals galt noch das berüchtigte Vorhangverbot für Ensemblemitglieder des Burgtheaters. Erst Helmut Zilk machte als Unterrichtsminister damit Schluss. Aber jeder Burg-Debütant oder -Gast durfte schon vor den Vorhang: Kinski nur ein einziges Mal. Er verbeugte sich nicht nur, sondern warf wie eine Diva Kusshändchen ins Publikum. Judith Holzmeister über seine Attitüde: »Das war Operette!«, und Raoul Aslan gab sich höchst unwirsch, dürfte wohl gegen Kinski intrigiert haben.

Also nix mit der Burg. Da half kein O. W. Fischer und kein Kortner. Als Ausweg bot sich das Kleine Theater im Konzerthaus mit Villon-Lesungen an. Als Spiehs Kinski zum *Letzten Ritt* holte, hatte er bereits eine Wallace-Filmserie, darunter *Der Rächer*, *Die toten Augen von London*, *Die seltsame Gräfin*, *Der Zinker* und *Das Rätsel der roten Orchidee* gedreht, mit Partnern wie Joachim Fuchsberger, Christopher Lee, Marisa Mell, Pinkas Braun und Heinz Drache gefilmt.

Gran Canaria war Mitte der 1960er-Jahre vom Tourismus total verschont. Keine Spur von Ballermann wie auf Mallorca. »Ein Flughafen, ein Leuchtturm, eine Wechselstube, eine Düne und eine Fischbude«, registrierte Karl Spiehs damals, »und keine Pferde auf der Insel. Das hat mich ein Vermögen gekostet, wir mussten zehn filmtaugliche Pferde per Schiff aus Brüssel verfrachten, damit wir in den kahlen Bergen drehen konnten. Zum Glück konnten alle reiten. Der Mario Adorf saß schon bei vier Filmen im Sattel und sollte nach dem *Letzten Ritt* zu einem Western mit Starregisseur Sam Peckinpah, wieder als mexikanischer Bandit, Marisa Mell war schon in Kanada geritten, Marianne Koch war als Nymphomanin in einem französischen Film sattelgerecht und Kinski ist sowieso ein passionierter Reiter, hatte in Berlin sein eigenes Pferd und kauft jetzt sogar sein Filmpferd für 6000 Mark.«

Als Western-Bandit ritt Kinski nicht nur wie ein Kosak, er machte auch all seine gefährlichen Stunts selbst, ließ sich vom Lasso aus dem Sattel zerren und durch den Sand schleifen.

Den echten internationalen Durchbruch schaffte Kinski mit *Doktor Schiwago* (1965) mit der sehr knappen Rolle des Anarchisten Kostojed-Amurski. Er dominierte seine Szenen neben Weltstars wie Omar Sharif, Julie Christie, Geraldine Chaplin, Rod Steiger und Alec Guinness. Regie führte Oscar-Preisträger David Lean (*Die Brücke am Kwai*, *Lawrence von Arabien*), Produzent: Carlo Ponti, der Ehemann von Sophia Loren.

Zuvor hatte Kinski, als Filmstar schon fest etabliert, Sergio Leones Superwestern *Für ein paar Dollar mehr* mit Clint Eastwood und Lee Van Cleef gedreht. Da kassierte er in Cinecittà bereits Supergagen. Pro Film 50 Millionen Lire, damals bescheiden umgerechnet an die zwei Millionen Schilling. Seine Existenz war in Rom nicht zu übersehen. Überall rollten Busse mit seinem Porträt in Überlebensgröße, dazu der knappe, einhämmernde Text »la faccia« – das Gesicht.

»Das war ein Pferd, das offensichtlich nicht zum Film wollte«, witzelte Klaus bereits wieder, als ich ihn in der Privatklinik Villa

Carla in der Via Federico Giordano in Rom besuchte, wo er seit zehn Tagen mit angeknackstem Wirbelsäulenknorpel und schweren Unterleibsprellungen lag. Seinen trockenen, makabren Humor hatte er schon wieder, die ersten Gehversuche klappten auch. »Das Vieh hatte nicht einmal den oft zitierten Pferdeverstand«, grinste Kinski. »Ich spürte gleich, dass es bockig war.« Jedenfalls hatte es sich mitten im Dreh für den Spaghetti-Western *Erst schießen – dann lachen* aufgebäumt, einen regelrechten Salto nach rückwärts geschlagen und Kinski, der eisern im Sattel blieb, gegen eine Mauer gedrückt und unter sich begraben. Ursprünglich hatten Ärzte sogar befürchtet, der Patient könnte querschnittsgelähmt bleiben. Wochenlang trug Kinski ein Korsett. »Reiten können Sie vergessen«, sagte der Arzt, »auch Autofahren. Höchstens im Rolls-Royce.«

Eh klar, dass sich Kinski einen Rolls-Royce zulegte. Schließlich residierte er in einer schlossartigen Villa in der Via Antiqua, und seinen ersten, gar nicht so alten, schwarzen Rolls-Royce tauschte er gegen einen funkelnagelneuen ein, dessen Farbe er selbst bestimmte: »Die hat sonst keiner – grün und beige, und dann vergoldet.« Erika Remberg, seine alte Liebe, die ihn finanziell immer wieder gerettet hatte, besuchte ihn in der Via Antiqua und erzählte mir später: »Seine Frau Ruth und Tochter Nastassja, alle in Chinchilla, und die Katzen werden nur mit Kaviar gefüttert.«

Dass er auch als hochdotierter Star das Enfant terrible blieb, bewies er ausgerechnet auf der Via Veneto, damals Roms Flanier-Meile. Da gab's mitten zur abendlichen Rushhour einen ungeheuren Autosalat. Die Wagen stauten sich, die Fahrer hupten so orgiastisch, wie nur römische Lenker es damals konnten. Schuld an allem war ein grün-beiger vergoldeter Rolls-Royce, der vor dem Promi-Café Rosati die Fahrbahn blockierte.

Klaus Kinski hatte sich vom Kellner seinen pechschwarzen Espresso direkt an das Volant der Luxuskarosse servieren lassen und trank die Tasse in aller Seelenruhe leer, während hinter seinem Rücken der Verkehr zusammenbrach.

Für seinen alten Wiener Spezi Karl Spiehs kam Kinski auch für eine erträgliche Gage nach Rio de Janeiro, um den Bösewicht für die dritte *Gern hab ich die Frauen gekillt*-Episode abzugeben. Mit am Zuckerhut waren Lex Barker mit seiner Frau Tita, geborene Carmen Cervera Fernández, eine ehemalige »Miss Spain«. Lex Barker, der als Old Shatterhand bis zu 250 000 Mark Gage kassiert hatte, bewog Spiehs, sogar seiner »Tita« eine kleine Bikini-Rolle zu verpassen. »Hat ja nix kost, dafür waren's das erste Mal in Rio«, lachte Spiehs. »Auch Karin Dor ist erst nachher, als einziges deutsches 007-Girl von James Bond in *Man lebt nur zweimal* in Japan teuer geworden.«

Tagsüber schwitzte Kinski seine Rolle runter, aber nachts war er nicht zu bremsen, da schaffte er jedes zweite Bordell in Rio. Sowohl er als auch Spiehs hatten eine Lieblings-Story von Rio bei Nacht. Spiehs palaverte gerade im Wiener Dialekt in einer dunklen Puff-Straße, da ging im ersten Stock ein Fenster auf: »Mensch Karl, haste auch solchen Schiss?«, dröhnte Kinski, und Spiehs schrie zurück: »Und wia, und wia …« Da lachte der Klaus, ich stand ja direkt hinter ihm.

Mit einer der schönsten jungfräulichen Hostessen, Frisur und Puffärmel am langseidigen Kleid ganz im Stil von First Lady Imelda Romuáldez Marcos, an seiner Seite, traf ich Klaus Kinski 1983 beim zweiten Manila-Film-Festival wieder. Ganz in seinem Element, voller tückischer, kleiner Bosheiten. Er war mit seinem Regisseur Werner Herzog (*Mein liebster Feind*) angeflogen, *Fitzcarraldo* im Gepäck. Flug, Hotel und 800 Pesos (1600 Schilling) für die täglichen Spesen, die halt anfallen, für jeden Festival-Gast. Und der Auftrieb konnte sich sehen lassen:

Damals, 1983, war die Filmwelt noch heil. Zumindest in Manila bei First Lady Imelda. Die liebte nicht nur den Dreivierteltakt, seit sie den Wiener Opernball – drei Jahre vorher von Udo Proksch eingefädelt – aufgeputzt hatte. Zu ihrem Film-Festival bot sie 300 Filme aus 60 Ländern auf. Krönender Abschluss: Sir Richard Attenboroughs *Gandhi*, gerade in Hollywood mit fünf Golden Globes honoriert, mit der »Weltpremiere« außerhalb der USA. Natürlich mit Gandhi-Darsteller Ben Kingsley.

Die Starparade des Festivals rekrutierte sich auch noch aus Imeldas Liebling George Hamilton mit seinem Dracula-Leckerbissen *Liebe auf den ersten Biss*, Hollywood-Oldie Tony Curtis und Robert Duvall (*Der Pate*), Frankreichs Lino Ventura, Virginia Mayo (*Die besten Jahre unseres Lebens*), einst auch Filmpartnerin von Ronald Reagan, Broadway-Star Alexis Smith, Italiens Alberto Sordi, *The Wall*-Regisseur Alan Parker und Sherry Lansing, die als Präsidentin von 20th Century Fox gefeuert wurde, weil sie dem Kassenhit *E. T.* keine Konkurrenz bieten konnte, und aus Österreichs Film-Delegiertem Schauspieler-Regisseur Peter Kern, der zu Rainer Werner Fassbinders ständiger Filmpartie zählte, im Sog von *Lili Marleen*-Produzent Luggi Waldleitner.

Verjüngt durch ein flottes Smile-Blondie war Tony Curtis, alias Schwartz, beim Festival eingetrudelt. Die Dame war keineswegs eine Schauspielerin, sondern Hilary Clark, ein Barmädchen aus New Yorks berühmten Studio 54. Warum sollte sich der alte Hollywodianer auch nicht begleiten lassen. Imelda ließ sich nicht lumpen: Für jeden Stargast gab's zwei First-Class-Tickets um den halben Erdball, eine Suite im noblen Manila, fast so klassisch wie das Oriental in Bangkok. Den Juroren und Offiziellen half man mit 50 Dollar pro Tag über die Spesen, die halt so nebenbei anfallen, hinweg. Klopfte Tony Curtis erprobte Sprüche: »Alt zu werden, ist nichts Schlimmes – es gibt weder alt noch jung. Es gibt nur die Zeit …« Und für Tony sechs Kinder aus diversen Ehen: »Meine zweite Tochter Jamie Lee Curtis übertrifft mich. Ihre Filme haben bisher 230 Millionen Dollar eingespielt.«

Bronzefarben und stets an der Seite der First Lady *Liebe auf den ersten Biss*-Gentleman George Hamilton: »Meine Bräune verdanke ich zwei Silberfolien, rechts und links vom Gesicht. Da genügt eine halbe Stunde in der Sonne täglich«, verriet mir George sein offenes Geheimnis. An Hautkrebs dachte damals ja noch keiner.

Wer immer zu diesem Festival kam, hätte eigentlich mit einem Schrankkoffer anreisen müssen. Die First Lady trug pro Fest ein neues Abendkleid, wechselte die Garderobe am Tag bis zu vier-, fünfmal. Bei keinem Fest fehlte die obligate Modenschau. Hinterher pflegte Imelda ihre persönliche Eleganz in Glasvitrinen zu zeigen. Die Kleider, die sie kaum mehr als einmal anzog, wurden ausgestellt, da kam keine andere Lady mit.

Die Herren hatten's da schon leichter. Kaum waren die Ehrengäste in ihren Hotelzimmern, da trippelten schon Filipino-Schneiderinnen an, um Maß zu nehmen. Für »Barongs«, die prächtig bestickten Hemden aus weißer Bananenfaser, die so um die 8000 Dollar kosten und in Manila den Smoking ersetzen.

Die trug man dann auch, wenn nachts um drei Uhr das Telefon klingelte. Anruf aus dem Malacañang-Palast. Das konnte eine plötzliche Einladung auf die Jacht Imeldas sein, die ihre Gäste dann 17 Stunden lang bei Tanz und Champagner nicht mehr von Bord ließ. Oder man bat zum Dinner im Palast mit Präsident Ferdinand E. Marcos und der First Lady. Ganz kleiner Rahmen – lächerliche 300 Auserwählte. So kam ich auch in die Garderobefluchten Imeldas, wo rund 2000 Paar Schuhe (ungezählt) geparkt waren, und in ihr Schlafzimmer mit der Fotogalerie auf einem Wandverbau, mitten drin eine Prachtaufnahme von Dr. Bruno Kreisky, damals Bundeskanzler, rechts Imelda, links Ferdinand.

Zwar wurde bei Imeldas Festen viel gesungen, zu devot vorgetragener Bitte zierte sie sich im Morgengrauen keine Minute lang, angelte sich das Mikrofon und sang traurig-schöne Liebeslieder wie eine Operettensoubrette an der Wiener Volksoper im *Land des Lächelns*. Aber fett wurde bei diesen Diners kaum einer: Ein Blattl Lachs, ein paar Löffel Nudelsuppe, fünf Blattln Salat, zwei Schnitten Rindsbraten mit Gemüse und dolce. Ein Festivalgast wie 123-Kilo-Mann Peter Kern wurde davon nicht einmal satt.

Bei der »Dwang Lahi«-Fiesta, die Imelda als Gouverneur von Manila gab, traf ich Klaus Kinski wieder. Wie zum Hohn trug er einen »Barong«, ganz passend zu einer der schönsten Hostessen an seiner Seite. Handverlesene Jungfrau aus Manilas feinster Familie. Als ich mit Klaus über *Fitzcarraldo* sprechen wollte, blieb er stumm, dafür trumpfte er mit einer höchst hinterhältigen Story auf: »Diese Fiesta ist doch stinklangweilig. 4000 Gäste, Spanferkel, Fisch, Hummer und grüner Seetang. Um so was stell ich mich doch nicht am Buffet an. Meine keusche Beauty hat's besorgt, und zum Dank hab ich ihr erklärt: ›Wonderful! Jetzt isst du mit mir, und dann können wir die Nacht richtig genießen. Du schläfst heut' Nacht mit mir, wir lieben uns bis die Sonne aufgeht …‹ Die Kleine kippte mir fast vom Stuhl, wurde knallrot und stammelte nur noch: ›No, no, no!‹«

Aber es wäre nicht Klaus Kinski gewesen, hätte er seiner miesen, tückischen Ansage nicht noch eins draufgesetzt: »Wenn du nicht willst, dann frag doch die First Lady, die hat's mir versprochen, dass du bei mir bleibst im Hotel.«

Heiliger Bimbam für die arme Jungfrau. Wie sollte sie je deswegen die First Lady ansprechen. Ich konnte nur hoffen, dass Klaus sich damals ein williges Filipino-Girl ins Mandarin bestellt hatte.

Nachdem Kinski 1968 in Cinecittà italienische Massenware wie *Leichen pflastern seinen Weg*, *Drei Amen für den Satan* und *Für einen Sarg voll Dollars* gedreht hatte und als Jesus Christus den Zorn der Menge auf sich gelenkt hatte, war er wegen Steuerschulden aus Italien emigriert, in die Urwälder am Amazonas, um auf dem südamerikanischen Kontinent den Zorn Gottes voll auszukosten. Als Star des Filmes *Aguirre, der Zorn Gottes*, den Filmemacher Werner Herzog, damals erst 29, 1972 als seinen vierten abendfüllenden Film drehte.

»Wir wirken selbst wie ein versprengter Haufen aus Pizarros Heer«, berichtete mir Herbert Prasch, ehemals Tontechniker sämtlicher Max-Lersch-Afrika-Expeditionen und danach auf Abenteuerdasein gebucht, aus Iquitos (Peru). »Unser nächster Drehort ist der Mittellauf des Huallaga, einer der Quellflüsse des Amazonas, der von der Zivilisation total abgeschlossen ist.«

*Aguirre*, mit Kinski in der Titelrolle, spielt im 16. Jahrhundert, als Gonzalo Pizarro mit seinem Heer auszog, um El Dorado zu entdecken. Nach dem Marsch über die Anden wird ein Floß mit 50 Mann besetzt, die weiter nach dem »Goldland« suchen.

»Kinski spielt seine Rolle so echt, dass es bereits Verletzte gab«, berichtete Herbert Prasch über die Dreharbeiten, die oft bei strömendem Regen in knietiefem Schlamm absolviert wurden. »Einen mitspielenden Indio und einen europäischen Statisten schlug er drehbuchgerecht so zusammen, dass der österreichische Arzt unseres Filmteams die beiden behandeln musste.«

Trotzdem hatte alles vor Kinski Respekt. Nicht nur weil er der Star war. Er rettete auch das Leben seiner Partnerin Helena Rojo. Als die Urwaldschöne von einer grünen Mamba angezüngelt wurde, schlug Kinski mit einem einzigen Schlag der angreifenden Schlange, deren Biss tödlich ist, mit einer Machete den Kopf ab.

Nicht ganz so respektvoll zeigte sich Herbert Fux, der dann später mit Frankreichs Gerard Depardieu den *Asterix*-Hit drehte. Er stand mit Kinski in Zürich für einen Film, der später irreführend in den Kinos als *Jack The Ripper – Der Dirnenmörder von London* lief, vor der Kamera. »Der Kinski is a Wahnsinniger«, wandte sich Fux gleich darauf in Wien an mich, »der hätt' mi glatt dawüagt …«

Kinski spielte einen Arzt, der nachts zum Serienmörder wird. »Die ham no alles ausgleucht', auf amal springt mi der Kinski an und würgt mi so, dass er mir fast den Adamsapfel einedruckt hat. Wie von Sinnen.«

Später erklärte Kinski, er habe sich nur ausgedacht, wie er Fux in der nächsten Szene realistisch erwürgen könne. »Der hat sich nimmer unter Kontrolle g'habt«, schwörte Fux. »Drauf hab ich dem Regisseur Franco erklärt, dass i net weg'n so an Irren mei Leben riskier. Die Szene hat ah in der Nacht auf dem Dachboden einer Villa g'spielt: Soll der Kinski a Puppn würgen. I hab mir schleunigst a Taxi bestellt.«

Er riss gerade die Wagentür auf, als die Dachluke aufsprang und ein wütender Kinski sein Würgeopfer wüst verfluchte, während das Taxi davonbrauste.

Als ich nach den Dreharbeiten von *Gern hab ich die Frauen gekillt* von Rio nach Manaus flog, da war von Operngalas und *Fitzcarraldo* noch keine Rede. Nur die Oper stand schon da.

Am 23. Februar 1981 rief Herzog schließlich Klaus Kinski in New York an. Bei einer Flasche Champagner schilderte er ihm um ein Uhr nachts sein Dilemma. Kinski: »Du solltest dir Sorgen machen, wenn du 20 000 Dollar Schulden hättest. Bei drei Millionen Dollar in der Kreide hört die Sorge auf.«

Aber die Sorgen kamen erst recht mit Kinskis Engagement: »Pausenlos gab es Tobsuchtsanfälle von Klaus. Weil beim Schminken einer sein Haar berührte, weil ein Papagei zu laut krakelte. Er tobte bis zu zwei Stunden lang. Er war zum Erbrechen hässlich. Er hat, wie ich immer wusste, kein Durchhaltevermögen. Er war wie ein überzüchtetes Rennpferd, das genau eine Meile laufen kann und dann sofort zusammenbricht. Es war so, als müsse der Jockey das Pferd weitertragen. Die Indios hassten ihn. Wir hatten 400 von ihnen als Statisten. Bei seinem nächsten Tobsuchtsanfall nahmen mich der Häuptling der Asháninka-Campa und der Häuptling der Machiguenga von Shivankoreni beiseite und fragten mich ganz ruhig, ob sie ihn für mich töten sollten. Sie meinten Kinski. Und die Art, in der sie sprachen, ließ keinen Zweifel zu, dass sie es sofort innerhalb der nächsten 60 Sekunden auch tun würden.«

Als man schließlich im Opernhaus von Manaus, dem Teatro Amazonas, auch noch echte Opernszenen drehte, war Kinski schon in gänzlicher Auflösung. Als ganz große Hilfe entpuppte sich da Claudia Cardinale, die als Puffmutter Molly Fitzcarraldo unterstützt. »Claudia war eine große Hilfe, weil sie kameradschaftlich ist, ein echtes Zirkusross«, urteilte Herzog. »Vor der Kamera mit einer ganz besonderen Ausstrahlung. In ihrer Gegenwart führte sich Kinski meist als Kavalier auf und hatte auch durchaus seine liebenswürdigen Momente.«

Allerdings bescherte Claudia ihrem Regisseur ganz andere Troubles. Nachts um drei ein Anruf aus Rom: »Was ist mit Claudia Cardinale? Hat sie diesen grässlichen Unfall überlebt? Wie schwer sind ihre Verletzungen?« Aber es gab gar keinen Unfall. Schlimm war, dass die Exklusivstory des römischen Kolumnisten weltweit nachgedruckt wurde. Irgendwie schaffte es der römische Journalist, Herzog abermals zu erreichen.

»So ein Gerücht kannst du nicht mit der Wahrheit aus der Welt schaffen«, meinte Herzog. »Sondern nur mit einem weit wilderen Gerücht. So sagte ich ihm, die Sache sei in Wirklichkeit viel schlimmer: Nicht nur sei der barfüßige Halbindianer, der Claudia überfahren habe, betrunken gewesen, er habe auch das Unfallopfer an Ort und Stelle, obwohl sich erschrockene Zuschauer eingestellt hätten, gleich vergewaltigt. Daraufhin hörte ich einer langen Stille am Ende der Leitung zu, dann wurde der Hörer aufgelegt.«

Natürlich wurde auch lange über Paganini gesprochen, den Kinski unbedingt verkörpern wollte. Er spielte in vollster Lautstärke für Herzog seine Kassetten mit Violinstücken Paganinis ab. Herzog ahnte voraus, dass der Film, den Kinski selbst produzierte, bei dem er auch Regie führte, ein Flop werden würde: »Er gab mir sein Drehbuch, 600 Seiten stark. Beim ersten Durchblättern war rasch klar, dass das Projekt gänzlich irreparabel war. 600 Seiten, alle halben Seiten alternierend wird gefickt und gefiedelt, gefiedelt und gefickt …« Ein egomanischer Trip Kinskis.

Als Paganini mit schwarz gefärbtem Haar traf ich dann Kinski in Cannes beim Filmfestival wieder. Das war ganz und gar der alte Klaus Kinski. Tobend, fluchend, schimpfend. Alle bekamen sie ihr Fett weg. Von Gilles Jacob, dem Festival-General, bis zu Werner Herzog.

Klaus kam vom Nobelhotel du Cap nach Cannes, um seinen *Paganini* zu propagieren. »Wir haben freiwillig die starken erotischen Szenen bei der Rohfassung, die wir ihm zeigten, ausgelassen«, versicherte mir Kinski, »weil wir ja wissen, dass Gilles Jacob ein bürgerlicher Idiot ist. Und dieser Mann hat es gewagt, zu sagen, er werde sich's überlegen, ob er meinen Film zulasse oder nicht. So spricht niemand mit mir, Klaus Kinski. Er sagte auch, der Film sei wunderbar. Je m'en fiche. Da scheiß ich drauf, ich verweigere, akzeptiert oder nicht akzeptiert zu werden …«

Zu seinem Glück war Gilles Jacob nicht zur Stelle, sonst hätte er keine Ohren mehr gehabt. Denn Kinski meinte, was er in einem Gemisch aus Englisch, Französisch und Italienisch fauchte: »Ich schneide ihm die Ohren ab, beide Ohren …«

Wie er sich denn hinter der Kamera als Regisseur fühle, wagte einer zu fragen. Mehr hat er nicht gebraucht: »Ich war mein Leben lang Regisseur«, bellte ihn Kinski nieder. »Ich habe schon in der Schule Regie geführt und dem Lehrer gesagt, wie man eine Klasse leitet. Ich bin nie Schauspieler. Ich bin die Person, die ich verkörpere. Ich bin Paganini! Und es ist immer noch besser, mein eigener Regisseur zu sein, als mit diesen Arschlöchern zu arbeiten, mit denen ich bisher meine Filme drehen musste. Es ist viel härter, mit einem untalentierten Idioten wie Werner Herzog zu drehen …«

248

Kinski hatte seine Freundin Rebecca mit, die er seit den Dreharbeiten von *Nosferatu in Venedig* kannte. Einziger Schönheitsfehler bei Kinskis Furor Teutonicus, bei dem er all seine Paraderollen – Nosferatu, Aguirre, Fitzcarraldo und Paganini – auf einmal spielte: Niemand bekam *Paganini* zu sehen. Der Film, den Kinski unbedingt in der Competition von Cannes gesehen hätte, sollte erst frühestens in zwei Wochen fertig werden.

Um für seinen knallharten Söldner-Thriller *Kommando Leopard* die Trommel zu rühren, wirbelte Klaus 1985 durch die Bundesrepublik: Er war und blieb der alte Kinski. Immer geradeheraus. So hab ich ihn in Rio de Janeiro genossen, in Rom im Krankenhaus besucht, als er bis zum Hals nach einem Sturz vom Pferd eingegipst war und gleich nach meiner Stippvisite die Krankenschwester vernaschte – nachzulesen in seinem Buch *Ich bin so wild nach deinem Erdbeermund* –, und so gab er sich in Manila, wo er seinen letzten Film *Kommando Leopard* gedreht hat. Für den war er nun auf Verbeugungstournee à la Kinski: Großes Rauschen im deutschen Blätterwald, Komplimente für den knackigen Po einer TV-Moderatorin, dazwischen eisiger Hick-Hack auf dem Bildschirm, wenn ihm Fragen zu blöd klingen.

Auf dem Hamburger Jungfernstieg knüppelte Kinski, der seinen 59. Geburtstag feierte, mit Kinnhaken und Fußtritten einen Paketboten nieder, der seinen VW-Bus vor ihm abgebremst hatte.

Der NDR-Talkshow-Moderatorin Alida Gundlach flüsterte er ins Ohr »Du hast einen wirklich schönen Po. Wirklich, du hast einen knackigen Arsch. Trägst du auch Strapse? Ich find dich geil!«

Thomas Gottschalk schnauzte er bei *Na sowas!* an: »Wenn ich Al Capone spiele, der 2000 umlegt, bin ich dann auch privat ein Mörder?« Gottschalk: »Ich fragte nur, ob er privat anders sei …«

Letzte Station: Wien. Aber ich war ja Kinskis bevorzugter Chronist, und kaum sah er mich im Imperial, platzierte er sich prompt neben mich.

»Das ist kein Zuckerschlecken«, schwörte Klaus – weißes T-Shirt unter der Lederjacke – im holzgetäfelten Restaurant des Imperials. »Du kommst auf einem Flughafen an, als ob du aus dem Gefängnis entlassen wirst. Sie schleppen dich in diese Stinkbude ohne Luft, eine Folterkammer ohne Fenster, wollen dir was aufzwängen. Ich will keine Geschenke, auch keine Bücher, nur amerikanisches Bargeld. Dann hocken da Leute, die ich nur schwachsinnig nennen kann, eine amorphe Masse. Du kriegst immer mehr Kopfschmerzen, denn die haben so ihre Terms. Ich sage: ›Ich verstehe Sie nicht. Ich versteh ja Deutsch.‹ Dann sagt in der Stinkkneipe einer: ›Was geben Sie dem indischen Präsidenten für eine Chance, eines natürlichen Todes zu sterben?‹ Dann reden sie über Krebs – nicht mal über Hummer!«

In einem Aufwaschen kriegt auch das noble Imperial sein Fett weg. Auch wenn unterm gleichen Dach schon Hitler, die Queen und Nikita Chruschtschow logiert haben: »Nach dem, was die mir hier angeboten haben, schadet's denen gar nicht, wenn sie hier wohnen mussten«, ätzt Kinski. »Die zeigen mir ein Zimmer im 5. Stock. Ich sag: ›Wieso? Wieso? Ich hab doch gar keinen Dienstboten mit!‹ Ich kann überhaupt nicht in eine Kammer, wo an einer kleinen Türe Mini-Bar steht. Mini-Bar, das guckt dich immer an, dieses Schild, die ganze Zeit. Ich bin jedenfalls da oben, und dann platzt mir auch die Birne, wenn ich das Fenster nicht aufmache. Und dann kommt der Nebel rein und setzt sich zu mir aufs Bett …«

Zwischen Kopfschmerz, einem abgesagten Tafelspitz, einer Ochsenschwanzsuppe – »Nu hat der Koch mir doch noch den Tafelspitz reingeschnitten« –, Kostproben von Nierndln mit Herrenpilzen – »Wer sagt, dass sie die richtigen gesammelt haben?« –, einem Hieferschwanzl, das ihn wegen des scharfen Krens aufjaulen ließ, und einer Riesenportion süßer Mehlspeis-Schmankerln – »Endlich was zum Essen!« – rühmt Weltbürger Kinski Wien. Auf seine Art eben: »Ich hab doch in Wien zur 50-Jahr-Feier der Bestatter Österreichs den Monolog gesprochen. Die wollten Grillparzer, den Monolog von *König Ottokars Glück und Ende*. Ich sag: ›Was is'n das?‹ Dann hab ich's gelesen, das ganze Stück umgeschrieben. Und an einer Monologstelle sagt der Mann am Schlachtfeld: ›Da tritt der Österreicher vor dich hin und denkt sich sein Teil!‹ – So'n Quatsch. Das kann ich doch nicht sagen. Hamlet mit dem Totenschädel in der Hand ging auch. Totenschädel für die Totengräber … Darauf hab ich den Monolog vom *Faust* genommen und auf eine halbe Reclam-Seite zusammengestrichen. Das war der kürzeste *Faust*-Monolog, den's je gab. Aber ich brauchte damals das Geld.«

»Ich hab Toiletten gescheuert. Da mach ich lieber Film. Das ist zwar genauso beschissen – wird aber besser bezahlt!« Geld – das war für Klaus Kinski schon ein Motiv. Viele seiner Filme fand er zum Kotzen, aber: »Für Geld mach ich alles!« Für die richtige Gage fielen ihm 30 Stunden Klassiker ein: »Ich hab mit Ernest Borgnine, dieser tauben Nuss, in Amerika gedreht. Der schrie immer: ›Was sagt er?‹ Ich sollte lauter sprechen. Ich sage: ›Dann sprech ich mit meinem Agenten. Das kostet mehr Gage …‹«

Ein reiner Akt von Notwehr gegen die Flimmerbranche, meinte Kinski: »Das ist doch grauenhaft, was die alle quatschen: Ist Rimbo besser gegangen als Rambo oder Rombo – Bimbo ist nicht so gegangen wie Rumbo und so'n Scheiß. Rumbo ist zu spät rausgekommen, da sind alle zu Rambo gegangen. Den Scheiß kann doch keiner aushalten.«

Nur Leute wie Edward G. Robinson oder Billy Wilder – »euer Landsmann!« – machten für Kinski Hollywood erträglich: »Ich habe mit Edward G. Robinson und Raquel Welch, die ich übrigens sehr schätze, gedreht. Da wies Robinson mit dem Finger auf den Busen von Raquel und fragte: ›Was ist denn das?‹ Man sollte nur Gegenstände sehen …«

Kinski wollte gerne einmal den Wilhelm Tell spielen: »Was heißt da spielen? Ich bin Wilhelm Tell. Das ist doch das Tolle daran, eine Geschichte in drei Sätzen zu erzählen. Aufwühlend …«

Und *Jedermann*? Gab's da nicht einmal Pläne? »Der Domplatz ist zu klein für mich«, raunzte Klaus Kinski und putzte den Riesenteller mit Topfenknöderln, Palatschinken, Strudeln und Eis leer wie nix. »Außerdem kann ich das den Leuten nicht antun. Die haben 50 Jahre lang so oft nur schlechten *Jedermann* gesehen, dass man ihnen erst wieder beibringen müsste, wie's geht …«

Wie denn – etwa wieder mit brennenden Kerzenleuchtern, wie der Kinski sie schon vor Jahren in der Wiener Stadthalle ins Publikum warf? Grinste das Genie diabolisch: »Kerzenleuchter flogen überall. Ist ja nur die Frage, ob sie katholisch oder jüdisch sind …«

## »Wir sind Oscar®!«

Dieser Satz war in jüngerer Vergangenheit mehrmals auf den Titelseiten österreichischer Zeitungen zu lesen. Nur wenige Sportereignisse lösen eine ähnliche nationale Euphorie aus, doch ist den meisten nicht bewusst, dass »wir« in manchen Jahren sogar mit fünf oder sechs Oscars® ausgezeichnet wurden.

Dieses Buch ist keine Enzyklopädie von Österreichern in der selbst ernannten Traumfabrik: Es erzählt nicht nur, wie es war, sondern auch, wie es gewesen sein könnte. Schließlich hatten die meisten der in Österreich geborenen Filmkünstler im Augenblick ihrer größten beruflichen Erfolge längst andere Staatsbürgerschaften, und nicht wenige von ihnen zerbrachen am Mythos Hollywood, der oft nur nach außen golden glänzt. Betrachtet man diesen nicht nur respektvoll aus der Ferne, sondern beginnt, an der Oberfläche zu kratzen, kommt so manches hervor, was man in der Filmmetropole sonst lieber verbirgt.

In Anekdotenform bietet dieses Buch einen faszinierenden Blick auf Triumphe und Niederlagen der Österreicher in Hollywood, von der ersten Oscar®-Verleihung 1929 bis in die Gegenwart.

Mit zahlreichen Abbildungen

.............................................

Christian Reichhold

# DIE ÖSCARS®

Österreich beim wichtigsten Filmpreis der Welt

272 Seiten
ISBN 978-3-99050-006-4
eISBN 978-3-90299-894-1

**Amalthea**    www.amalthea.at

# Große Künstler aus der Nähe

Für Objektkünstler Daniel Spoerri ist der schön gedeckte Tisch »ein Quadratmeter Kunst«. Er ist einer jener Gäste, die Angelika und Michael Horowitz eingeladen haben, um gemeinsam zu essen, zu trinken und über die schönen Dinge des Lebens zu sprechen, und zwar in ihrem Lieblingswirtshaus. Dort, wo Künstler sich wohlfühlen, wo sie sich im besten Sinne des Wortes »gehen lassen können«. Dort, wo sie die meist liebevoll gepflegte Liaison zwischen Koch und Künstler leben. Dort, wo sie für wenige Stunden das Spiel auf der Bühne, die ihre künstlerische Welt bedeutet, vergessen können.

Das sind meist sehr persönliche Momente. Augenblicke, in denen sie sich öffnen und bereit sind, Einblicke in ihre geheime, private Gefühlswelt zu geben. Tischgespräche. Mit Christiane Hörbiger, Friederike Mayröcker, Otto Schenk, Rudolf Buchbinder, Klaus Maria Brandauer, Gerhard Roth, Hugo Portisch, Robert Menasse, Michael Niavarani u. a.

Angelika und Michael Horowitz

## Tischgespräche

Über Essen, Trinken und die anderen
schönen Dinge des Lebens

222 Seiten
ISBN 978-3-85002-758-8

**Amalthea**  www.amalthea.at